LE CAHIER trans math 5e

Sous la direction de Joël Malaval
Jean-Marc Lécole
Annie Plantiveau
Frédéric Puigredo
Mickaël Védrine

ÉDITION 2022

W0202959

Nom : ....

Prénom : ....

Classe : ....

Nathan

Sommaire

Sommaire

Je découvre mon cahier

18 chapitres comprenant 4 à 8 fiches d'exercices

Entraînement

Des exercices ★ et ★★
avec rappels de cours

Perfectionnement

Des exercices ★★★

QCM et jeux

- Un QCM pour s'évaluer
- Des jeux pour chercher

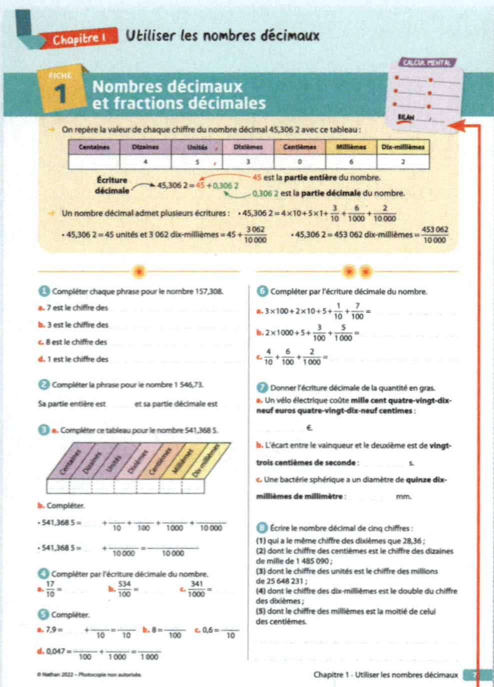

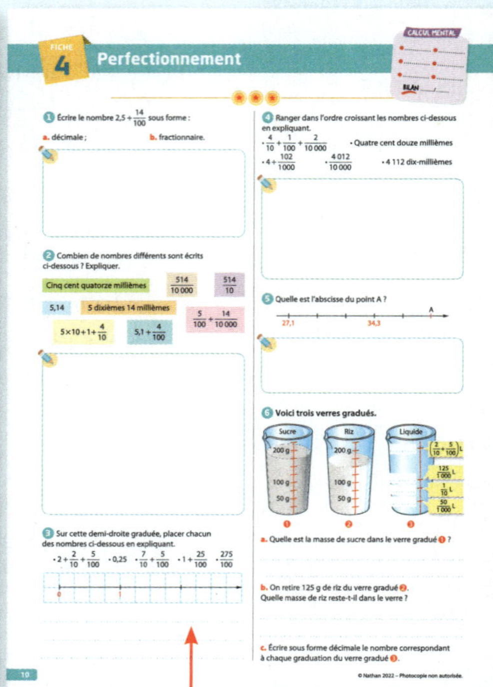

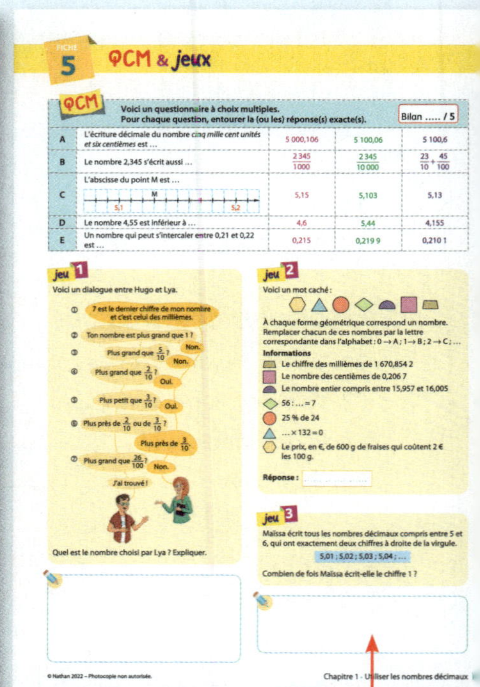

Un espace **calcul mental** permettant une pratique régulière en classe.

Des espaces réservés aux élèves pour :
- calculer ;
- faire des constructions ;
- rédiger des réponses.

+ 3 Projets Scratch

S'entraîner en algorithmique avec Scratch

- Des activités en « branché » et « débranché »
- Des scripts à étudier, saisir, compléter

+ 4 tâches complexes

Travailler par compétences

- La situation-problème
- Les supports de travail
- Un cadre pour rédiger

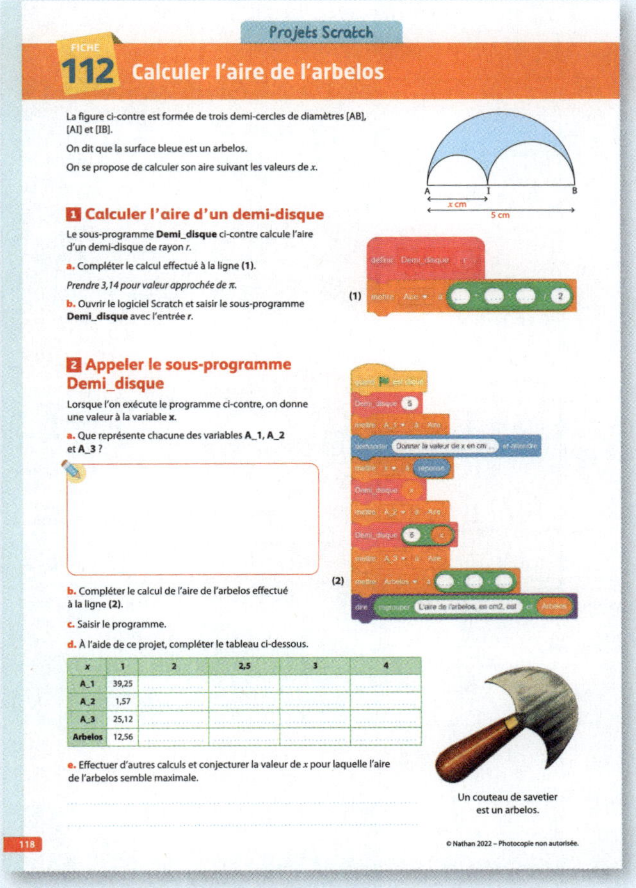

Projets Scratch

FICHE 112 Calculer l'aire de l'arbelos

La figure ci-contre est formée de trois demi-cercles de diamètres [AB], [AI] et [IB].

On dit que la surface bleue est un arbelos.

On se propose de calculer son aire suivant les valeurs de x.

1 Calculer l'aire d'un demi-disque

Le sous-programme **Demi_disque** ci-contre calcule l'aire d'un demi-disque de rayon r.

a. Compléter le calcul effectué à la ligne **(1)**.

Prendre 3,14 pour valeur approchée de π.

b. Ouvrir le logiciel Scratch et saisir le sous-programme **Demi_disque** avec l'entrée r.

2 Appeler le sous-programme Demi_disque

Lorsque l'on exécute le programme ci-contre, on donne une valeur à la variable **x**.

a. Que représente chacune des variables **A_1, A_2** et **A_3** ?

b. Compléter le calcul de l'aire de l'arbelos effectué à la ligne **(2)**.

c. Saisir le programme.

d. À l'aide de ce projet, compléter le tableau ci-dessous.

x	1	2	2,5	3	4
A_1	39,25				
A_2	1,57				
A_3	25,12				
Arbelos	12,56				

e. Effectuer d'autres calculs et conjecturer la valeur de x pour laquelle l'aire de l'arbelos semble maximale.

Un couteau de savetier est un arbelos.

118 © Nathan 2022 – Photocopie non autorisée.

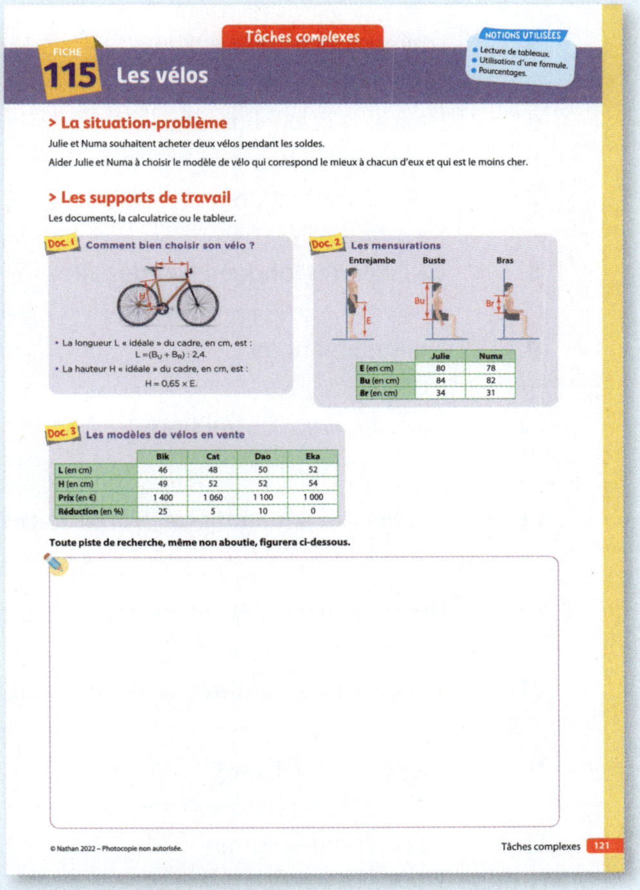

Tâches complexes

FICHE 115 Les vélos

NOTIONS UTILISÉES
- Lecture de tableaux.
- Utilisation d'une formule.
- Pourcentages.

> La situation-problème

Julie et Numa souhaitent acheter deux vélos pendant les soldes.

Aider Julie et Numa à choisir le modèle de vélo qui correspond le mieux à chacun d'eux et qui est le moins cher.

> Les supports de travail

Les documents, la calculatrice ou le tableur.

Doc. 1 Comment bien choisir son vélo ?

- La longueur L « idéale » du cadre, en cm, est : $L = (B_U + B_R) : 2,4$.
- La hauteur H « idéale » du cadre, en cm, est : $H = 0,65 \times E$.

Doc. 2 Les mensurations

Entrejambe — Buste — Bras

	Julie	Numa
E (en cm)	80	78
Bu (en cm)	84	82
Br (en cm)	34	31

Doc. 3 Les modèles de vélos en vente

	Bik	Cat	Dao	Eka
L (en cm)	46	48	50	52
H (en cm)	49	52	52	54
Prix (en €)	1 400	1 060	1 100	1 000
Réduction (en %)	25	5	10	0

Toute piste de recherche, même non aboutie, figurera ci-dessous.

© Nathan 2022 – Photocopie non autorisée. Tâches complexes 121

Proposition de progression

Nous proposons ci-dessous un exemple de progression organisée par chapitre pour l'année de 5e.

Ordre dans l'année	Titre du chapitre du cahier	Numéro du chapitre du cahier	Domaine
1	Utiliser les nombres décimaux	1	Nombres et calculs
2	Utiliser les triangles	15	Espace et géométrie
3	Calculer avec les nombres décimaux	2	Nombres et calculs
4	Traiter des données statistiques	9	Organisation et gestion de données, fonctions
5	Utiliser une symétrie	16	Espace et géométrie
6	Utiliser le calcul littéral	3	Nombres et calculs
7	Utiliser les fractions	4	Nombres et calculs
8	Calculer des longueurs et des aires	12	Grandeurs et mesures
9	Utiliser les angles	17	Espace et géométrie
10	Calculer avec des fractions	5	Nombres et calculs
11	Étudier des situations de proportionnalité	11	Organisation et gestion de données, fonctions
12	Utiliser la divisibilité et les nombres premiers	8	Nombres et calculs
13	Découvrir les nombres décimaux relatifs	6	Nombres et calculs
14	Représenter l'espace	14	Espace et géométrie
15	Calculer des volumes	13	Grandeurs et mesures
16	Additionner, soustraire les nombres relatifs	7	Nombres et calculs
17	Connaître le parallélogramme	18	Espace et géométrie
18	S'initier aux probabilités	10	Organisation et gestion de données, fonctions

CALCUL MENTAL

• .... • ....
• .... • ....
• .... • ....

BILAN ..../........

FICHE 1 Nombres décimaux et fractions décimales

→ On repère la valeur de chaque chiffre du nombre décimal 45,306 2 avec ce tableau :

Centaines	Dizaines	Unités ,	Dixièmes	Centièmes	Millièmes	Dix-millièmes
	4	5 ,	3	0	6	2

Écriture décimale → 45,306 2 = 45 + 0,306 2

45 est la **partie entière** du nombre.

0,306 2 est la **partie décimale** du nombre.

→ Un nombre décimal admet plusieurs écritures : • $45{,}306\,2 = 4 \times 10 + 5 \times 1 + \frac{3}{10} + \frac{6}{1000} + \frac{2}{10\,000}$

• $45{,}306\,2$ = 45 unités et 3 062 dix-millièmes $= 45 + \frac{3\,062}{10\,000}$

• $45{,}306\,2$ = 453 062 dix-millièmes $= \frac{453\,062}{10\,000}$

★

1 Compléter chaque phrase pour le nombre 157,308.

a. 7 est le chiffre des ....

b. 3 est le chiffre des ....

c. 8 est le chiffre des ....

d. 1 est le chiffre des ....

2 Compléter la phrase pour le nombre 1 546,73.

Sa partie entière est .... et sa partie décimale est ....

3 **a.** Compléter ce tableau pour le nombre 541,368 5.

Centaines	Dizaines	Unités	Dixièmes	Centièmes	Millièmes	Dix-millièmes
.....	.....	.....	.....	.....	.....	.....

b. Compléter.

• $541{,}368\,5 = \ldots\ldots + \frac{\ldots}{10} + \frac{\ldots}{100} + \frac{\ldots}{1000} + \frac{\ldots}{10\,000}$

• $541{,}368\,5 = \ldots\ldots + \frac{\ldots}{10\,000} = \frac{\ldots}{10\,000}$

4 Compléter par l'écriture décimale du nombre.

a. $\frac{17}{10} = \ldots\ldots$ **b.** $\frac{534}{100} = \ldots\ldots$ **c.** $\frac{341}{1000} = \ldots\ldots$

5 Compléter.

a. $7{,}9 = \ldots\ldots + \frac{\ldots}{10} = \frac{\ldots}{10}$ **b.** $8 = \frac{\ldots}{100}$ **c.** $0{,}6 = \frac{\ldots}{10}$

d. $0{,}047 = \frac{\ldots}{100} + \frac{\ldots}{1\,000} = \frac{\ldots}{1\,000}$

★★

6 Compléter par l'écriture décimale du nombre.

a. $3 \times 100 + 2 \times 10 + 5 + \frac{1}{10} + \frac{7}{100} = \ldots\ldots$

b. $2 \times 1000 + 5 + \frac{3}{100} + \frac{5}{1\,000} = \ldots\ldots$

c. $\frac{4}{10} + \frac{6}{100} + \frac{2}{1\,000} = \ldots\ldots$

7 Donner l'écriture décimale de la quantité en gras.

a. Un vélo électrique coûte **mille cent quatre-vingt-dix-neuf euros quatre-vingt-dix-neuf centimes** :

.... €.

b. L'écart entre le vainqueur et le deuxième est de **vingt-trois centièmes de seconde** : .... s.

c. Une bactérie sphérique a un diamètre de **quinze dix-millièmes de millimètre** : .... mm.

8 Écrire le nombre décimal de cinq chiffres :

(1) qui a le même chiffre des dixièmes que 28,36 ;
(2) dont le chiffre des centièmes est le chiffre des dizaines de mille de 1 485 090 ;
(3) dont le chiffre des unités est le chiffre des millions de 25 648 231 ;
(4) dont le chiffre des dix-millièmes est le double du chiffre des dixièmes ;
(5) dont le chiffre des millièmes est la moitié de celui des centièmes.

....

....

FICHE **2**

Repérage sur une demi-droite graduée

CALCUL MENTAL

● .... ● ....
● .... ● ....
● .... ● ....

BILAN ..../........

→ Sur une demi-droite graduée :
- chaque point est repéré par un nombre appelé l'**abscisse** de ce point ;
- à chaque nombre correspond un point.

L'**origine** O a pour abscisse 0.

Unité de longueur

Le point A a pour abscisse 2.
Le point B a pour abscisse 4,5.

1 Dans chaque cas, écrire le nombre décimal repéré par chaque graduation indiquée.

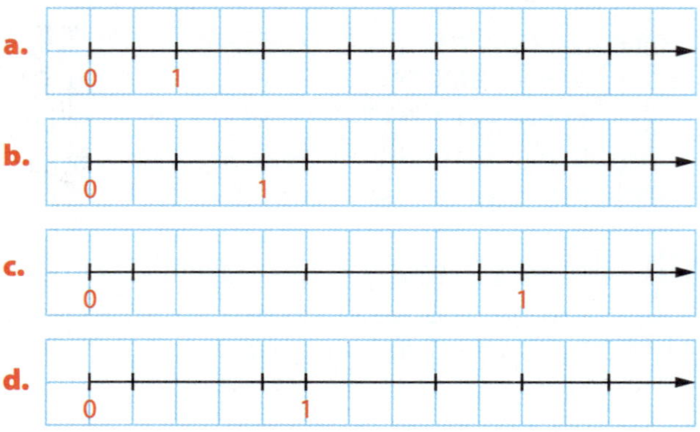

2 Écrire l'abscisse de chacun des points A, B, C.

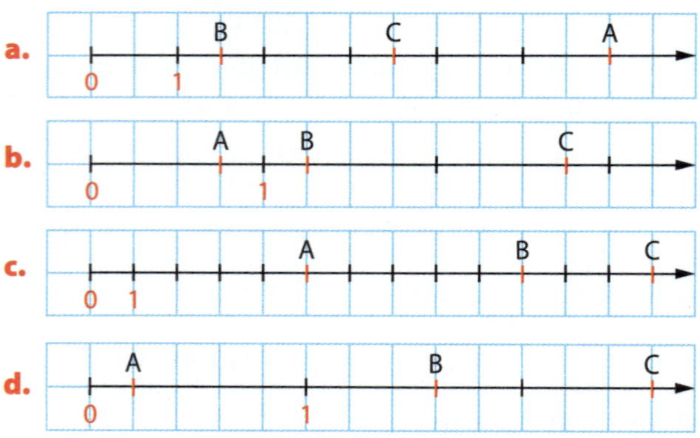

3 Placer ci-dessous :
- le point N d'abscisse 13 ;
- le point M d'abscisse 9 ;
- le point P d'abscisse 7,5.

4 **a.** Écrire ci-dessous l'abscisse de chacun des points A, B, C.

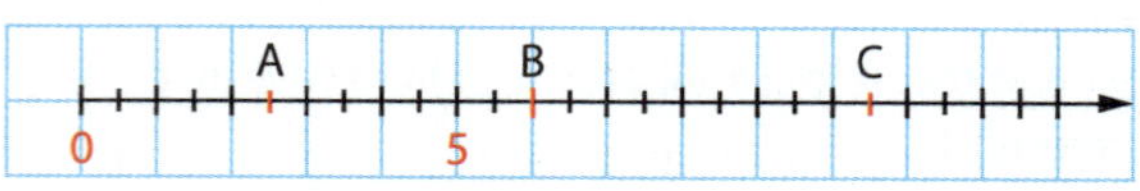

b. Placer le point E d'abscisse 4, le point F d'abscisse 8,5 et le point G d'abscisse 12,5.

5 Graduer cette demi-droite avec le centimètre pour unité de longueur et placer le point R d'abscisse 2,5, le point S d'abscisse 4,3 et le point T d'abscisse 6,8.

6 Écrire ci-dessous l'abscisse de chacun des points A, B, C.

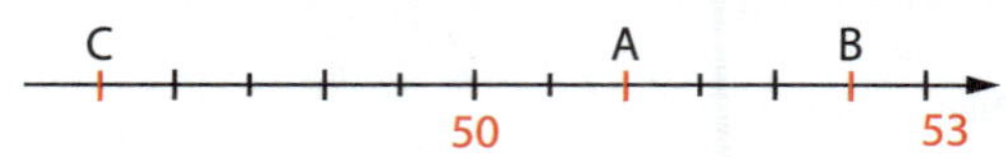

7 Écrire la température affichée par le thermomètre.

....

8 Placer ci-dessous le point G d'abscisse 6,5, le point H d'abscisse 7,25 et le point K d'abscisse 5,75.

9 Placer ci-dessous le point A d'abscisse 102 ; le point E d'abscisse 99,6 ; le point H d'abscisse 101,4 ; le point N d'abscisse 102,8 et le point T d'abscisse 100,2.

De gauche à droite, quel prénom lit-on ? ....

10 Placer ci-dessous les nombres 5,74 ; 5,66 et 5,85.

CALCUL MENTAL

• .... • ....
• .... • ....
• .... • ....

BILAN ..../........

FICHE **3**

Comparaison de nombres décimaux

→ • 2,5 < 4 (lire « 2,5 est **inférieur à** 4 ») • 4 > 2,5 (lire « 4 est **supérieur à** 2,5 »)

→ **Comparer** deux nombres c'est dire s'ils sont égaux ou bien lequel est supérieur (ou inférieur) à l'autre.

→ De deux nombres décimaux, le plus grand est celui qui a la plus grande **partie entière**.
Si leurs parties entières sont égales, le plus grand est celui qui a le plus grand **chiffre des dixièmes**.
Si leurs chiffres des dixièmes sont les mêmes, le plus grand est celui qui a le plus grand **chiffre des centièmes**. Et ainsi de suite.

• **26**,5 > **15**,8 • 26,**5** > 26,**4**9 • 26,5**7**1 > 26,5**6**4 • 26,571 **3** > 26,570 **9**

→ **Ranger** des nombres dans l'**ordre croissant** (resp. **décroissant**), c'est les écrire **du plus petit au plus grand** (resp. **du plus grand au plus petit**).

★

1 Dans chaque cas, compléter par < ou > et expliquer.

a. 54,8 ...... 54,05. En effet, ...

....

....

b. 0,574 ...... 0,59. En effet, ...

....

....

c. 13,208 ...... 13,203 7. En effet, ...

....

....

....

2 Dans chaque cas, compléter par <, > ou =.

a. 2,25 ...... 2,5 **b.** 1 000,57 ...... 1 000,5

c. 0,999 ...... 1,01 **d.** 8,705 ...... 8,702 9

e. 31,5 ...... 31,50 **f.** 6,007 5 ...... 6,007 9

3 **Algo** **Voici un extrait de script Scratch.**

Dans chaque cas, indiquer le message énoncé par le lutin.

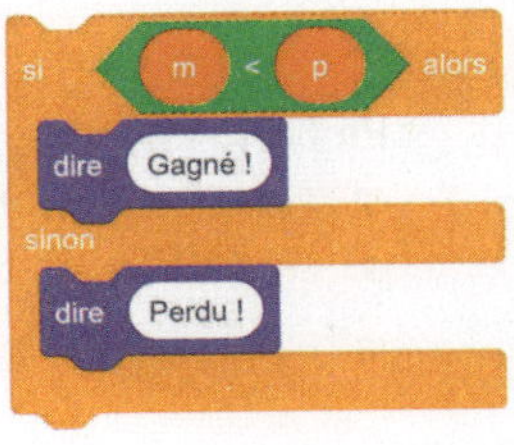

a. m = 18,05 et p = 17,9. ....

b. m = 9,199 et p = 9,21. ....

c. m = 2,301 et p = 2,3. ....

4 Ranger ces nombres dans l'ordre croissant.

17,5 17,05 25 17,523 16,99 17,520 3

....

★★

5 **Voici les meilleures performances réalisées par les finalistes du saut en longueur féminin au Championnat d'Europe 2021 à Torun (Pologne).**

M. Bekh :	6,92 m	F. Diame :	6,47 m
L. Iapichino :	6,59 m	F. Iusco :	6,38 m
M. Mihambo :	6,88 m	M. Myronchyk :	6,72 m
K. Sagnia :	6,75 m	L. Strati :	6,57 m

Établir le classement de cette compétition.

6 Dans chaque cas, encadrer le nombre donné par deux nombres entiers consécutifs.

a. .... < 5,7 < .... **b.** .... < 12,95 < ....

c. .... < 40,001 < .... **d.** .... < 0,950 7 < ....

7 Dans chaque cas, intercaler un nombre décimal entre les deux nombres donnés.

a. 8,4 < .... < 8,5 **b.** 37,52 < .... < 37,53

c. 9,9 < .... < 10 **d.** 2,1 < .... < 2,101

8 **Voici les populations, en milliers d'habitants, de différentes communes d'outre-mer :**

- La Possession (La Réunion) : 32,633
- Matoury (Guyane) : 32,942
- Koungou (Mayotte) : 32,156

Compléter chaque inégalité par l'un de ces nombres.

a. 32,7 < .... < 33 **b.** 32,15 < .... < 32,16

c. 32,605 < .... < 32,643

FICHE 4

Perfectionnement

CALCUL MENTAL

• .... • ....

• .... • ....

• .... • ....

BILAN ..../.........

1 Écrire le nombre $2{,}5 + \frac{14}{100}$ sous forme :

a. décimale ; **b.** fractionnaire.

2 Combien de nombres différents sont écrits ci-dessous ? Expliquer.

Cinq cent quatorze millièmes — $\frac{514}{10\,000}$ — $\frac{514}{10}$ — 5,14 — 5 dixièmes 14 millièmes — $\frac{5}{100} + \frac{14}{10\,000}$ — $5 \times 10 + 1 + \frac{4}{10}$ — $5{,}1 + \frac{4}{100}$

3 Sur cette demi-droite graduée, placer chacun des nombres ci-dessous en expliquant.

• $2 + \frac{2}{10} + \frac{5}{100}$ • 0,25 • $\frac{7}{10} + \frac{5}{100}$ • $1 + \frac{25}{100}$ • $\frac{275}{100}$

....

....

....

4 Ranger dans l'ordre croissant les nombres ci-dessous en expliquant.

• $\frac{4}{10} + \frac{1}{100} + \frac{2}{10\,000}$ • Quatre cent douze millièmes

• $4 + \frac{102}{1000}$ • $\frac{4\,012}{10\,000}$ • 4 112 dix-millièmes

5 Quelle est l'abscisse du point A ?

6 **Voici trois verres gradués.**

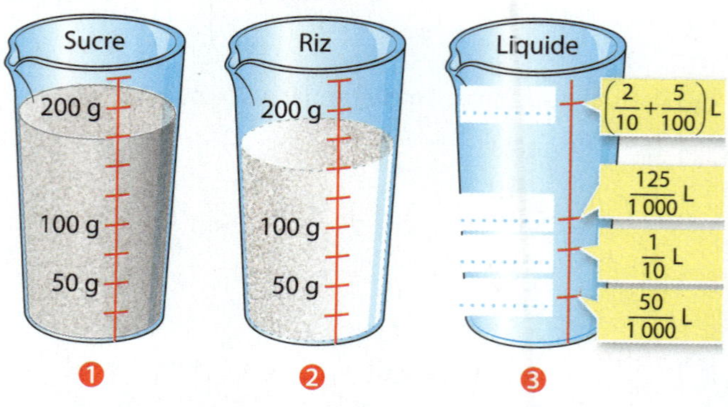

a. Quelle est la masse de sucre dans le verre gradué ❶ ?

....

....

b. On retire 125 g de riz du verre gradué ❷. Quelle masse de riz reste-t-il dans le verre ?

....

....

c. Écrire sous forme décimale le nombre correspondant à chaque graduation du verre gradué ❸.

FICHE 5

QCM & jeux

QCM

Voici un questionnaire à choix multiples.
Pour chaque question, entourer la (ou les) réponse(s) exacte(s).

Bilan ..... / 5

A	L'écriture décimale du nombre *cinq mille cent unités et six centièmes* est …	5 000,106	5 100,06	5 100,6
B	Le nombre 2,345 s'écrit aussi …	$\frac{2\,345}{1000}$	$\frac{2\,345}{10\,000}$	$\frac{23}{10}+\frac{45}{100}$
C	L'abscisse du point M est … 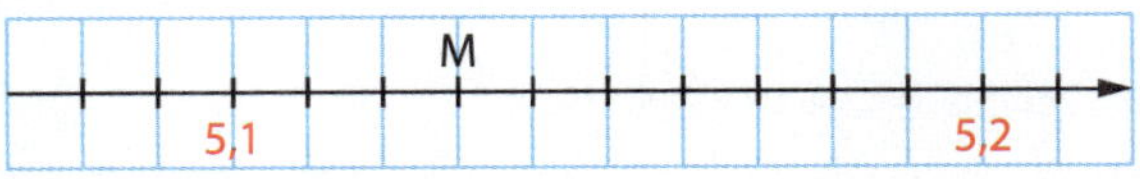	5,15	5,103	5,13
D	Le nombre 4,55 est inférieur à …	4,6	5,44	4,155
E	Un nombre qui peut s'intercaler entre 0,21 et 0,22 est …	0,215	0,219 9	0,210 1

jeu 1

Voici un dialogue entre Hugo et Lya.

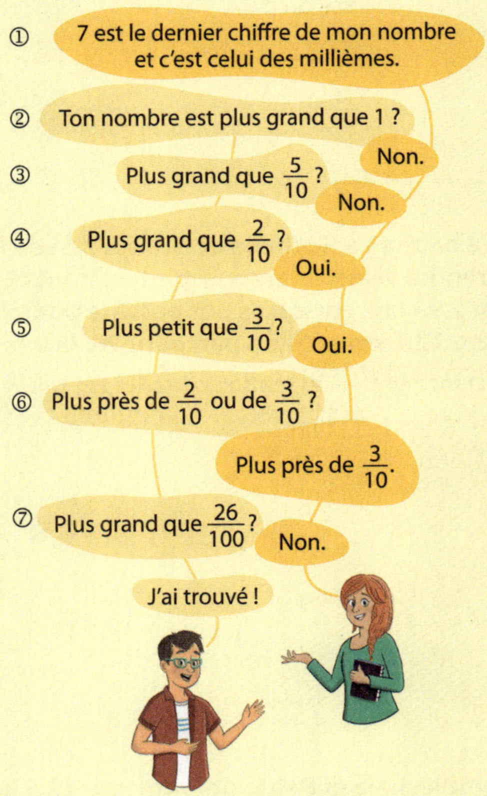

Quel est le nombre choisi par Lya ? Expliquer.

jeu 2

Voici un mot caché :

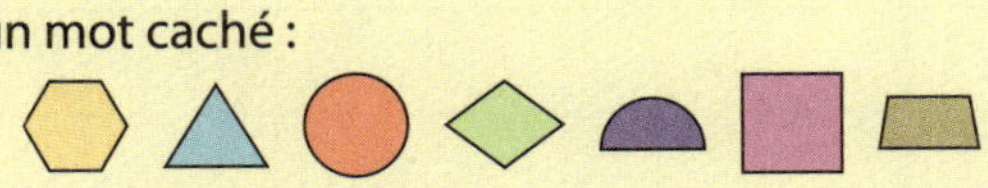

À chaque forme géométrique correspond un nombre. Remplacer chacun de ces nombres par la lettre correspondante dans l'alphabet : 0 → A ; 1 → B ; 2 → C ; …

Informations

 Le chiffre des millièmes de 1 670,854 2

 Le nombre des centièmes de 0,206 7

 Le nombre entier compris entre 15,957 et 16,005

 56 : … = 7

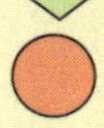 25 % de 24

 … × 132 = 0

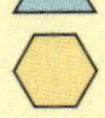 Le prix, en €, de 600 g de fraises qui coûtent 2 € les 100 g.

Réponse : ....

jeu 3

Maïssa écrit tous les nombres décimaux compris entre 5 et 6, qui ont exactement deux chiffres à droite de la virgule.

5,01 ; 5,02 ; 5,03 ; 5,04 ; …

Combien de fois Maïssa écrit-elle le chiffre 1 ?

FICHE 6 Addition, soustraction de nombres décimaux

CALCUL MENTAL
- ………… • …………
- ………… • …………
- ………… • …………

BILAN ……/……

- Le résultat obtenu en additionnant deux nombres est **la somme** de ces deux **termes**.
  Le résultat obtenu en soustrayant deux nombres est **la différence** de ces deux **termes**.
- Pour calculer une somme ou une différence, on peut effectuer un calcul mental ou en ligne ou posé, on peut également utiliser la calculatrice.
- Pour obtenir **un ordre de grandeur** d'une somme ou d'une différence, on remplace chaque terme par un nombre proche plus simple.
  Un ordre de grandeur de la somme **698,4** + **81,76** est **700** + **80**, soit 780.

1 Compléter cette table d'addition en effectuant des calculs mentaux, en ligne ou posés au brouillon. Vérifier à l'aide de la calculatrice.

+	53,4	…………	…………
7,6	…………	30	…………
145,65	…………	…………	280

2 Cendra achète une BD à 10,40 € et un livre sur les motos qui coûte 17,60 € de plus que la BD.
Combien Cendra doit-elle payer ?

3 Sofiane doit effectuer une randonnée à VTT de 21,4 km. Avant une pause d'un quart d'heure, il parcourt 12,9 km.
a. Quelle distance lui reste-t-il à parcourir ?
Poser l'opération et conclure par une phrase.
b. Quelle donnée de l'énoncé est inutile ?

4 Donner un ordre de grandeur de 997,5 – 603,65.

……………………………………………………

……………………………………………………

5 Élodie et Serge vont au cinéma avec 20 €. Ils paient leurs places 12,80 € et ils achètent un paquet de pop-corn. Il leur reste alors 30 centimes.
Quel est le prix de ce paquet de pop-corn ?

6 Marie habite La Rochelle et Nils sur l'île de Ré. Pour se rendre visite, ils empruntent un pont de longueur 2,93 km. Lorsqu'ils ont passé le pont, Marie a parcouru 12,7 km et Nils a parcouru 26,73 km.
Quelle distance sépare les maisons de Marie et Nils ?

7 Ensemble, Lola et Pablo ont ramassé 12,5 kg de cerises. Pablo en a ramassé 1,5 kg de plus que Lola.
Quelle masse de cerises a ramassé chacun d'eux ?

FICHE 7

Multiplication de nombres décimaux

CALCUL MENTAL
- .... - ....
- .... - ....
- .... - ....

BILAN ..../........

- Le résultat obtenu en multipliant deux nombres est **le produit** de ces deux **facteurs**.
- Pour multiplier deux nombres décimaux, on multiplie d'abord sans tenir compte des virgules, puis **on place la virgule au résultat en comptant le nombre total de chiffres après la virgule dans les facteurs**.

	1	2,	5
×		3,	7
	8	7	5
3	7	5	0
4	6,	2	5

12,5×3,7 46,25

- Lorsqu'on multiplie un nombre décimal :
  - par **10** (par **100**, …), le chiffre des unités devient le chiffre des **dizaines** (des **centaines**, …) ;
  - par **0,1** (par **0,01**, …), le chiffre des unités devient le chiffre des **dixièmes** (des **centièmes**, …).

7,15 × 10 = 71,5
8,2 × 0,1 = 0,82

- Pour obtenir **un ordre de grandeur** d'un produit, on remplace chaque facteur par un nombre proche plus simple. Par exemple, un ordre de grandeur du produit **98,4 × 51,7** est **100 × 50**, soit 5 000.

1 Poser la multiplication, puis vérifier à la calculatrice.

a. 2,43 × 1,6 **b.** 94,7 × 85,42

2 Calculer à la main le prix à payer pour l'achat indiqué ci-contre.

Prix au kilo : 7,40 €

Quantité achetée : 0,25 kg

3 Compléter.

a. 234,56 × 10 = ... **b.** 234,56 × 1 000 = ...

c. 34,56 × 0,1 = ... **d.** 34,56 × 0,001 = ...

e. 0,05 × .... = 50 **f.** .... × 0,001 = 7,54

4 Donner un ordre de grandeur de 2 509,43 × 19,87.

....

....

5 **Le yard et le mile sont des unités de longueur anglo-saxonnes :**

1 yard = 0,914 m et 1 mile = 1 760 yards.

Montrer que l'épreuve du *Mile* consiste à courir sur une distance légèrement inférieure à 1 610 m.

6 **Un pack d'eau minérale contient 6 bouteilles de 1,5 L. Un magasinier range une palette de 72 packs de cette eau minérale.**

Quelle quantité d'eau range ce magasinier ?

7 **Au marché, Jean achète 1,75 kg de raisin à 2,74 € le kilo et la même masse de poires à 2,26 € le kilo.**

Combien Jean dépense-t-il au total ?

FICHE **8**

Division d'un nombre décimal par un nombre entier

CALCUL MENTAL
- .... • ....
- .... • ....
- .... • ....

BILAN ..../........

→ Effectuer la division décimale d'un nombre décimal (le **dividende**) par un nombre entier (le **diviseur**) différent de 0, c'est chercher le nombre, appelé **quotient**, tel que :

dividende = **diviseur** × **quotient**.

On note : **quotient** = **dividende : diviseur**.

• La division décimale de 9,2 par 4 se termine.

9,2 : 4 = 2,3

(soit **9,2 = 4 × 2,3**).

	9,	2	4	
−	8		2,	3
	1	2		
−	1	2		
		0		

• La division décimale de 8 par 3 ne se termine pas. On donne une valeur approchée du quotient :

8 : 3 ≈ 2,66

(ici, au centième près).

	8,	0	0	3		
−	6			2,	6	6
	2	0				
−	1	8				
		2	0			
	−	1	8			
			2			

→ **Diviser** un nombre décimal par **10** (par **100**, …), revient à **multiplier** ce nombre par **0,1** (par **0,01**, …).

1 Poser la division pour déterminer :

a. le quotient exact de 9,6 par 4 ;

b. le quotient approché au centième près de 4,7 par 6.

a. **b.**

2 **Avec 1,6 L de parfum, on remplit 32 flacons identiques.** Quelle est la contenance, en L, d'un flacon ?

3 Compléter.

a. 42 : 10 = ... **b.** 57 : 1 000 = ...

c. 8,4 : .... = 0,084 **d.** .... : 1 000 = 1,24

4 **On sait que 25,35 × 1,6 = 40,56.** Compléter.

a. 40,56 : 1,6 = ... **b.** 40,56 : 25,35 = ...

5 Observer le paquet de biscuits ci-contre. Utiliser la calculatrice pour connaître, pour un biscuit :

a. sa masse, en kg puis en g ;

b. son prix, en euros puis en centimes.

6 **Une course à rollers consiste à effectuer 49 fois le tour d'un quartier soit une distance totale de 29,4 km.**

a. L'une des valeurs ci-dessous est la longueur d'un tour. À l'aide d'ordres de grandeur, entourer celle qui convient.

• 8 km • 6 km • 1 km • 0,6 km • 0,24 km

b. Vérifier la réponse en posant l'opération.

c. Au bout de 32,5 tours, Zoé est passée en tête. Quelle distance lui reste-t-il encore à parcourir ?

FICHE 9

Enchaînement d'opérations

CALCUL MENTAL

• .... • ....

• .... • ....

• .... • ....

BILAN ..../........

→ Pour calculer une expression numérique **sans parenthèses**, on effectue les multiplications et les divisions **avant** les additions et les soustractions.
Si dans cette expression ne figurent que des additions et des soustractions ou bien que des multiplications et des divisions, on effectue les calculs de la gauche vers la droite.

→ Pour calculer une expression numérique **avec des parenthèses**, on effectue **d'abord** les calculs entre parenthèses.

★

1 Calculer chaque expression, puis vérifier à la calculatrice.

$A = 56 - 4 \times 8$ $\qquad$ $B = 12{,}8 : 2 + 3{,}6$

2 Calculer l'expression $C = 7 \times 4{,}5 + 8{,}2 \times 5$.

3 Calculer chacune des expressions.

$D = 23{,}75 - 14{,}5 + 7{,}25$ $\qquad$ $E = 1{,}5 \times 10 : 4$

4 Calculer l'expression $F = (30 - 10) \times (1{,}5 + 7{,}4)$.

5 Calculer l'expression $G = (18{,}5 \times 2 - 30{,}1) : 3$.

★★

6 **Algo** **La hauteur de cet immeuble est 15,85 m. Chacun des quatre étages a 3,12 m de haut.**

a. Voici un script Scratch incomplet qui doit calculer la hauteur du rez-de-chaussée.

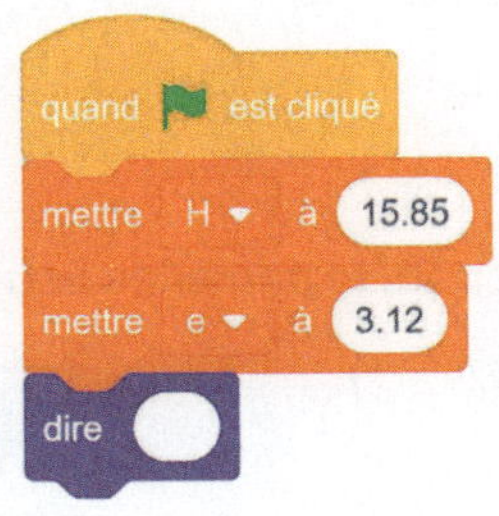

(1)

Parmi les blocs ci-dessous, entourer celui qui permet de compléter la ligne **(1)**.

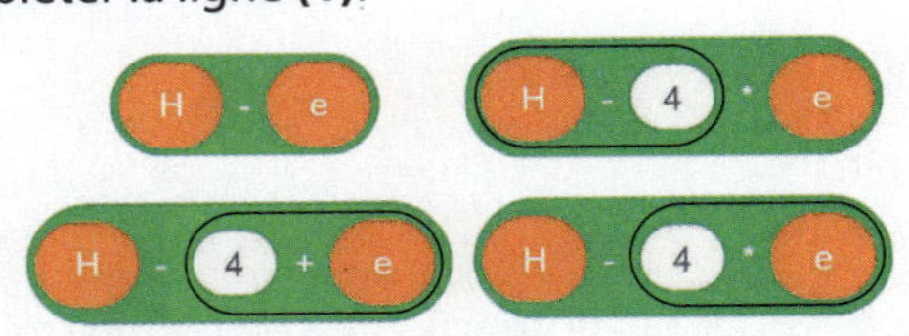

b. Ouvrir le logiciel Scratch, saisir et exécuter le script complété. Conclure.

....

7 **Axel pèse des pièces d'un jeu de construction. Il sait que chaque pyramide pèse 68 g et que les cubes sont identiques.**

a. Écrire une expression M qui permet de calculer la masse, en g, d'un cube.

b. Calculer cette expression et conclure.

FICHE **10**

Calculs avec des durées

CALCUL MENTAL

• ………… • …………
• ………… • …………
• ………… • …………

BILAN ……/……

1 h = 60 min
1 min = 60 s
1 h = 3 600 s

heures —(× 60)→ minutes —(× 60)→ secondes
heures ←(: 60)— minutes ←(: 60)— secondes

Par exemple :
15 min = (15 : 60) h
15 min = 0,25 h

0,25 h est une durée en heure décimale.

★

1 Compléter.

1 h 5 min 20 s = 1 × ………… s + 5 × ………… s + 20 s

1 h 5 min 20 s = ………… s

2 Compléter pour exprimer en heures décimales.

a. 3 h 15 min = 3 h + (15 : ……) h = 3 h + …… h = …… h

b. 1 h 45 min = …… + (………) … = ……………

c. 5 h 18 min = …… + (………) … = ……………

3 Compléter pour exprimer en heures et minutes.

2,8 h = 2 h + 0,8 h = 2 h + …… × …… min = …… h …… min

4 Compléter pour exprimer en heures décimales puis en heures et minutes.

a. 255 min = (255 : ……) h = ……… h = …… h …… min

b. 1 542 min = (…………) … = ……… = …………

5 Compléter pour exprimer 5 121 s en heures, minutes et secondes.

5 121 s = (5 121 : …………) h = ………… h

5 121 s = 1 h + ………… × 60 min = 1 h + ………… min

5 121 s = 1 h + ……… min + ……… × 60 s

5 121 s = 1 h ……… min ……… s

6 **Une émission de télévision est programmée de 9 h 55 à 11 h 18.** Quelle est sa durée ?

★★

7 **La finale d'un tournoi de tennis a débuté à 14 h 58 et a duré 4 h 11 min.**
À quelle heure s'est-elle terminée ?

8 **Un ferry part de Calais et arrive à Douvres à 9 h 10 après une traversée de 1 h 35 min.**
À quelle heure était-il parti de Calais ?

9 **Hier, Anna a travaillé de 13 h 40 à 19 h 25. Elle est payée 9,40 € de l'heure.**

a. Pendant combien de temps Anna a-t-elle travaillé ?
b. Exprimer cette durée en heures décimales.
c. Combien Anna a-t-elle gagné hier ?

FICHE 11

Perfectionnement

CALCUL MENTAL

BILAN ..../........

1 La voiture de Louis mesure 4,10 m de long et 1,65 m de large. Son garage rectangulaire a pour longueur 6,50 m. Louis constate que dans son garage il y a :

• 90 cm à droite et à gauche de sa voiture ;

• la même distance devant et derrière sa voiture.

Calculer cette distance et la largeur du garage.

2 Pour relier une usine à une voie ferrée, une entreprise doit poser une voie de 276,5 m de long. Pour cela, elle utilise des rails de 8 m de long.

a. Combien de rails l'entreprise doit-elle prévoir ?

b. Quelle est la longueur du dernier rail posé ?

3 Le samedi 21 août à 8 h 35, Thiago lit le message ci-dessous à propos de sa connexion Internet.

connexion ✓ La box est connectée depuis 2 jours 17 heures 45 minutes.

À quel instant la box de Thiago s'est-elle connectée ?

4 Voici comment quatre élèves ont calculé l'expression $M = 4 \times 2,5 + 1,5 - 1,2 \times 5 + 1$.

• Amélia : $4 \times 4 - 6 + 1 = 16 - 6 + 1 = 11$

• Bixente : $4 \times 4 - 1,2 \times 6 = 16 - 7,2 = 8,8$

• Coralie : $10 + 1,5 - 6 + 1 = 6,5$

• Dylan : $10 + 0,3 \times 6 = 10 + 1,8 = 11,8$

a. Parmi ces élèves, qui calcule correctement l'expression M ?

b. Pour chaque autre élève, écrire l'expression M en plaçant des parenthèses afin qu'elle corresponde aux calculs qu'ils ont effectués.

5 Voici des informations sur le drapeau de la Savoie.

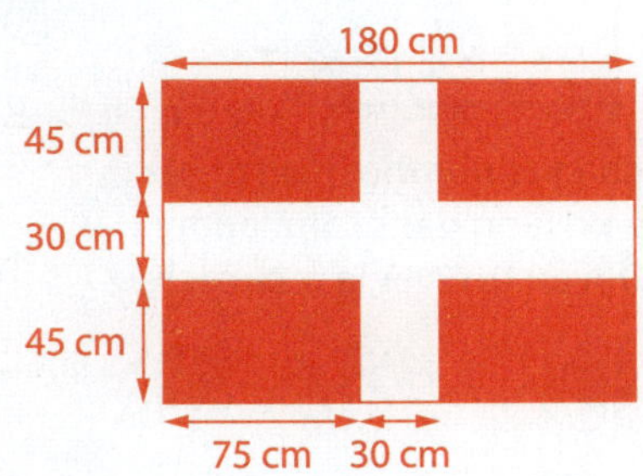

Calculer l'aire B de la surface blanche, puis l'aire R de la surface rouge.

FICHE 12 QCM & jeux

QCM

Voici un questionnaire à choix multiples.
Pour chaque question, entourer la (ou les) réponse(s) exacte(s).

Bilan ..... / 7

A	Rose trouve 800,4 en retranchant 1 100,2 du nombre …	299,8	1 900,6	1 700,2
B	Karim achète 600 g de haricots verts à 4,50 € le kg. Karim paie …	$0{,}6 \times 4{,}50$ €	2 700 €	2,70 €
C	Une pile de 1 000 feuilles de 0,012 cm d'épaisseur chacune a pour hauteur …	12 mm	1,2 cm	12 cm
D	$64{,}75 \times 0{,}001$ est égal à …	6 475	0,647 5	0,064 75
E	$16 - 6 \times 2$ est égal à …	4	20	$(8 - 6) \times 2$
F	$7 + (5 - 2) \times 8 - 6 : 2$ est égal à …	10	28	77
G	6 138 s est égal à …	1,705 h	1 h 42 min 18 s	102,3 min

jeu 1

Dans ce tableau, une même forme correspond à un même nombre. Les sommes sur chaque ligne, chaque colonne, sont indiquées.

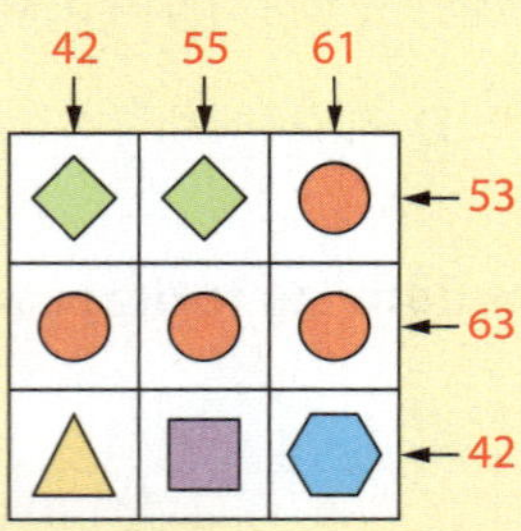

Remplacer chaque nombre trouvé par la lettre de même rang dans l'alphabet (1 → A, 2 → B, …) afin de trouver le mot caché :

jeu 2

Compléter cette grille de nombres croisés à l'aide des informations ci-dessous, puis compléter les définitions verticales.

	1	2	3	4	5
A	.....	.....	.....	.....	.....
B	.....	.....	.....	,	.....
C	.....	.....	,	.....	.....
D	.....	,	.....	.....	.....
E	.....	.....	.....	.....	.....

Horizontalement

A. Le nombre de secondes dans 4 h 15 min 36 s.
B. Le nombre décimal qui, divisé par 0,4 donne 364,5.
C. Le nombre décimal qui, multiplié par 6, donne 213.
D. 2 h 36 min 54 s en heures décimales.
E. Le nombre $24\,354 - 42 \times (307 - 6)$

Verticalement

1. Le nombre de secondes dans ...... h ...... min .... s.

2. Le nombre décimal qui, divisé par 23, donne ....

3. Le nombre $(0{,}3 +$ .... $) \times 87$.

4. Le nombre $(15 -$ .... $) : 3$.

5. Le nombre $4 \times 3 \times 53 \times$ ....

FICHE 13

Expression littérale

CALCUL MENTAL

• .... • ....
• .... • ....
• .... • ....

BILAN ..../........

→ Une **expression littérale** est une expression contenant une ou plusieurs lettres.
Ces lettres désignent des nombres.
Lorsqu'on remplace les lettres par des nombres, on calcule la valeur de l'expression.
Le périmètre d'un carré de côté c est donné par l'expression littérale $4 \times c$.
Pour $c = 5$, $4 \times c = 4 \times 5 = 20$. Ainsi, le périmètre d'un carré de côté 5 cm est 20 cm.

→ **Simplification d'écriture** : on peut supprimer le signe × s'il est suivi d'une lettre ou d'une parenthèse.
a désigne un nombre.
• $3 \times a = 3a$ • $a \times 4 = 4a$ • $1 \times a = a$ (et non $1a$) • $a \times b = ab$ • $2 \times (a + b) = 2(a + b)$

→ **Notations :** • $\boldsymbol{a \times a = a^2}$ (lire « ***a*** au carré ») $5^2 = 25$
• $\boldsymbol{a \times a \times a = a^3}$ (lire « ***a*** au cube ») $2^3 = 8$

★

1 Simplifier l'écriture de chaque expression.

a. $5 \times a =$ .... **b.** $x \times y =$ .... **c.** $1 \times b =$ ....

d. $x \times 3 =$ .... $\times x =$ .... **e.** $n \times 4 =$ .... $\times n =$ ....

2 Dans chaque cas, écrire plus simplement.

a. $3a \times 2 = 3 \times 2 \times$ ..... = ... × ..... = ...

b. $2 \times x + 5 \times y =$ .... + ...

c. $4x \times 6y =$ ..... × ..... × ..... × ..... = ... × ...... = ...

d. $1{,}5b \times 4b =$ .... × ..... × .... × .... = ... = ...

e. $2 \times \pi \times r =$ ....

f. $\pi \times r \times r =$ ....

3 **Voici deux expressions : A = 4*x* et B = 4 + *x*.**
Dans chaque cas, calculer A et B pour :
a. $x = 10$; **b.** $x = 2{,}5$.

....

....

4 ***n* désigne un nombre entier.** Compléter.

a. Le double de *n* est obtenu en multipliant n par ....
Il s'agit du nombre ....

b. Le triple de *n* est obtenu en multipliant n par ....
Il s'agit du nombre ....

c. Le nombre qui suit le nombre *n* est obtenu en lui ajoutant .... Il s'agit du nombre ....

d. Le nombre qui précède le nombre *n* ($n \neq 0$) est obtenu en lui retranchant .... Il s'agit du nombre ....

★★

5 Relier les expressions égales.

$4x \times 2$ •	• $24x^3$
$4x \times 2x$ •	• $8x^2$
$4x \times x \times 4$ •	• $8x$
$2x \times 3x \times 4x$ •	• $16x^2$

6 **C = 3*x* − 16** **D = 2(*x* + 5)** **E = 5*x* + 3*y***

a. Calculer C et D pour $x = 6$.

b. Calculer E pour $x = 2{,}5$ et $y = 10$.

7 **On s'intéresse aux nombres entiers.**

a. Voici une affirmation : « La forme générale des nombres pairs est $2k$, où k désigne un nombre entier. » Est-elle vraie ?

....

....

b. Quelle est la forme générale des nombres impairs ?

....

....

8 **On s'intéresse aux multiples de 3.**

a. Al affirme : « Un multiple de 3 s'écrit sous la forme $n + 3$, où n désigne un nombre entier. » A-t-il raison ?

....

....

b. Proposer la forme générale des multiples de 3.

....

CALCUL MENTAL

•............ •............
•............ •............
•............ •............

BILAN ..../.........

FICHE **14**

Dépendance de deux grandeurs

→ Quand deux grandeurs mesurables dépendent l'une de l'autre, on dit que l'une est **fonction** de l'autre.

• L'aire d'un carré est fonction du côté de ce carré.

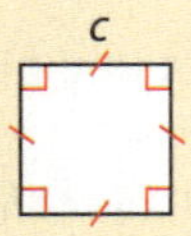

On peut rendre compte de cette dépendance par la **formule** :

$\mathcal{A} = c \times c$, c'est-à-dire $\mathcal{A} = c^2$

(avec, par exemple, c en cm et $\mathcal{A}$ en cm²).

• Dans un immeuble, la hauteur h, en m, à laquelle on se trouve est donnée en fonction du numéro n de l'étage par la formule :

$h = 2{,}5\,n + 1$.

On peut dresser un tableau de valeurs.

n	5	10	15	20	25	30
h **(en m)**	13,5	26	38,5	51	63,5	76

1 **En France, la pointure P des chaussures est estimée en fonction de la longueur L du pied, en cm, à l'aide de la formule $P = 1{,}5\,(L + 1)$.**

Déterminer la pointure qui correspond à une longueur de pied de 23 cm.

....

....

2 **À un jeu vidéo, le score d'un joueur de niveau n est donné par la formule $S = 4n^2$.**

Calculer le score d'un joueur de niveau 5.

....

....

3 **Deux grandeurs x et y sont liées par la relation :**

$$y = 2x + 3.$$

Compléter ce tableau en calculant mentalement.

x	0	1	1,5	2,5	4	6,5	10
y	......	......	......	......	......	......	......

4 Dans chaque cas, exprimer la longueur du segment [AB] en fonction de x.

a.

b.

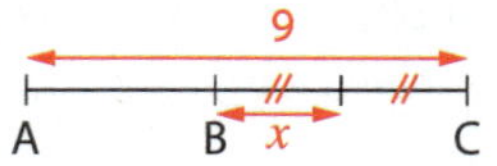

....

....

5 **Pour l'activité VTT dans un camping, Emma achète des vélos à 189 € l'un. Les frais de port s'élèvent à 20 €.**

n désigne le nombre de vélos achetés.
Exprimer en fonction de n, le montant M, en €, de la dépense.

....

6 **Cette figure est composée d'un carré de côté a et d'un triangle isocèle.**

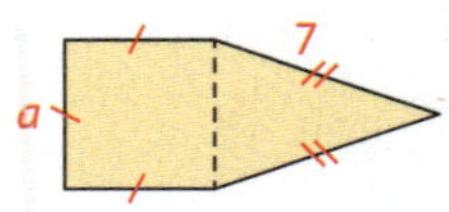

a. Exprimer en fonction de a, le périmètre A et l'aire B du carré, puis le périmètre C de la figure.

b. Calculer A, B et C pour $a = 6$.

7 **La hauteur h, en m, à laquelle se trouve une fusée t secondes après son lancement est donnée par la formule $h = 16t - 2t^2$.**

a. À quelle hauteur se trouve la fusée 3 s après le lancement ?

....

....

b. Compléter le tableau de valeurs ci-dessous.

t **(en s)**	0	1	2	3	4	5	6	7	8
h **(en m)**	.....	.....	.....	.....	.....	.....	.....	.....	.....

8 **Voici un programme de calcul.**

• Choisir un nombre.
• Multiplier par 4.
• Soustraire 1,5.

a. Quelle valeur obtient-on lorsqu'on choisit 2,5 ?

b. On note n le nombre choisi.
Exprimer en fonction de n le nombre obtenu.

Distributivité

CALCUL MENTAL

• .... • ....
• .... • ....
• .... • ....

BILAN ..../.........

a, b, x désignent des nombres.

→ • $ax + bx = (a + b)x$
Somme → Produit
$5x + 3x = (5 + 3)x = 8x$

• $ax - bx = (a - b)x$
Différence → Produit
$8{,}5x - 5{,}3x = (8{,}5 - 5{,}3)x = 3{,}2x$

On **réduit** la somme $ax + bx$ ou la différence $ax - bx$.

→ • $(a + b)x = ax + bx$
Produit → Somme

• $(a - b)x = ax - bx$
Produit → Différence

Pour $x = 7$, la valeur de $12x$ est : $12 \times 7 = (10 + 2) \times 7 = 10 \times 7 + 2 \times 7 = 70 + 14 = 84$.

★

1 Compléter afin de réduire chaque expression.

$A = 4x + 2x = ($......$+$......$)x =$ ....

$B = 10x - 3x = ($......$-$......$)x =$ ....

$C = 7{,}3x - 2{,}9x =$ .... $x =$ ....

2 **Loan souhaite savoir si les affirmations de ses deux amis sont vraies.** Compléter.

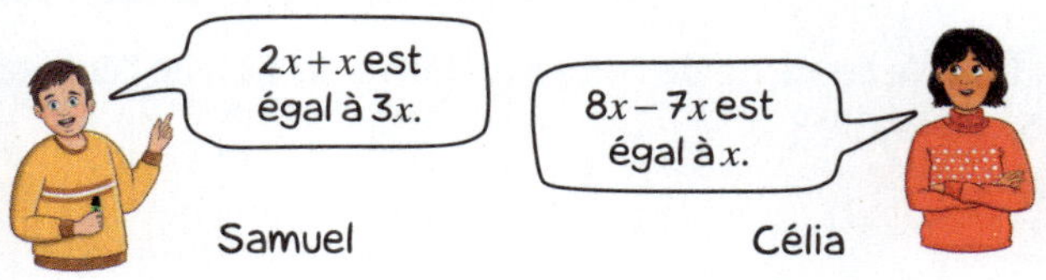

a. $2x + x =$ .... $x =$ ....

L'affirmation de Samuel est ....

b. $8x - 7x =$ .... $x =$ .... $=$ ....

L'affirmation de Célia est ....

3 **On se propose d'exprimer un produit à l'aide d'une somme ou d'une différence.** Compléter.

a. $2(5 + x) = 2 \times$ ...... $+ 2 \times$ ...... $=$ ...... $+$ ....

b. $4(y - 2) = 4 \times$ ...... $- 4 \times 2 =$ ...... $-$ ....

c. $6(3a + 5) = 6 \times$ ...... $+ 6 \times$ ...... $=$ ....

d. $3(7 - 2b) = 3 \times$ ...... $- 3 \times$ ...... $=$ ....

4 Compléter pour effectuer astucieusement chaque calcul, sans calculatrice.

a. $A = 3{,}5 \times 11{,}7 - 3{,}5 \times 9{,}7 = 3{,}5 \times ($..............$)$

$A =$ ....

b. $B = 12{,}8 \times 6{,}9 + 7{,}2 \times 6{,}9 = ($..............$) \times 6{,}9$

$B =$ ....

c. $C = 14 \times 2{,}8 = (10 +$ ......$) \times 2{,}8 =$ ...... $\times 2{,}8 +$ ...... $\times 2{,}8$

$C =$ ....

★★

5 **Voici une expression littérale : $E = 13x$.**
Calculer, sans calculatrice, la valeur de E pour $x = 4{,}2$.

6 Réduire chaque expression.

$A = 8x + 12x$ $B = 15{,}8y - 5y$
$C = 12a + 7a - 3a$ $D = 25{,}5b + 79b - 4{,}5b$

7 Dans chaque cas, exprimer sous forme d'une somme ou d'une différence.

$A = 3(x + 2)$ $B = 5(y - 1)$
$C = (2a - 3) \times 4$ $D = 10(0{,}6b + 2{,}5)$

8 **Un apiculteur vend des coffrets de quatre pots de miel de 250 g chacun. Lors d'une promotion, il ajoute une masse gratuite de x g de miel dans chaque pot.**

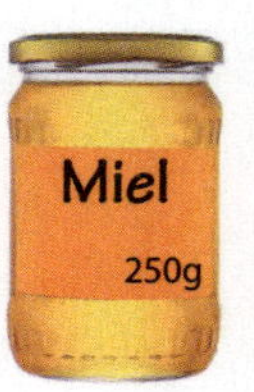

1. Exprimer la nouvelle masse totale M, en g, d'un coffret de quatre pots sous forme :
a. d'un produit ; **b.** d'une somme.

2. Calculer M pour $x = 25$ de façon simple.

CALCUL MENTAL

• .... • ....

• .... • ....

• .... • ....

BILAN ..../........

FICHE **16**

Test d'une égalité

→ Une **égalité** est constituée de **deux membres** séparés par le signe =. $\underbrace{5 \times 4}_{\text{membre de gauche}} = \underbrace{12+8}_{\text{membre de droite}}$

→ Une égalité où interviennent des expressions littérales peut être **vraie** pour certaines valeurs affectées aux lettres et **fausse** pour d'autres.

- L'égalité $x + 2 = 5$ est vraie pour $x = 3$. En effet, $3 + 2 = 5$.
- L'égalité $x + 2 = 5$ est fausse pour $x = 4$. En effet, $4 + 2 = 6$ et $6 \neq 5$.

★

1 On se propose de déterminer si l'égalité $5x + 12 = 7x$ est vraie pour $x = 4$.

a. Calculer la valeur de $5x + 12$ pour $x = 4$.

....

b. Calculer la valeur de $7x$ pour $x = 4$.

....

c. Observer les deux valeurs obtenues et conclure.

....

2 On se propose de déterminer si l'égalité $28 + 4y = 9y - 2$ est vraie pour $y = 6$.

a. Calculer la valeur de $28 + 4y$ pour $y = 6$.

....

b. Calculer la valeur de $9y - 2$ pour $y = 6$.

....

c. Observer les deux valeurs obtenues et conclure.

....

....

3 L'égalité $6x - 4 = 2(x + 8)$ est-elle vraie pour :

a. $x = 5$? **b.** $x = 7$?

4 Entourer les égalités vraies pour $x = 0$.

- $2x + 1 = 1$
- $x^2 + 5 = 6$
- $x(4x + 3) = 3$
- $3x + 5 = 5 - 2x$
- $2(5x + 3) = 3(x + 2)$

★★

5 Entourer les valeurs de a et b pour lesquelles l'égalité $2(a + b) = 5a - b - 2{,}1$ est vraie.

- $a = 0{,}7$ et $b = 0$
- $a = 2$ et $b = 0{,}7$
- $a = 1$ et $b = 0{,}3$

6 Voici deux rectangles dont les longueurs de certains côtés sont variables.

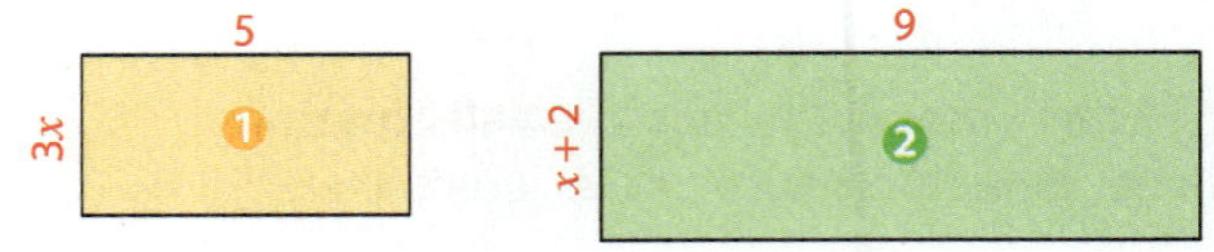

a. Dans le contexte de cette situation, que signifie l'égalité $15x = 9(x + 2)$?

b. Cette égalité est-elle vraie pour $x = 2$?

7 Elsa veut acheter des pains au chocolat et des croissants en dépensant 60 € exactement.

Elle écrit l'égalité : $1{,}2p + 0{,}9c = 60$.

1. Que représentent les nombres p et c ?

2. Cette égalité est-elle vraie pour :

a. $p = 15$ et $c = 50$? **b.** $p = 26$ et $c = 32$?

Test d'une égalité de façon instrumentée

CALCUL MENTAL

• .... • ....
• .... • ....
• .... • ....

BILAN ..../........

1 **Tice** **1. Sam utilise sa calculatrice pour savoir si l'égalité $2x + 5 = 3x - 1$ est vraie pour $x = 6{,}5$.**

La touche sto▸ ou STO permet d'affecter une valeur à une variable (une lettre). Ensuite, on peut utiliser la valeur de cette lettre dans des calculs.

• **TI-Collège Plus**

6,5 sto▸ x entrer

2 x + 5 entrer

3 x − 1 entrer

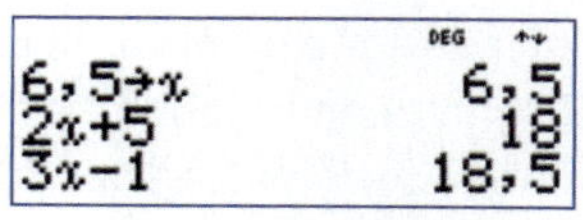

• **Casio fx-92+ Spéciale Collège**

6,5 STO x EXE S⇔D

2 x + 5 EXE

3 x − 1 EXE S⇔D

Info
S⇔D permet de passer d'une écriture en fraction à une écriture décimale.

Observer l'écran ci-dessus et répondre à Sam.

2. Utiliser la calculatrice pour déterminer si l'égalité $2x + 5 = 3x - 1$ est vraie pour :

a. $x = 6$; **b.** $x = 5{,}7$.

2 **Tice** **On se propose de tester avec la calculatrice l'égalité $8x^2 - 14x + 3 = 0$ pour $x = 1{,}6$.**

1. a. Procéder comme dans l'exercice 1.
Pour écrire $8x^2$, on saisit 8 x x^2 ou 8 x x^2 selon le modèle de calculatrice.

b. Conclure.

....

....

2. Utiliser la calculatrice pour déterminer si l'égalité $8x^2 - 14x + 3 = 0$ est vraie pour :

a. $x = 1{,}5$; **b.** $x = 0{,}25$.

3 **Algo** **Ce script Scratch permet de tester une égalité après que l'utilisateur ait donné un nombre.**

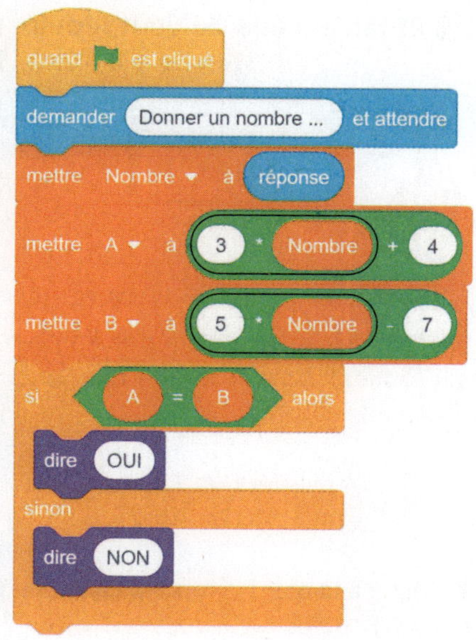

1. a. On note n la valeur de la variable **Nombre** donnée au départ. Exprimer en fonction de n le contenu de chaque variable **A** et **B**.

....

....

b. Quelle égalité est testée ? ....

2. a. Ouvrir le logiciel Scratch et saisir le script.

b. Exécuter le script. Qu'énonce le lutin pour :

• $n = 4{,}7$? .... • $n = 5{,}5$? ....

4 **Tice** **On se propose d'utiliser le tableur pour tester si l'égalité $x^2 + 22 = 8{,}6x + 4$ est vraie pour un nombre entier compris entre 1 et 8.**

Pour cela, on a préparé cette feuille de calcul.

	A	B	C
1	x	$x^2 + 22$	$8{,}6\,x + 4$
2	1	....	....
3	2	....	....
4	3	....	....
5	4	....	....
6	5	....	....
7	6	....	....
8	7	....	....
9	8	....	....

a. Réaliser cette feuille de calcul. En cellule B2, saisir la formule =A2*A2+22 et en cellule C2, saisir la formule =8,6*A2+4 puis les recopier vers le bas.

b. Pour quelle valeur de x, l'égalité $x^2 + 22 = 8{,}6x + 4$ est-elle vraie ?

....

FICHE **18**

Perfectionnement

CALCUL MENTAL

BILAN ..../.......

1 Ethan et Léna doivent réduire l'expression :

$A = 5x + 8 - 2x - 3$.

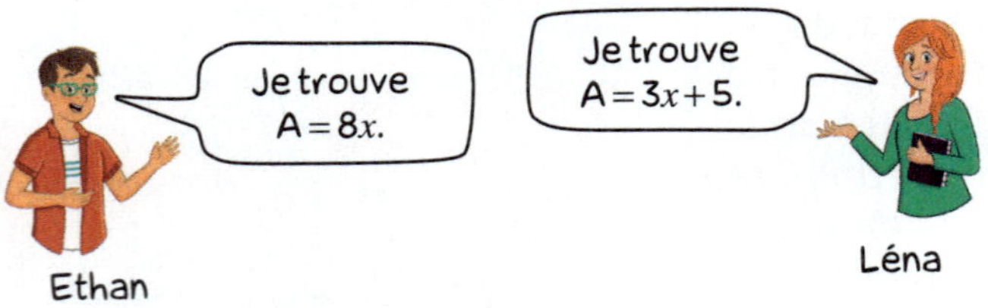

1. Tester à la main leurs réponses pour $x = 2$.

2. Tester à la main la réponse de Léna pour :

a. $x = 0$; **b.** $x = 7$.

3. a. Modifier l'ordre des termes de l'expression A et la réduire.

b. Que peut-on dire de la réponse de Léna ?

2 On s'intéresse à la somme de deux nombres entiers consécutifs.

1. Calculer plusieurs de ces sommes. Quelle propriété commune semblent avoir ces sommes ?

2. *n* désigne un nombre entier.

a. Exprimer en fonction de *n* la somme S de *n* et de son suivant. Réduire S.

b. Cela confirme-t-il la remarque faite à la question **1** ?

3 Kévin affirme : « La somme de trois nombres entiers consécutifs est un multiple de 3. »

a. Tester cette affirmation sur des exemples.

b. *n* désigne un nombre entier avec $n \neq 0$.
Exprimer en fonction de *n* la somme S de *n*, du nombre entier qui le précède et du nombre entier qui le suit.
Réduire S et conclure.

4 Voici représentée une suite de motifs constitués de carrés de côté 3 cm.

On se propose d'établir une formule donnant le périmètre du motif à une étape donnée.

1. Compter le nombre de segments de longueur 3 cm qui composent le contour du motif aux étapes 1, 2, 3, 4 puis calculer le périmètre du motif à chaque étape.

2. Vince affirme : « Le nombre de segments qui constituent le contour d'un motif est égal au double du nombre de carrés augmenté de 2. »

a. Vérifier cette affirmation aux étapes 1, 2, 3, 4.

b. On suppose que Vince a raison.
Exprimer en fonction de *n* le périmètre P du motif, en cm, à l'étape *n*.

FICHE 19

QCM & jeux

QCM

Voici un questionnaire à choix multiples.
Pour chaque question, entourer la (ou les) réponse(s) exacte(s).

Bilan ..... / 10

A	$a \times 2$ s'écrit aussi …	$a2$	a^2	$2a$
B	$5 \times a + 3 \times b$ s'écrit aussi …	$5a + 3b$	$15(a + b)$	$15ab$
C	Pour $a = 6$, l'expression $2 + 5a$ est égale à …	42	58	32
D	Pour $a = 3$ et $b = 5$, l'expression $2a + 3b$ est égale à …	$2 \times 3 + 3 \times 5$	21	58
E	Alia achète une BD à 9 € et x livres à 6 € l'un. Le prix P, en €, qu'Alia paie est …	$P = 9 + 6x$	$P = 9x + 6$	$P = 15x$
F	On note P le périmètre et A l'aire de ce rectangle. Alors … 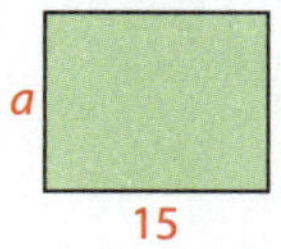	$P = 2a + 15$ et $A = 15 + a$	$P = 2a + 30$ et $A = 15a$	$P = 2(a + 15)$ et $A = 15a$
G	Les égalités qui sont vraies pour $x = 5$ sont …	$3 + x = 3x - 7$	$x^2 - 1 = 6(x - 1)$	$6x = 4x + 2$
H	La forme réduite de l'expression $2{,}5x + 4{,}3x$ est …	$6{,}8x^2$	$6{,}8x$	$13{,}6x$
I	La forme réduite de l'expression $4{,}2x - 1{,}2x$ est …	$3x$	$3 + x$	$5{,}4x$
J	À un nombre n, on ajoute 2, puis on multiplie le résultat par 3 et on retranche 6. Le résultat obtenu peut s'écrire …	$n + 2 \times 3 - 6$	$(n + 2) \times 3 - 6$	$3n$

jeu 1

Les finalistes du jeu « L'artiste » ont obtenu trois notes sur 10 :
- la note V pour la voix,
- la note D pour la danse,
- la note L pour le look.

Pour calculer la note finale F de chaque candidat, on utilise la formule :

$$F = 5V + 3D + 2L.$$

Voici les notes des finalistes.

Candidat	V	D	L	F
Ava	8	10	5	....
Basile	10	4	9	....
Candice	9	8	6	....
Djibril	6	9	10	....

Qui a remporté la compétition ?

Réponse : ....

jeu 2

Voici un mot caché rencontré dans ce chapitre.

■	♣	♥	◆	✿	♣	●	★	◆	♣	▲	✤
.....	.....	.....	.....	.....	.....	.....	.....	.....	.....	.....	.....

Trouver ce mot grâce aux valeurs de L obtenues avec les formules et les informations ci-dessous, où n désigne un nombre.

Formules

① : $L = 4n + 2$

② : $L = 2 + 0{,}5\,(n - 2)$

③ : $L = 25 - 2(2n - 1)$

Définitions

■ : ① pour $n = 0{,}5$

♣ : ② pour $n = 16$

♥ : ③ pour $n = 2$

◆ : ② pour $n = 38$

✿ : ① pour $n = 4$

● : ② pour $n = 2$

★ : ③ pour $n = 1{,}5$

▲ : ① pour $n = 5$

✤ : ② pour $n = 8$

Décodage

1 → A, 2 → B, 3 → C, 4 → D, …

CALCUL MENTAL

• .... • ....
• .... • ....
• .... • ....

BILAN ..../.......

FICHE 20 Fraction et quotient

→ a et b désignent deux nombres entiers ($b \neq 0$).
Le **quotient** de a par b est le nombre qui, multiplié par b, donne a.
On le note $a : b$ ou avec la **fraction** $\frac{a}{b}$.

$\frac{a}{b} \times b = a$

Dividende → a ; Diviseur → b : $a : b = \frac{a}{b}$ ← Numérateur (a), Dénominateur (b)

1 Compléter chaque phrase par une fraction.

a. Le nombre qui multiplié par 5 donne 2 est ....

b. Le nombre qui multiplié par 2 donne 5 est ....

2 Compléter chaque phrase.

a. La fraction $\frac{7}{12}$ est le nombre qui .... par 12, donne 7.

b. La fraction $\frac{4}{3}$ est le nombre qui multiplié par 3, donne ....

c. La fraction $\frac{11}{8}$ est le nombre qui multiplié par ......, donne 11.

3 Compléter chaque égalité.

a. $\frac{2}{5} \times 5 =$ .... **b.** $\frac{9}{7} \times 7 =$ ....

c. $8 \times \frac{3}{8} =$ .... **d.** $11 \times \frac{23}{11} =$ ....

4 Compléter chaque égalité.

a. $\frac{8}{5} \times$ ...... $= 8$ **b.** $\frac{2}{\dots} \times 7 = 2$

c. $\frac{\dots}{3} \times 3 = 5$ **d.** $\frac{\dots}{\dots} \times 10 = 9$

5 Dans chaque cas, préciser le numérateur et le dénominateur de la fraction.

a. $\frac{12}{7}$ Numérateur : .... Dénominateur : ....

b. $\frac{11}{3}$ Numérateur : .... Dénominateur : ....

c. $\frac{23}{72}$ Numérateur : .... Dénominateur : ....

6 Dans chaque cas, écrire le nombre ■ à l'aide d'une fraction, puis en écriture décimale.

a. $5 \times$ ■ $= 12$ **b.** ■ $\times 3 = 2{,}7$

■ = ... ■ = ...

7 **Cléa devait trouver un nombre qui, multiplié par 6, donne 13. Voici son travail.**

2,166 × 6 = 13 donc le nombre est 2,166.

a. Cette réponse est-elle exacte ?

....

b. Donner la réponse correcte.

....

8 **Léo a acheté 4 gâteaux qu'il faut partager entre 9 personnes.**

Quelle est la part de chacun ?

....

9 **Elsa partage 7 m de fil de fer en trois parties de même longueur.**

Quelle est la longueur exacte, en m, de chaque morceau ? Donner ensuite une valeur approchée au centième près.

....

10 **Pendant les vacances, Fanny achète un lot de 5 cartes postales. Elle paie 4 €.**

Exprimer le prix d'une carte postale à l'aide d'une fraction puis en écriture décimale.

....

FICHE 21

Fractions égales

CALCUL MENTAL

• .... • ....
• .... • ....
• .... • ....

BILAN ..../........

→ Pour obtenir une fraction égale à une fraction donnée, on **multiplie** ou on **divise** son numérateur **et** son dénominateur par un **même nombre** différent de 0.

a, *b*, *c* désignent trois nombres entiers avec $b \neq 0$ et $c \neq 0$.

$\frac{a}{b} = \frac{a \times c}{b \times c}$ $\frac{a}{b} = \frac{a : c}{b : c}$

• 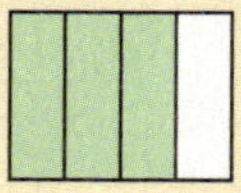 $\frac{3}{4} = \frac{3 \times 2}{4 \times 2} = \frac{6}{8}$ 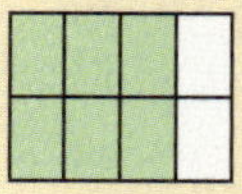

• $\frac{10}{30} = \frac{10 : 10}{30 : 10} = \frac{1}{3}$ On a simplifié la fraction $\frac{10}{30}$.

1 **a.** Colorier une partie de la figure pour représenter chaque fraction.

• $\frac{2}{3}$ 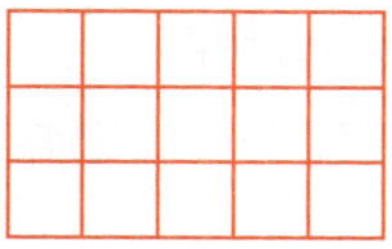 • $\frac{10}{15}$ 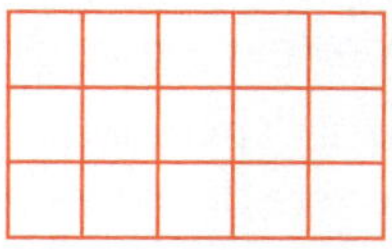

b. En observant les deux figures, que peut-on dire de ces deux fractions ?

2 Compléter pour obtenir une fraction égale à $\frac{5}{2}$.

$\frac{5}{2} = \frac{5 \times 2}{2 \times \ldots\ldots} = \frac{\ldots\ldots}{\ldots\ldots}$

3 Compléter chaque égalité.

a. $\frac{1}{2} = \frac{\ldots\ldots}{4}$ **b.** $\frac{5}{12} = \frac{\ldots\ldots}{60}$

c. $\frac{7}{3} = \frac{70}{\ldots\ldots}$ **d.** $\frac{12}{21} = \frac{\ldots\ldots}{63}$

4 Compléter pour obtenir une fraction égale.

a. $\frac{8}{6} = \frac{8 : \ldots\ldots}{6 : \ldots\ldots} = \frac{\ldots\ldots}{3}$ **b.** $\frac{30}{25} = \frac{30 : \ldots\ldots}{25 : \ldots\ldots} = \frac{6}{\ldots\ldots}$

c. $\frac{45}{55} = \frac{45 : \ldots\ldots}{55 : \ldots\ldots} = \frac{\ldots\ldots}{11}$ **d.** $\frac{49}{35} = \frac{49 : \ldots\ldots}{35 : \ldots\ldots} = \frac{7}{\ldots\ldots}$

5 **On se propose de simplifier chaque fraction.**

a. 45 et 10 sont divisibles par 5 donc :

$\frac{45}{10} = \frac{45 : \ldots\ldots}{10 : \ldots\ldots} = \frac{\ldots\ldots}{\ldots\ldots}$

b. 21 et 30 sont divisibles par ...... donc :

$\frac{21}{30} = \frac{\ldots\ldots}{\ldots\ldots} = \frac{\ldots\ldots}{\ldots\ldots}$

6 **Voici comment Louis a expliqué l'égalité de deux fractions.**

Lesquelles ?

5 x □ = 4
3 x 5 x □ = 3 x 4
15 x □ = 12

....

7 **a.** Écrire une fraction égale à $\frac{56}{32}$ et dont le dénominateur est 4 : ....

b. Écrire une fraction égale à $\frac{33}{88}$ et dont le numérateur est 3 : ....

8 Compléter.

a. $\frac{2}{3} = \frac{\ldots\ldots}{6} = \frac{6}{\ldots\ldots} = \frac{\ldots\ldots}{21} = \frac{20}{\ldots\ldots}$

b. $\frac{1}{7} = \frac{\ldots\ldots}{21} = \frac{5}{\ldots\ldots} = \frac{\ldots\ldots}{140} = \frac{11}{\ldots\ldots}$

c. $\frac{30}{21} = \frac{\ldots\ldots}{7} = \frac{60}{\ldots\ldots} = \frac{\ldots\ldots}{210} = \frac{120}{\ldots\ldots}$

9 Simplifier en utilisant un critère de divisibilité.

a. $\frac{28}{34} = \frac{\ldots\ldots}{\ldots\ldots}$ **b.** $\frac{50}{44} = \frac{\ldots\ldots}{\ldots\ldots}$ **c.** $\frac{65}{75} = \frac{\ldots\ldots}{\ldots\ldots}$

d. $\frac{90}{35} = \frac{\ldots\ldots}{\ldots\ldots}$ **e.** $\frac{27}{90} = \frac{\ldots\ldots}{\ldots\ldots}$ **f.** $\frac{24}{21} = \frac{\ldots\ldots}{\ldots\ldots}$

10 **Quatre amies se partagent la somme de 14 €.**

Anaël : « Chacune doit avoir 3,50 €. »

Maëlle : « Non, il faut que chacune ait $\frac{14}{4}$ €. »

Louane : « Non, c'est $\frac{7}{2}$ €. »

Qui a raison ?

....
....
....

FICHE **22**

Division par un nombre décimal

CALCUL MENTAL
• .... • ....
• .... • ....
• .... • ....
BILAN ..../........

→ L'égalité $\frac{a}{b} = \frac{ac}{bc}$ est encore valable lorsque a, b, c désignent des nombres décimaux ($b \neq 0$, $c \neq 0$).

→ Pour diviser par un nombre décimal, on se ramène à la division par un nombre entier en multipliant dividende et diviseur par 10 ou 100 ou 1 000 ou…

$$\frac{3{,}72}{0{,}6} = \frac{3{,}72 \times 10}{0{,}6 \times 10} = \frac{37{,}2}{6}$$

D'après la division ci-contre, 3,72 : 0,6 = 6,2.

Division de 3,72 par 0,6

×10 ×10

	3,	7	2	0,	6
	3	7,	2	6	
–	3	6		6,	2
		1	2		
	–	1	2		
			0		

1 On se propose de diviser 10,95 par 1,5.

a. Compléter.

$$\frac{10{,}95}{1{,}5} = \frac{10{,}95 \times \ldots\ldots}{1{,}5 \times \ldots\ldots} = \frac{\ldots\ldots\ldots}{15}$$

b. Effectuer la division et conclure.

....

	1	0,	9	5	1,	5

Donc 10,95 : 1,5 = ...

2 On se propose de diviser 48,55 par 2,15.

a. Compléter.

$$\frac{48{,}55}{2{,}15} = \frac{48{,}55 \times \ldots\ldots}{2{,}15 \times \ldots\ldots} = \frac{\ldots\ldots\ldots}{215}$$

b. Effectuer la division jusqu'à obtenir une valeur approchée au dixième et conclure.

....

	4	8,	5	5		2,	1	5

....

3 Calculer 2,58 : 0,1 sans poser de division. Expliquer.

....

....

4 Anastasia doit payer la somme de 15,40 €. Mais elle n'a que des pièces de 0,20 €.

a. Quelle opération faut-il effectuer pour calculer le nombre de pièces nécessaire ?

....

b. Calculer ce nombre de pièces.

5 Lors d'un vide-grenier, Axel achète plusieurs BD, toutes au même prix.

a. Combien de BD peut-il acheter avec 50 € ? *Poser l'opération dans le cadre.*

b. Combien le vendeur rend-il ?

FICHE 23

Comparaison de fractions

CALCUL MENTAL

● …… ● ……
● …… ● ……
● …… ● ……

BILAN ……/……

→ Deux fractions **de même dénominateur** sont rangées dans le même ordre que leurs numérateurs.

• $\frac{17}{6} < \frac{23}{6}$. En effet, $17 < 23$.   • $\frac{91}{13} > \frac{89}{13}$. En effet, $91 > 89$.

→ Pour comparer deux fractions lorsque le dénominateur de l'une est multiple du dénominateur de l'autre, on écrit les deux fractions avec le même dénominateur et on applique la propriété précédente.

Comparaison de $\frac{9}{4}$ et $\frac{17}{8}$: $\frac{9}{4} = \frac{9 \times 2}{4 \times 2} = \frac{18}{8}$ et $\frac{18}{8} > \frac{17}{8}$ donc $\frac{9}{4} > \frac{17}{8}$.

1 Compléter avec < ou >.

a. $\frac{3}{2}$ …… $\frac{5}{2}$ **b.** $\frac{13}{5}$ …… $\frac{9}{5}$ **c.** $\frac{1}{9}$ …… $\frac{10}{9}$ **d.** $\frac{73}{37}$ …… $\frac{59}{37}$

2 Ranger ces nombres dans l'ordre croissant.

$\frac{1}{6}, \frac{5}{6}, \frac{11}{6}, \frac{2}{6}, \frac{7}{6}, \frac{6}{6}, \frac{9}{6}$

……………………………………………

3 **On se propose de comparer $\frac{29}{6}$ et $\frac{14}{3}$.**

a. Compléter.

$\frac{14}{3} = \frac{14 \times \text{……}}{3 \times \text{……}} = \frac{\text{……}}{6}$

b. Conclure.

$\frac{29}{6}$ …… $\frac{\text{……}}{\text{……}}$ donc $\frac{29}{6}$ …… $\frac{14}{3}$.

4 Compléter pour comparer.

a. $\frac{5}{12}$ et $\frac{1}{3}$: $\frac{1}{3} = \frac{\text{……}}{12}$ et $\frac{5}{12}$ …… $\frac{\text{……}}{12}$ donc $\frac{5}{12}$ …… $\frac{1}{3}$.

b. $\frac{7}{4}$ et $\frac{15}{8}$: $\frac{7}{4} = \frac{\text{……}}{8}$ et $\frac{\text{……}}{8}$ …… $\frac{15}{8}$ donc $\frac{7}{4}$ …… $\frac{15}{8}$.

5 Compléter avec < ou > en calculant mentalement.

a. $\frac{5}{8}$ …… $\frac{1}{2}$ **b.** $\frac{13}{9}$ …… $\frac{4}{3}$ **c.** $\frac{21}{10}$ …… $\frac{7}{5}$ **d.** $\frac{31}{12}$ …… $\frac{8}{3}$

6 **a.** Placer ces nombres sur la demi-droite graduée.

$\frac{3}{4}, \frac{1}{2}, \frac{3}{2}, \frac{7}{4}, \frac{5}{4}, \frac{4}{2}, \frac{11}{4}$

b. Ranger ces nombres dans l'ordre décroissant.

……………………………………………

7 **Algo** **Voici un script Scratch.**

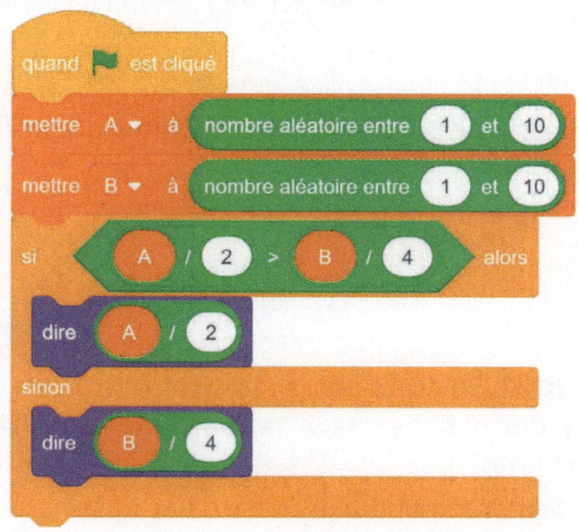

Les variables **A** et **B** prennent chacune pour valeur un nombre entier aléatoire compris entre 1 et 10.
Aline affirme : « Le lutin énoncera toujours la valeur de la fraction $\frac{A}{2}$ pour résultat. »
A-t-elle raison ? Justifier la réponse.

8 **Trois chercheurs d'or doivent se partager un trésor. Jack en prend un quart, Élisa cinq huitièmes et William deux seizièmes.**

Qui a la plus grande part ? Qui a la plus petite part ?

FICHE 24

Fréquence et proportion

CALCUL MENTAL

• .... • ....
• .... • ....
• .... • ....

BILAN ..../........

Dans une classe de 5e de 25 élèves, il y a 13 garçons.

→ La **proportion** (ou la **fréquence**) de garçons dans cette classe est $\frac{13}{25}$.

$$\frac{13}{25} = 0,52 = \frac{52}{100}$$

Cette proportion peut ainsi s'exprimer par le nombre 0,52 ou par le pourcentage 52 %.

★

1 Farid possède 20 jeux vidéo pour sa console. Parmi ces jeux, 12 sont des jeux de sport.

a. Quelle est la proportion de jeux de sport dans l'ensemble des jeux ? *Donner la réponse sous forme de fraction.*

....

b. Exprimer cette proportion par un nombre décimal, puis par un pourcentage.

....

....

2 En 2022, 50 états ont un territoire situé en Europe. Parmi ces états, 27 appartiennent à l'Union européenne.

Donner leur proportion sous forme d'une fraction, d'un nombre décimal et d'un pourcentage.

....

....

3 Lors des Jeux paralympiques de Tokyo qui ont eu lieu en juillet 2021, la France a remporté 54 médailles : 11 médailles d'or, 15 d'argent et 28 de bronze.

a. Donner la proportion de médailles de chaque métal dans l'ensemble des médailles gagnées par la France.

....

b. Exprimer chaque proportion à l'aide d'un pourcentage. *Donner une valeur approchée à l'unité.*

★★

4 Voici les ingrédients pour préparer un gâteau.

Chocolat noir : 200 g
Beurre : 150 g
Sucre en poudre : 150 g
Farine : 50 g
Œufs : 3, c'est-à-dire 150 g

Exprimer la proportion de chaque ingrédient dans cette recette à l'aide d'un pourcentage. *Donner des valeurs approchées à l'unité.*

5 Lors d'une élection, il faut obtenir au moins 50 % des voix pour être élu au 1er tour. On a interrogé des électeurs sur leurs intentions de vote.
Candidate A : 425 électeurs.
Candidate B : 385 électeurs.
Candidat C : 390 électeurs.

Calculer la proportion, en pourcentage, d'intentions de vote pour chaque candidat. Si cette tendance se confirmait, l'un de ces candidats serait-il élu au premier tour ?

FICHE 25

Perfectionnement

CALCUL MENTAL

- .... - ....
- .... - ....
- .... - ....

BILAN ..../.........

1 Voici comment utiliser la calculatrice pour simplifier la fraction $\frac{108}{63}$.

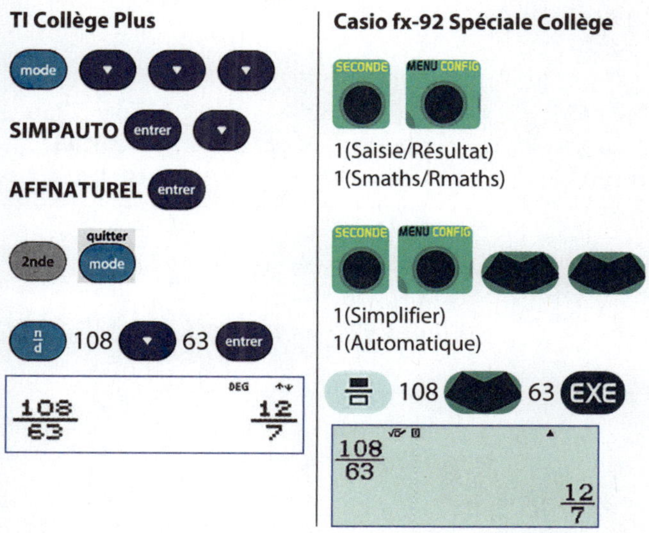

a. Sur les écrans ci-dessus, par quel nombre ont été divisés le numérateur et le dénominateur de la fraction $\frac{108}{63}$?

....

b. Dans chaque cas, simplifier la fraction à l'aide de la calculatrice et compléter.

- $\frac{21}{70} =$ ....
- $\frac{221}{247} =$ ....
- $\frac{133}{76} =$ ....

2 On se propose de comparer les fractions $\frac{14}{21}$ et $\frac{4}{6}$.

a. Compléter : $\frac{14}{21} = \frac{14:7}{21:\ldots} = \frac{\ldots}{\ldots}$

b. Simplifier $\frac{4}{6}$.

....

c. Conclure.

....

3 Anouck affirme : « Avec ma calculatrice, j'ai trouvé que les quotients $\frac{136{,}7}{50}$ et $\frac{1503\,700{,}000\,11}{550\,000}$ sont égaux. »

A-t-elle raison ? Expliquer sans calculer ces quotients.

4 Lors d'une partie de fléchettes, Elliot a atteint la cible 12 fois sur 15 tirs, Maya l'a atteinte 17 fois sur 20 tirs, et Dao 25 fois sur 30 tirs.

Utiliser des fractions pour dire, en proportion, qui a atteint le plus souvent la cible et qui l'a atteinte le moins souvent.

5 Nina et Alix comparent leurs collections de cartes Pokemon.

Nina a 55 cartes classiques et 5 cartes rares.
Alix a 77 cartes classiques et 7 cartes rares.
Nina affirme : « Tu as plus de cartes rares que moi, mais en proportion nous en avons autant. »

A-t-elle raison ? Si oui, quelle est cette proportion ?

FICHE 26

QCM & jeux

QCM

Voici un questionnaire à choix multiples.
Pour chaque question, entourer la (ou les) réponse(s) exacte(s).

Bilan ..... / 6

A	Le nombre manquant dans l'égalité $7 \times$ ■ $= 3$ est …	$\frac{7}{3}$	$\frac{3}{7}$	4
B	La fraction $\frac{15}{12}$ est égale à …	$\frac{150}{120}$	$\frac{5}{4}$	$\frac{5}{2}$
C	Pour calculer le quotient 12,7 : 5,25, on peut effectuer la division de …	127 par 525	1 270 par 525	12 700 par 5 250
D	81 : 0,01 est égal à …	8 100	81×100	810 : 0,1
E	Une relation vraie est …	$\frac{15}{32} < \frac{9}{16}$	$\frac{24}{64} = \frac{2}{6}$	$\frac{19}{24} > \frac{3}{4}$
F	Marc a gagné 12 parties de son jeu vidéo préféré et a perdu 15 parties. La proportion de parties gagnées est …	$\frac{12}{27}$	$\frac{12}{15}$	$\frac{4}{9}$

jeu 1

Zane : « Je ne sais pas trouver la fraction égale à :

$$\frac{2\,022+2\,022+2\,022+2\,022+2\,022}{2\,022+2\,022+2\,022}.$$ »

Aider Zane.

jeu 3

Quelle proportion de l'aire totale du carré représente l'aire de la partie colorée ?

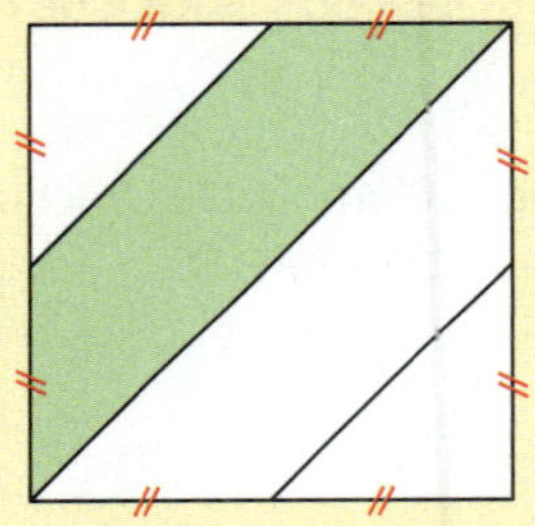

Réponse : ....

jeu 2

Colorier toutes les cases qui contiennent des fractions égales.

$\frac{1}{3}$	$\frac{30}{40}$	$\frac{12}{13}$	$\frac{9}{8}$	$\frac{18}{9}$
$\frac{14}{18}$	$\frac{150}{225}$	$\frac{50}{90}$	$\frac{34}{51}$	$\frac{42}{48}$
$\frac{9}{3}$	$\frac{7}{20}$	$\frac{18}{12}$	$\frac{7}{10}$	$\frac{33}{50}$
$\frac{10}{15}$	$\frac{60}{100}$	$\frac{2}{8}$	$\frac{5}{11}$	$\frac{4}{6}$
$\frac{7}{14}$	$\frac{20}{30}$	$\frac{2}{3}$	$\frac{14}{21}$	$\frac{5}{12}$
$\frac{5}{3}$	$\frac{67}{100}$	$\frac{55}{50}$	$\frac{8}{13}$	$\frac{15}{21}$

FICHE 27 Addition de fractions

CALCUL MENTAL

• .... • ....
• .... • ....
• .... • ....

BILAN ..../........

→ • Règle 1 : pour additionner deux fractions de **même dénominateur**, on additionne les numérateurs et on conserve le **dénominateur commun**.

• Règle 2 : pour additionner deux fractions lorsque le **dénominateur de l'une est multiple du dénominateur de l'autre**, on écrit les deux fractions avec le **même dénominateur** puis on applique la règle 1.

$\frac{2}{7}+\frac{3}{7}=\frac{5}{7}$

$\frac{1}{2}+\frac{1}{4}=\frac{2}{4}+\frac{1}{4}=\frac{3}{4}$

★

1 Traduire par une somme de deux fractions la proportion de la figure qui est coloriée.
Calculer cette somme.

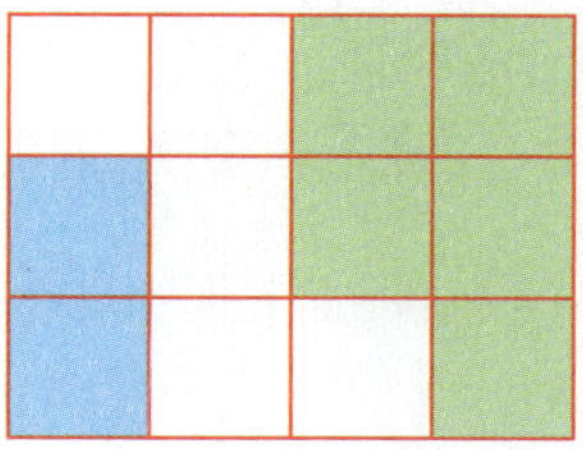

....

....

2 Compléter en calculant mentalement.

a. $\frac{5}{3}+\frac{2}{3}=\frac{\dots}{3}$ **b.** $\frac{2}{9}+\frac{8}{9}=\frac{\dots}{9}$

c. $\frac{3}{4}+\frac{3}{4}=\dots$ **d.** $\frac{1}{10}+\frac{7}{10}=\dots$

3 **On s'intéresse à la somme $\frac{1}{2}+\frac{1}{12}$.**

a. Représenter cette somme en coloriant deux zones sur la figure ci-dessous, avec deux couleurs différentes.

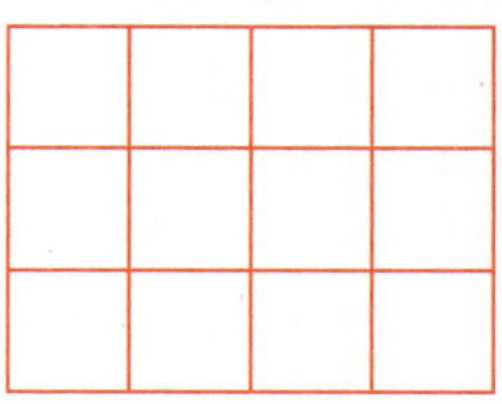

b. Utiliser le quadrillage pour compléter : $\frac{1}{2}=\frac{\dots}{12}$.

c. Compléter : $\frac{1}{2}+\frac{1}{12}=\frac{\dots}{12}+\frac{1}{12}=\frac{\dots}{\dots}$

4 **On se propose de calculer $\frac{3}{8}+\frac{5}{2}$.**

a. Expliquer pourquoi 8 est un multiple de 2.

....

b. Compléter.

$\frac{5}{2}=\frac{\dots\times\dots}{2\times4}=\frac{\dots}{\dots}$

$\frac{3}{8}+\frac{5}{2}=\frac{3}{8}+\frac{\dots}{8}=\frac{\dots}{\dots}$

★★

5 Compléter pour effectuer chaque addition.

a. $\frac{1}{6}+\frac{2}{3}=\frac{1}{6}+\frac{2\times\dots}{3\times\dots}=\frac{1}{6}+\frac{\dots}{6}=\frac{\dots}{6}$

b. $\frac{5}{8}+3=\frac{5}{8}+\frac{3\times\dots}{1\times\dots}=\frac{5}{8}+\frac{\dots}{8}=\frac{\dots}{8}$

c. $\frac{2}{7}+\frac{5}{21}=\frac{2\times\dots}{7\times\dots}+\frac{5}{21}=\frac{\dots}{21}+\frac{5}{21}=\frac{\dots}{21}$

6 Compléter pour effectuer chaque addition.
Simplifier la fraction obtenue si possible.

a. $\frac{5}{24}+\frac{5}{12}=\frac{5}{24}+\dots=\dots$

b. $5+\frac{7}{6}=\frac{5}{\dots}+\frac{7}{6}=\dots+\dots=\dots$

c. $\frac{7}{15}+\frac{3}{5}=\dots$

7 **Dans une classe de 5e, un quart des élèves font du football et un huitième font du basket-ball. Aucun élève ne pratique les deux sports.**

Quelle proportion des élèves font l'un de ces sports ?

8 **a.** Encadrer le nombre $\frac{15}{4}$ par deux nombres entiers consécutifs.

....

b. Compléter.

$\frac{15}{4}=\frac{12}{4}+\frac{\dots}{4}=\dots+\frac{\dots}{4}$

c. Lors d'une soirée, les convives ont mangé $\frac{15}{4}$ de pizzas de tailles identiques.
Interpréter la question **b** dans ce contexte.

....

CALCUL MENTAL

• .... • ....

• .... • ....

• .... • ....

BILAN ..../.......

FICHE **28**

Soustraction de fractions

• Règle 1 : pour soustraire deux fractions de **même dénominateur**, on soustrait les numérateurs et on conserve le **dénominateur commun**.

$\frac{13}{11}-\frac{7}{11}=\frac{6}{11}$

• Règle 2 : pour soustraire deux fractions lorsque le **dénominateur de l'une est multiple du dénominateur de l'autre**, on écrit les deux fractions avec le **même dénominateur** puis on applique la règle 1.

$\frac{13}{5}-\frac{3}{10}=\frac{26}{10}-\frac{3}{10}=\frac{23}{10}$

1 **Romain colorie en bleu les carrés ci-dessous. Julie hachure certains de ces carrés.**

Traduire par une différence la proportion de carrés bleus non hachurés. Calculer cette différence.

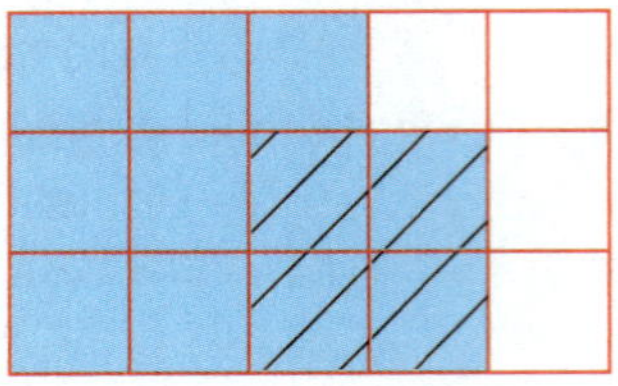

....

2 Calculer mentalement et compléter.

a. $\frac{18}{7}-\frac{5}{7}=\frac{......}{7}$

b. $\frac{3}{5}-\frac{1}{5}=\frac{......}{5}$

c. $\frac{11}{8}-\frac{1}{8}=$ ......

d. $\frac{25}{12}-\frac{17}{12}=$ ......

3 **On s'intéresse à la différence $\frac{3}{4}-\frac{5}{12}$.**

a. Représenter cette différence sur la figure ci-dessous.

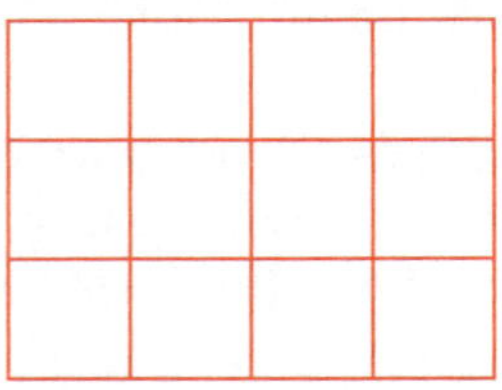

b. Utiliser le quadrillage pour compléter : $\frac{3}{4}=\frac{......}{12}$.

c. Compléter.

$\frac{3}{4}-\frac{5}{12}=\frac{......}{12}-\frac{5}{12}=\frac{......}{......}=\frac{......}{3}$

4 **On se propose de calculer $\frac{25}{8}-2$.**

a. Compléter pour écrire le nombre 2 à l'aide d'une fraction : $2=\frac{2}{......}$

b. Compléter.

$\frac{25}{8}-2=\frac{25}{8}-\frac{......}{......}=\frac{25}{8}-\frac{......}{8}=\frac{......}{......}$

5 Compléter pour effectuer la soustraction.

a. $\frac{7}{6}-\frac{1}{12}=\frac{7\,......}{6\,......}-\frac{1}{12}=\frac{......}{12}-\frac{1}{12}=\frac{......}{12}$

b. $\frac{11}{5}-\frac{49}{100}=\frac{......}{100}-\frac{49}{100}=\frac{......}{......}$

6 Compléter pour effectuer chaque soustraction.

a. $\frac{23}{10}-1=\frac{23}{10}-\frac{......}{10}=\frac{......}{10}$

b. $\frac{11}{8}-\frac{1}{4}=\frac{11}{8}-\frac{1\times\,......}{4\times\,......}=\frac{11}{8}-\frac{......}{......}=\frac{......}{......}$

7 Effectuer puis simplifier la fraction obtenue.

$\frac{41}{14}-\frac{10}{7}=$ ....

8 **Lors d'une étape du tour de France, les $\frac{3}{5}$ du parcours sont en terrain plat et les $\frac{3}{10}$ en descente.**

Quelle fraction de cette étape est en montée ?

9 **Un récupérateur d'eau de pluie est rempli aux $\frac{4}{5}$. Georgina utilise cette eau pour arroser ses plantes afin d'économiser l'eau du robinet. Elle constate alors que le récupérateur n'est plus rempli qu'aux $\frac{7}{20}$.**

Quelle fraction de sa contenance a-t-elle utilisée ?

....

....

10 a. Encadrer le nombre $\frac{30}{7}$ par deux nombres entiers consécutifs. ....

b. Compléter : $\frac{30}{7}=\frac{35}{7}-\frac{......}{......}=......-\frac{......}{......}$

11 Compléter puis simplifier la fraction obtenue.

$\frac{17}{12}+\frac{1}{4}-\frac{5}{6}=\frac{17}{12}+\frac{......}{12}-\frac{......}{12}=$ ....

FICHE 29

Fraction d'une quantité ou d'un nombre

CALCUL MENTAL

- .... - ....
- .... - ....
- .... - ....

BILAN ..../........

→ Pour prendre une fraction d'une quantité, on **multiplie** la fraction par la quantité.

→ a et b désignent des nombres entiers, avec $b \neq 0$, et c désigne un nombre décimal : $\frac{a}{b} \times c = \frac{a \times c}{b}$

Prendre les $\frac{2}{5}$ de 10,5 L, c'est calculer $\frac{2}{5} \times 10{,}5$ L.

$\frac{2}{5} \times 10{,}5 \text{ L} = 0{,}4 \times 10{,}5 \text{ L} = 4{,}2 \text{ L}$ ou bien $\frac{2}{5} \times 10{,}5 \text{ L} = \frac{2 \times 10{,}5 \text{ L}}{5} = \frac{21 \text{ L}}{5} = 4{,}2$ L.

★

1 Compléter pour calculer chaque quantité.
Donner la réponse sous forme décimale.

a. Un quart de 11 m.

$\frac{1}{4} \times 11 \text{ m} = \frac{\ldots \times \ldots \text{ m}}{\ldots} = \frac{\ldots \text{ m}}{\ldots} = \ldots$ m

b. Trois cinquièmes de 12 €.

....

2 Adrien a une collection de 75 figurines qu'il n'utilise plus. Il décide d'en donner un tiers à sa cousine, Gemma.

Combien de figurines Adrien lui donne-t-il ?

....

3 Dans un collège, les cinq sixièmes des 120 élèves de 5ᵉ possèdent un téléphone portable.

Calculer le nombre d'élèves que cela représente.

4 En 2019, on évaluait les émissions de gaz à effet de serre à 42,2 gigatonnes (Gt) dans le monde. Un quart de ces émissions provenait du secteur des énergies.

Calculer les émissions de ce secteur, en Gt.

★★

5 Un foyer de quatre personnes utilise en moyenne 410 L d'eau par jour.

a. 39 % de cette eau est utilisée pour les douches et les bains. Compléter pour calculer cette quantité.

$\frac{\ldots}{100} \times 410 \text{ L} = \frac{\ldots \text{ L}}{\ldots} = \ldots$ L

b. 20 % de l'eau quotidienne est utilisée pour la chasse d'eau des toilettes.
Combien cela représente-t-il de litres ?

....

c. 1 % de l'eau utilisée est consommée par ce foyer.
Combien cela représente-t-il de litres ?

....

6 Dans un collège de 600 élèves, $\frac{3}{10}$ sont en 5ᵉ.

a. Combien y a-t-il d'élèves en 5ᵉ ?

....

....

b. 60 % des élèves de 5ᵉ sont des filles.
Combien y a-t-il de filles en 5ᵉ ?

....

7 La batterie d'une voiture électrique offre 420 km d'autonomie.

a. Lors d'un trajet, deux tiers de l'autonomie ont été dépensés. Combien cela représente-t-il de km ?

....

....

b. Le lendemain, les trois quarts de l'autonomie restante sont consommés.
Combien cela représente-t-il de km ?

....

....

Perfectionnement

CALCUL MENTAL
• .... • ....
• .... • ....
• .... • ....
BILAN ..../........

1 Calculer $A = \frac{4}{5} - \left(\frac{1}{2} - \frac{3}{10}\right)$.

2 Chez un fromager, Nour achète :
• un quart de kg d'un fromage à 25 € le kg ;
• un huitième de kg d'un autre fromage à 32 € le kg.

Combien paie-t-elle en tout ?

3 Ce script Scratch calcule les deux tiers d'un nombre donné par l'utilisateur.

(1)

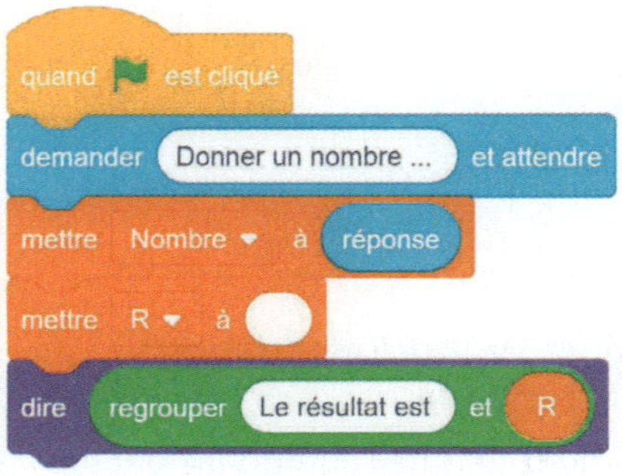

a. Parmi ces blocs, entourer ceux qui peuvent permettre de compléter la ligne **(1)**.

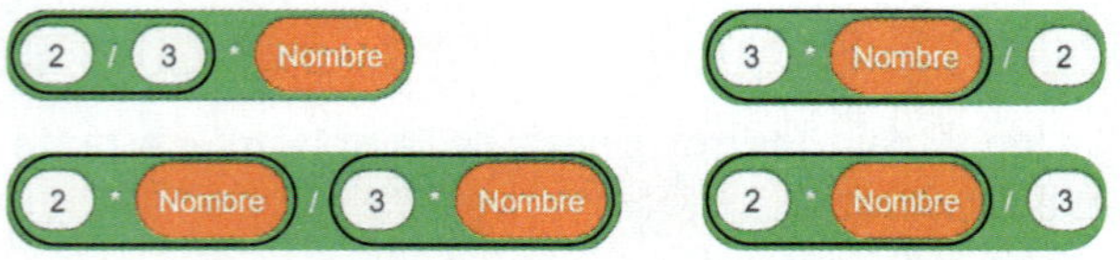

b. Ouvrir le logiciel Scratch. Saisir et exécuter le script complété lorsqu'on donne le nombre 48. Qu'obtient-on ?

4 L'écran de ce téléviseur est au format 16/9. Cela signifie que l'on obtient sa longueur en multipliant sa hauteur par $\frac{16}{9}$.

Calculer l'aire, en m^2, de l'écran de ce téléviseur.

5 Pour un adolescent, on recommande un total de 2 000 kcal par jour, réparti entre quatre repas.
• Petit déjeuner : un quart du total quotidien ;
• Déjeuner : 35 % du total quotidien ;
• Goûter : un dixième du total quotidien.

a. Calculer la part qui correspond au quatrième repas, le dîner.

b. Rita décide de prendre son dîner dans un fast-food. Elle consomme alors 1 200 kcal.
Que peut-on lui dire ?

FICHE **31**

QCM & jeux

QCM

Voici un questionnaire à choix multiples.
Pour chaque question, entourer la (ou les) réponse(s) exacte(s).

Bilan ..... / 5

A	Le nombre $\frac{7}{20}$ est égal à …	$\frac{3}{20}+\frac{4}{20}$	$\frac{1}{4}+\frac{2}{20}$	$1-\frac{13}{20}$
B	La somme $\frac{5}{6}+\frac{5}{3}$ est égale à …	$\frac{15}{6}$	$\frac{5}{2}$	$\frac{10}{9}$
C	La différence $\frac{5}{4}-\frac{5}{12}$ est égale à …	$\frac{10}{16}$	$\frac{10}{12}$	$\frac{5}{6}$
D	Dans une classe de 20 élèves, il y a trois cinquièmes de filles. Il y a donc …	12 filles	6 filles	8 garçons
E	70 % de 180 cm représentent …	12 600 cm	54 cm	126 cm

jeu 1

Voici un puzzle de 15 pièces.
Quelles pièces faut-il colorier pour que l'ensemble des pièces coloriées représente les trois quarts du puzzle ?

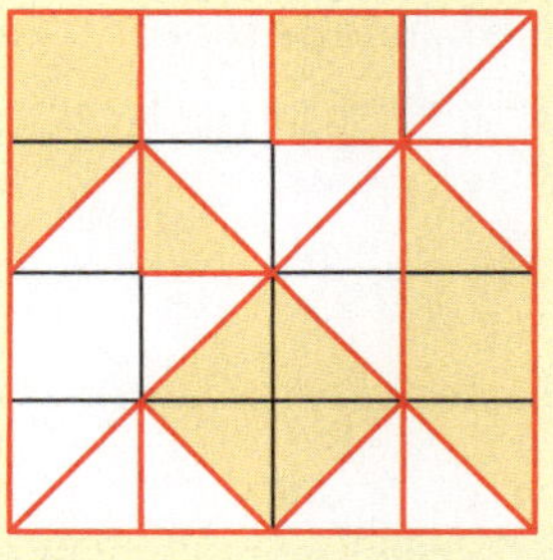

jeu 2

Dans ce carré magique, les sommes sur les lignes, les colonnes et les diagonales sont toutes égales.
Compléter ce carré.

$\frac{4}{5}$	$\frac{3}{20}$	$\frac{1}{10}$	$\frac{13}{20}$
$\frac{1}{2}$	.....	.....	$\frac{5}{20}$
.....	.....	$\frac{3}{10}$	.....
$\frac{1}{20}$	.....	.....	$\frac{1}{5}$

jeu 3

Un jeu de domino classique est constitué de 28 pièces.
Chaque pièce est découpée en deux parties.
Chaque partie peut être laissée blanche, ou bien on peut y dessiner entre 1 et 6 points.
Dans le jeu complet, il n'y a jamais deux fois le même domino.
En plaçant un domino verticalement, on peut visualiser une fraction. Une partie vide représente le nombre 0.
On enlève le domino totalement blanc et on place les 27 dominos restants pour écrire les égalités de fractions ci-dessous.
Proposer une façon de compléter les dominos vides pour que les égalités soient vraies.

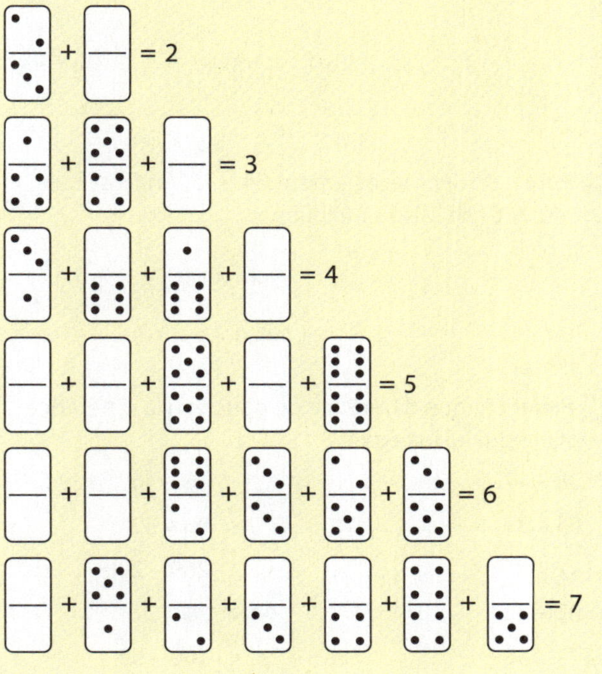

CALCUL MENTAL

• .... • ....
• .... • ....
• .... • ....

BILAN ..../........

FICHE 32 Une propriété utile

→ On ne modifie pas une différence en ajoutant ou en soustrayant un même nombre à chacun de ses termes.

• $9 - 6 = 3$ et $(9 + 1) - (6 + 1) = 10 - 7 = 3$.
Ainsi, $9 - 6 = (9 + 1) - (6 + 1)$.

• $8 - 4,6 = 3,4$ et $(8 - 0,6) - (4,6 - 0,6) = 7,4 - 4 = 3,4$.
Ainsi, $8 - 4,6 = (8 - 0,6) - (4,6 - 0,6)$.

★

1 Compléter.

a. $7 - 5 = (7 + 3) - (5 +$ ......$) =$ ...... $-$ ...... $=$ ......

b. $24 - 15 = (24 - 4) - (15 -$ ......$) =$ ...... $-$ ...... $=$ ......

2 Compléter.

a. $53 - 28 = (53 - 23) - ($...... $-$ ......$) =$ ...... $-$ ...... $=$ ......

b. $95 - 57 = (95 + 3) - ($...... $+$ ......$) =$ ...... $-$ ...... $=$ ......

3 Sans calculer aucune différence, dire qui a raison. Expliquer.

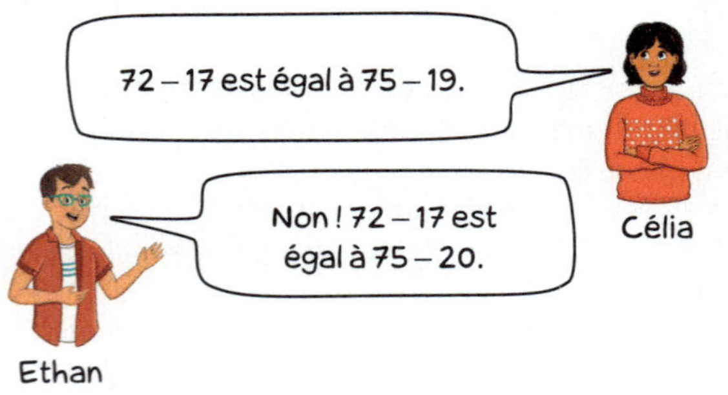

4 Pour calculer mentalement $84 - 45$, Anaïs calcule $79 - 40$. A-t-elle raison ? Expliquer.

....

....

5 Relier chaque différence de gauche à la différence de droite qui lui est égale.

38 – 17 •	• 66 – 40
65 – 39 •	• 90 – 32
112 – 75 •	• 269 – 200
83 – 25 •	• 28 – 7
257 – 188 •	• 100 – 63

★★

6 **Noé dispose de 35 € et son frère Iwo de 20 €.**

1. Quel est l'écart entre leurs économies ?

....

2. Calculer à nouveau cet écart dans chacune des situations suivantes.

a. Leurs parents donnent à chacun un billet de 5 €.

b. Chacun des deux frères dépense 18 € pour l'achat d'une bande dessinée.

7 Calculer mentalement en expliquant.

a. $9 - 5,9$ **b.** $18,5 - 7,8$ **c.** $98,8 - 57,9$

8 **Kevin : « Je suis né en 2010, ma mère Alice en 1985, ma grand-mère Lola en 1956. »**

Calculer mentalement, en expliquant, la différence d'âge entre :

a. Kévin et Alice ; **b.** Alice et Lola ; **c.** Kevin et Lola.

CALCUL MENTAL

• .... • ....

• .... • ....

• .... • ....

BILAN ..../........

FICHE

33 Notion de nombres relatifs

→ Pour calculer une différence $a - b$ avec $a < b$, on applique la propriété énoncée **fiche 32**.

• $2 - 5 = (2 - 2) - (5 - 2) = 0 - 3$

• $1 - 4 = (1 - 1) - (4 - 1) = 0 - 3$

Ce nombre **0 – 3** est noté **(–3)**.
Il est **négatif** et se lit « moins 3 ».

→ Les **nombres décimaux relatifs** sont les nombres décimaux positifs ou négatifs.

• 3 ; 24,5 sont des nombres décimaux **positifs** : ce sont les nombres vus jusqu'à présent.

• (–4) ; (–3,75) sont des nombres décimaux **négatifs** : ils s'écrivent avec un signe « – ».

• Les nombres 3 et (–4) sont **des nombres entiers relatifs**.

• Le nombre 0 est le seul nombre relatif à la fois positif et négatif.

1 (–7) 5,2 6 (–3,9) 9,12 (–15)

Dans cette liste de nombres relatifs, quels sont :

a. les nombres positifs ? ....

b. les nombres négatifs ? ....

c. les nombres entiers relatifs ? ....

2 • (–5) • 8 • 3,4 • (–1) • 0 • (–105)

Liam annonce : « Dans la liste ci-dessus, il y a trois nombres négatifs. »

A-t-il raison ? Expliquer.

....

3 Associer un nombre relatif à chaque situation.

a. Ce matin, la température était 4 °C au-dessous de zéro.

....

b. Neil Armstrong a marché sur la Lune en 1969. ....

c. 200 ans avant notre ère, le mathématicien chinois Liu Hui utilisait des nombres relatifs. ....

d. En 2021, les Français Arnaud Jerald et Abdelatif Alouach sont champions du monde en apnée en eau libre. Ils ont tous les deux plongé à 116 m de profondeur. ....

4 **Une augmentation se traduit par une variation positive (dans ce cas, on écrit le signe +). Une diminution se traduit par une variation négative.**

Associer chaque variation à un nombre relatif.

a. La température a augmenté de 5 °C depuis hier. ....

b. Le prix d'un jeu vidéo a baissé de 10 €. ....

c. Cet été, Loris a récolté 4,5 kg de kiwis en moins que l'an dernier. ....

d. Naima a amélioré son temps de 3 secondes. ....

5 **Dans un hôtel sous-marin, les suites sont 30 m sous le niveau de la mer et les chambres 10 m sous le niveau de la mer. La réception est 8 m au-dessus de la mer et l'héliport 10 m au-dessus de la réception.**

Compléter ce schéma avec deux mots et cinq nombres relatifs.

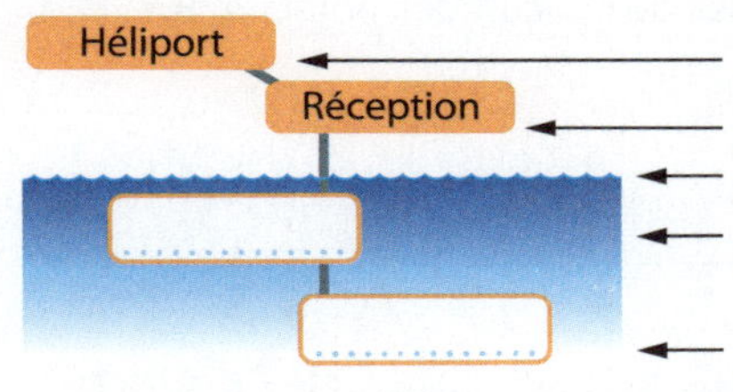

6 **Durant la saison, une équipe de football a marqué 43 buts et en a encaissé 51. On se propose d'écrire le bilan à l'aide d'un nombre relatif.**

a. Entourer l'expression qui permet de calculer ce bilan.

• 51 – 43 • 43 + 51 • 43 – 51

b. Compléter et conclure.

$43 - 51 = (43 - 43) - (51 - $ .... $) =$ ..... – ..... = ...

....

7 **Voici quatre différences.**

• 250 – 75 • 48 – 60 • 3,7 – 8 • 4 – 5,7

Entourer ci-dessus les différences négatives, puis traduire chacune d'elles par un nombre relatif.

FICHE **34**

Repérage sur une droite graduée

CALCUL MENTAL

•………… •…………
•………… •…………
•………… •…………

BILAN ……/……

→ Sur une **droite graduée** (on a choisi une origine, une unité de longueur et un sens) :
• chaque point est repéré par un nombre appelé l'**abscisse** de ce point ;
• à chaque nombre décimal relatif correspond un point.

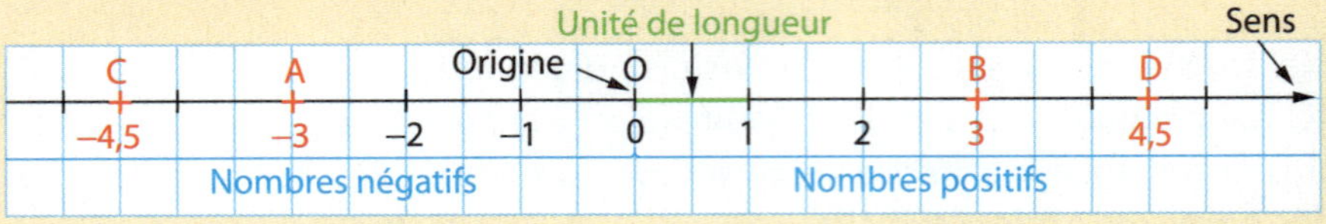

L'abscisse du point O est 0.
L'abscisse du point A est (–3).
L'abscisse du point B est 3.
L'abscisse du point C est (–4,5).

1

a. Comment appelle-t-on le point O sur cette droite graduée ?

……………………………………

b. Écrire l'abscisse de chacun des points A, B, C, D, E.

A : ………… B : ………… C : ………… D : ………… E : …………

2

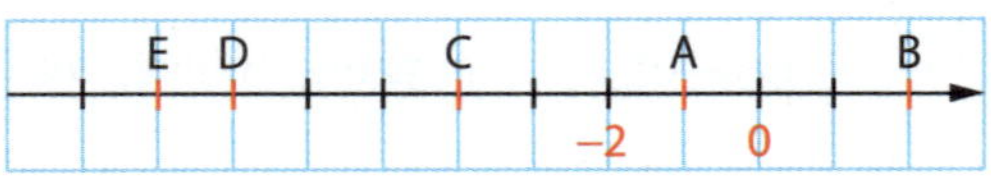

Écrire l'abscisse de chacun des points A, B, C, D, E.

A : ………… B : ………… C : ………… D : ………… E : …………

3

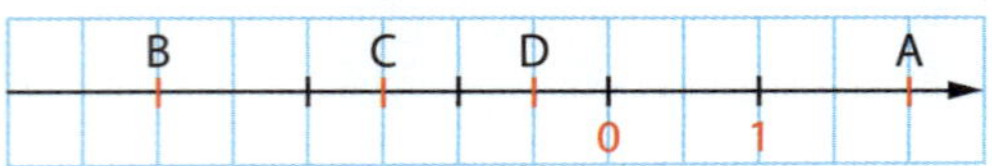

Écrire l'abscisse de chacun des points A, B, C, D.

A : ………… B : ………… C : ………… D : …………

4 Sur cette droite graduée, placer les points A, B, C, D d'abscisses respectives 0,5 ; (–2) ; (–3,5) ; 2,5.

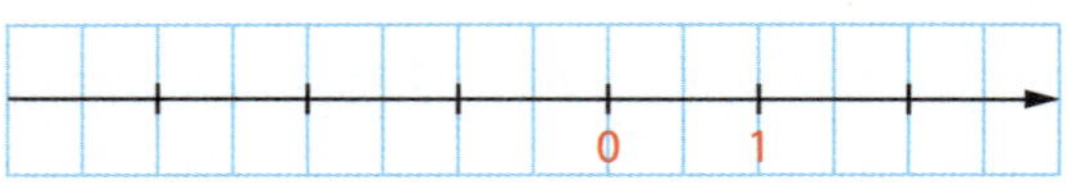

5 **Voici une droite graduée.**

a. Quelle est l'abscisse du point E ? ……………………

b. Quelle est l'abscisse du point F ? ……………………

c. Écrire l'abscisse de chacun des points G, H et I.

G : ………… H : ………… I : …………

d. Écrire l'abscisse d'un point de cette droite :

• situé entre G et F : ……………………

• situé entre G et H : ……………………

6 Placer sur cette droite graduée l'origine O et les points A, B, C, D et E d'abscisses respectives 1 ; (–1) ; (–0,8) ; 0,2 et (–1,4).

7 Écrire l'abscisse de chacun des points A, B, C, D, E, F de cette droite graduée.

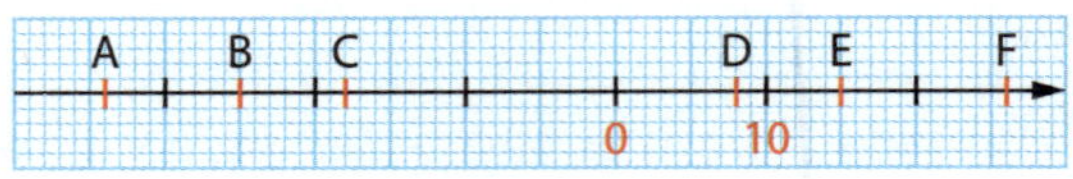

A : ………… B : ………… C : …………

D : ………… E : ………… F : …………

8 **a.** Graduer la droite ci-dessous avec 1 cm pour unité de longueur. Nommer O l'origine.

b. Placer les points T, N, B, I, E d'abscisses :
• T : 3 • N : (–1) • B : (–2,5) • I : 1,5 • E : (–1,6)

c. Quel prénom peut-on lire ? ……………………

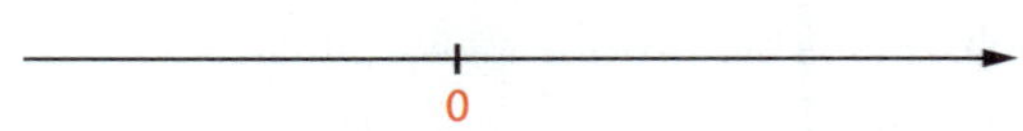

9

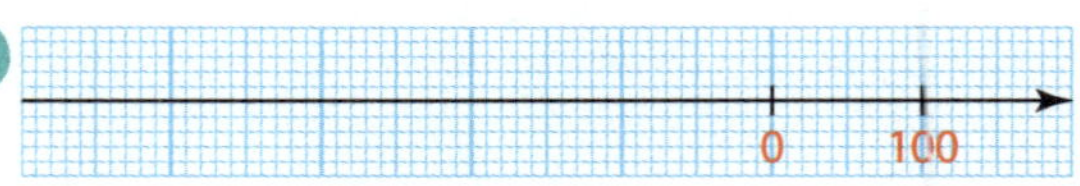

Placer sur la droite graduée ci-dessus, le plus précisément possible, les points C, P, E et H dont les abscisses sont les quatre années de naissance indiquées ci-dessous.

Cléopâtre
née en –69

Platon
né en –428

Euclide
né en –325

Hannibal
né en –247

CALCUL MENTAL
• .... • ....
• .... • ....
• .... • ....
BILAN ..../.........

FICHE 35

Distance à zéro et nombres opposés

→ Un nombre relatif est déterminé par son **signe** (positif ou négatif) et sa **distance à zéro**.

Nombre relatif	Signe	Distance à zéro
3	Positif	3
(−2)	Négatif	2
(−3,5)	Négatif	3,5

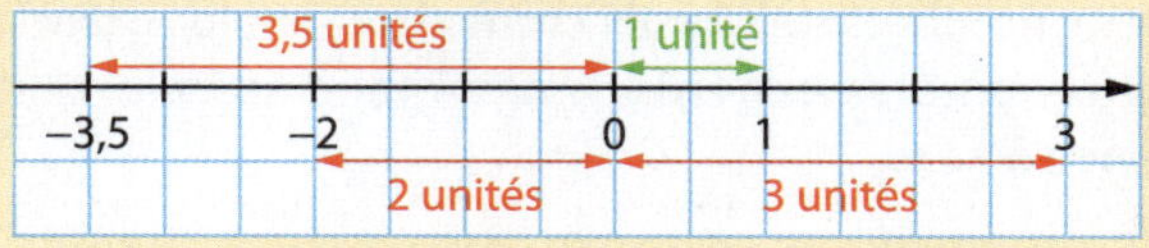

→ Deux nombres relatifs sont **opposés** lorsqu'ils ont des **signes contraires** et la **même distance à zéro**.

• Les nombres 2 et (−2) sont opposés. • L'opposé de 0 est 0.

1

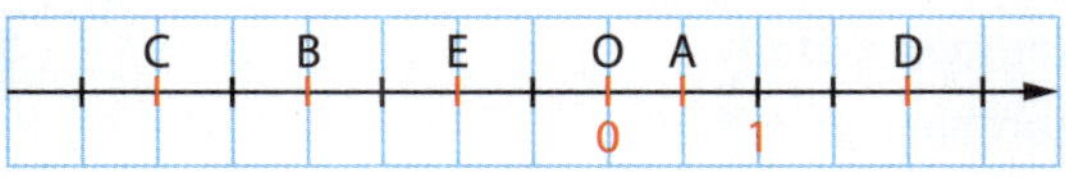

Parmi les points A, B, C, D, E de la droite graduée ci-dessus, donner :

a. • le point le plus proche de O : ....

• l'abscisse de ce point : ....

• la distance à zéro de ce nombre : ....

• le signe de ce nombre : ....

b. • le point le plus éloigné de O : ....

• l'abscisse de ce point : ....

• la distance à zéro de ce nombre : ....

• le signe de ce nombre : ....

c. des abscisses ayant la même distance à zéro et des signes contraires : ....

2 Voici une droite graduée.

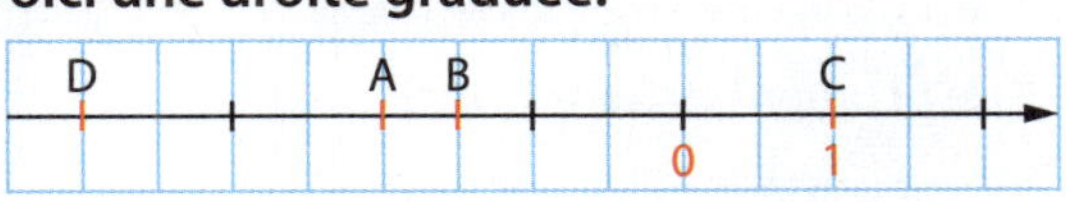

Compléter le tableau ci-dessous.

Point	Abscisse du point		
	Nombre relatif	Signe	Distance à zéro
A	....	....	....
B	....	....	....
C	....	....	....
D	....	....	....

3

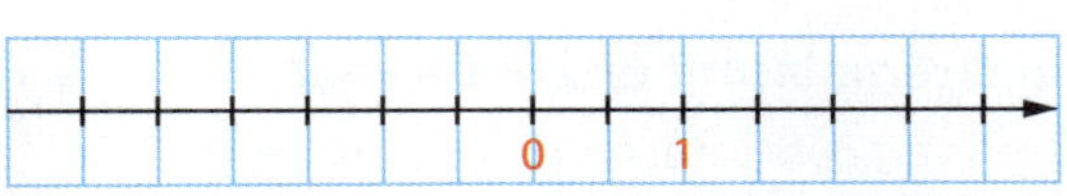

a. Placer sur cette droite graduée les nombres dont la distance à zéro est 2,5.

b. Que peut-on dire de ces nombres ?

....

4 Compléter.

a. L'opposé du nombre 6 est le nombre ....

b. L'opposé du nombre (−15) est le nombre ....

c. L'opposé d'un nombre positif est ....

d. L'opposé d'un nombre négatif est ....

5 Relier chaque nombre relatif à sa distance à zéro.

Nombre relatif	(−5)	(−3)	0	2	3	5
Distance à zéro	0	1	2	3	4	5

6

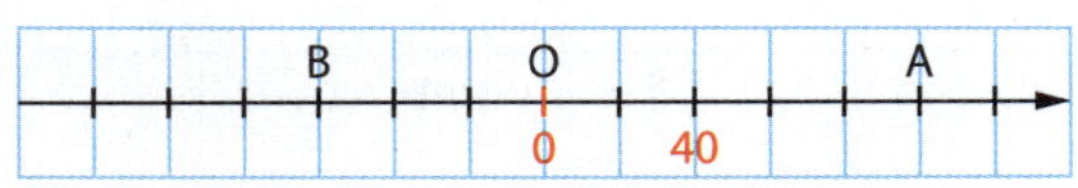

a. Pour chaque point A et B, écrire son abscisse et la distance de cette abscisse à zéro.

....

....

b. Placer le point C dont l'abscisse est l'opposé de l'abscisse de A. Quelle est l'abscisse de C ? ....

c. Placer le point D, distinct de B, dont l'abscisse est à la même distance de zéro que l'abscisse de B.

Quelle est l'abscisse de D ? ....

d. Compléter.

Le point O est le .... des segments [AC] et [BD].

7 « Je suis un nombre décimal relatif, non entier, qui s'écrit avec deux chiffres.
Ma distance à zéro est comprise entre 8 et 9.
Mon chiffre des unités est le double de celui des dixièmes.
Qui suis-je ? »

....

Comparaison de nombres relatifs

CALCUL MENTAL
• .... • ....
• .... • ....
• .... • ....
BILAN ..../........

→ De deux nombres **positifs**, le plus grand est celui qui a **la plus grande distance à zéro.**	3 > 2
De deux nombres de **signes contraires**, le plus grand est le nombre **positif**.	1 > (–3)
De deux nombres **négatifs**, le plus grand est celui qui a **la plus petite distance à zéro.**	(–2) > (–3,5)

★

1 **a.** Quel est le signe :
• du nombre (–3) ? • du nombre 2 ?

....

b. Compléter par < ou > : (–3) ...... 2.

2 **1.** Placer (–2) et (–4) sur cette droite graduée.

2. a. Quel est le signe de (–2) et de (–4) ?

....

b. Qui de (–2) ou (–4) a la plus petite distance à zéro ? ....

c. Compléter par < ou > : (–2) ...... (–4).

3 **1.** Placer (–2), (–5), 3 et (–7) sur cette droite graduée.

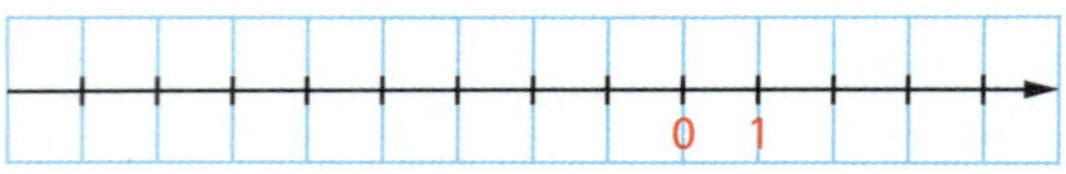

2. Dans chaque cas, compléter par < ou >.

a. 3 ...... (–7) **b.** (–5) ...... (–2) **c.** (–7) ...... (–5)

d. (–2) ...... 3 **e.** (–2) ...... (–7) **f.** 3 ...... (–5)

4 Dans chaque cas, compléter par < ou >.

a. 5,12 ...... 5,3 **b.** (–4,8) ...... (–6) **c.** 5 ...... (–8,5)

d. (–2) ...... (–2,1) **e.** (–0,6) ...... (–1) **f.** (–4) ...... (–3,2)

5 Ranger les années de début de construction de ces monuments dans l'ordre croissant.

Le Parthénon Athènes (–447)

La Grande Muraille de Chine (–221)

Le phare d'Alexandrie (–299)

....

★★

6 **On se propose de ranger dans l'ordre croissant les nombres relatifs :**
(–14) 2,5 (–15,3) 2,08 (–21) (–13,5)

1. Ranger dans l'ordre croissant :

a. les nombres positifs : ....

b. les nombres négatifs :

....

2. En déduire le rangement dans l'ordre croissant des six nombres relatifs de la liste donnée.

....

7 **L'île de Taïwan est régulièrement frappée par des tremblements de terre.**
Voici les profondeurs, en km, relevées pour des séismes survenus en octobre 2021.

(–66) (–24) (–26) (–20) (–8) (–36)

Ranger ces profondeurs dans l'ordre décroissant.

....

8 Compléter par Vrai ou Faux.

a. (–6,2) est compris entre (–7) et (–6). ....

b. (–1,5) est compris entre (–1) et 0. ....

c. (–2,12) est compris entre (–2,2) et (–2,1). ....

d. (–1) est compris entre (–1,4) et (–0,9). ....

9 Dans chaque cas, compléter par deux nombres entiers relatifs consécutifs.

a. .... < (– 9,4) < ....

b. .... < (–1,8) < ....

c. .... < (–25,1) < ....

d. .... < (–0,7) < ....

10 **■ et ■ remplacent un chiffre chacun.**

Lorsqu'on peut comparer les deux nombres malgré les chiffres cachés, compléter par < ou >.

a. ■,5 ...... (–■,8) **b.** 4,■9 ...... ■,4

c. (–7,■1) ...... (–7,■5) **d.** (–9,■4) ...... (–6,7■)

e. (–5,2■■) ...... (–5,4) **f.** (–■,3) ...... 0,■1

FICHE 37

Perfectionnement

CALCUL MENTAL

●............ ●............
●............ ●............
●............ ●............

BILAN ..../.........

1 Donner le nombre entier le plus proche de :

a. (–4,7) **b.** 5,2 **c.** (–2,3) **d.** (–19,6)

....

2 **Algo** **Voici un script écrit en langage Scratch.**

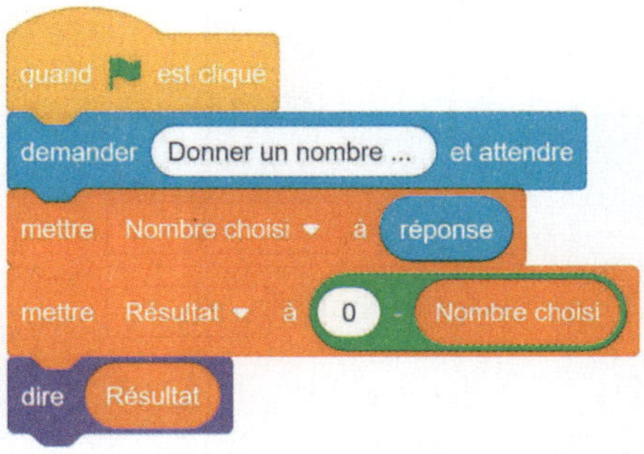

1. a. On donne le nombre 8.
Quel nombre énonce le lutin ?
Pourquoi ?

Info
Avec Scratch, les parenthèses autour des nombres négatifs ne sont pas notées.

....

b. Ouvrir le logiciel Scratch. Saisir le script et l'exécuter pour cinq nombres positifs.

2. a. Exécuter le script en donnant le nombre –5.
Quel nombre énonce le lutin ?

....

b. Exécuter le script pour cinq nombres négatifs.

3. Quel est le rôle de ce script ?

....

3 **Choisir une unité pour cette droite graduée, puis placer les nombres relatifs :**

400 ; (–600) ; (–1 400) ; (–900) ; 1 000.

4 Relier chaque nombre relatif de la première ligne à un nombre plus petit de la deuxième ligne.

3	(–15)	0	(–8,72)	(–17,5)
•	•	•	•	•
•	•	•	•	•
(–16,4)	(–9)	(–8,314)	(–18,2)	0

5 Déterminer chacun des nombres manquants.

a. 3 + ■ = 10 **b.** 15 + ♥ = 5 **c.** ◆ + 20 = 12

■ = ... ♥ = ... ◆ = ...

6 **Voici des renseignements sur des températures moyennes en °C à Montréal au Québec.**

① Pour les mois d'octobre à avril, voici, dans le désordre, les moyennes, en °C :

(–2) 2 (–9) (–7) (–10) 9 6

② Les moyennes augmentent de janvier à juillet puis diminuent d'août à janvier.
③ Il fait plus chaud en décembre qu'en février.
④ Il fait plus froid en avril qu'en octobre.
⑤ Les moyennes en mars et novembre sont opposées.
⑥ En mars, la moyenne est négative.

Retrouver pour chaque mois sa température moyenne. Expliquer.

FICHE 38

QCM & jeux

QCM

Voici un questionnaire à choix multiples.
Pour chaque question, entourer la (ou les) réponse(s) exacte(s).

Bilan ..... / 10

A	La différence 52 – 17 est égale à …	50 – 19	55 – 20	45 – 10
B	Le nombre 6 – 10 …	est positif	est négatif	n'existe pas
C	Le nombre (–5) est égal à …	10 – 5	0 – 5	1 – 6
D	À un jeu de cartes, Noé a gagné 200 points, puis il a perdu 350 points. Son bilan peut se traduire par …	200 – 350	(–150)	350 + 200
E	De ces trois nombres relatifs, le plus éloigné de zéro est …	(–7,4)	6	(–5,6)
F	 Sur cette droite graduée, …	l'abscisse du point A est (–3)	la distance à zéro de l'abscisse du point B est 4,5	l'abscisse du point B est comprise entre (–5) et (–4)
G	Les nombres 6,8 et (–6,8) …	sont égaux	sont opposés	ont la même distance à zéro
H	L'opposé du nombre relatif 4,5 est …	(–4,5)	5,4	0 – 4,5
I	Les inégalités exactes sont …	(–7) < 4	(–5) < (–1)	(–3) > (–10)
J	Un nombre relatif compris entre (–7,5) et (–6,5) est …	(–6)	(–7,8)	(–7)

jeu 1

L'agent 007 a reçu ce message.

Agent 007, voici la ville où vous devez vous rendre.
① Le plus grand nombre entier inférieur à (–9,4).
② 0 – 12
③ L'opposé de 1.
④ La distance à zéro de (–9).
⑤ 2 – 6

Dans ce message, chaque lettre est codée par un nombre entier relatif. Voici le code utilisé :
A → (–12) B → (–11) C → (–10) … Y → 12 Z → 13

Réponse : ....

jeu 2

Pour récupérer son ballon, Romane se déplace de case en case, mais elle ne peut passer que par des cases contenant une inégalité vraie.
Colorier les cases du parcours de Romane.

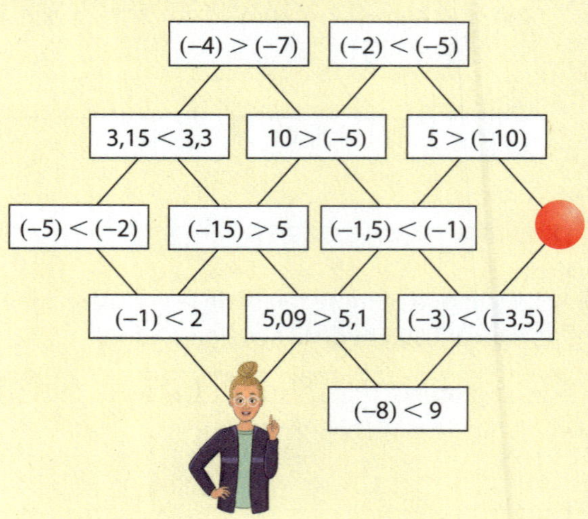

FICHE 39 Addition de nombres relatifs

CALCUL MENTAL

• .... • ....
• .... • ....
• .... • ....

BILAN ..../........

→ **Simplification d'écriture** : désormais les nombres négatifs sont écrits sans parenthèses quand il n'y a pas de signe d'opération devant.

• (–5) s'écrit **–5**. • (–1) + (–1) = (–2) s'écrit dorénavant **–1 + (–1) = –2**.

→ • Pour **additionner deux nombres relatifs de même signe**, on garde le signe commun et on additionne les distances à zéro. • 3 + 4 = 7 • –3 + (–4) = (–7)

• Pour **additionner deux nombres relatifs de signes contraires**, on garde le signe du nombre qui a la plus grande distance à zéro et on soustrait les distances à zéro. 2 + (–6) = –4

En particulier, la somme de deux nombres opposés est égale à 0. 9 + (–9) = 0

★

1 Compléter.

a. Les nombres –3 et –5 ont le même signe donc

–3 + (–5) = ...

b. Les nombres –7 et 3 sont de signes contraires.
7 > 3 donc le nombre qui a la plus grande distance à 0 est .... et –7 + 3 est un nombre ....

Ainsi, –7 + 3 = ... et 3 + (– 7) = ...

c. Les nombres –2 et 8 sont de signes contraires.

8 ...... 2 donc –2 + 8 est un nombre ....

Ainsi, –2 + 8 = ... et 8 + (–2) = ...

2 Entourer les sommes de deux nombres de même signe, puis calculer les six sommes.

• –3 + (–5) = ... • –4 + 7 = ...

• 7,5 + (–1) = ... • 3,2 + 6,8 = ...

• –4,1 + (–9,6) = ... • –10 + 2 = ...

3 Calculer et compléter.

a. –3 + 9 = ... **b.** –7 + (–15) = ...

c. –12 + 7 = ... **d.** –4 + 11,5 = ...

e. –4 + 4 = ... **f.** –0,7 + (–1,8) = ...

4 Compléter ce tableau qui présente les points gagnés ou perdus par des amis lors de deux parties de cartes.

Joueur	Partie 1	Partie 2	Total
Alba	–45	–55	–45 + (–55) = ...
Brice	40	–60	....
Carl	–25	70	....
Daphné	35	15	....

★★

5 Relier les nombres dont la somme est –10.

–6 •	5 •	–12 •	2,5 •	–13,3 •	–5 •
• –15	• –12,5	• –5	• 3,3	• –4	• 2

6 Effectuer la somme :

a. de –7 et de 1 ;

....

b. des opposés de –7 et de 1 ;

....

c. de –10 et de l'opposé de 4.

....

7 Écrire dans chaque case vide la somme des nombres écrits dans les deux cases précédentes.

–17	10	....	....	....	....	....

8 **À l'aide de la calculatrice, pour saisir le signe – d'un nombre, on utilise (–) ou SECONDE Simp.**

D'après l'écran ci-contre :
–107,83 + 64,57 = –43,26.

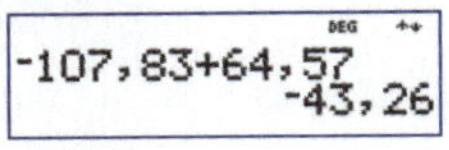

Calculer à l'aide de la calculatrice et compléter.

a. –28,56 + (–138,9) = ...

b. 1 357,4 + (–2 596,28) = ...

9 Calculer à la main, puis vérifier à l'aide de la calculatrice.

a. –3,15 + 9 = ... **b.** –0,7 + (–1,8) = ...

c. –6,2 + (–7,8) = ... **d.** –2,86 + 1,5 = ...

e. –4,2 + 11,25 = ... **f.** –10 + 7,5 = ...

FICHE 40

Soustraction de nombres relatifs

CALCUL MENTAL

• .... • ....
• .... • ....
• .... • ....

BILAN ..../........

→ Pour **soustraire** un nombre relatif, on **ajoute son opposé**.

• 8 – (–6) = 8 + 6 = 14 — **L'opposé de –6**

• –5 – 4 = –5 + (–4) = –9 — **L'opposé de 4**

★

1 Compléter.

a. 1 – 8 = 1 + (......) = ...

b. – 9 – 3 = –9 + (......) = ...

c. 6 – (–4) = 6 + ... = ...

2 Remplacer chaque différence par une somme et calculer.

a. –3 – (–5) = ...

b. –2,5 – 7 = ...

c. 8,4 – 13,2 = ...

3 Calculer puis vérifier à l'aide de la calculatrice.
Bien distinguer le signe moins d'un nombre relatif (voir exercice 8, p. 45) et le signe moins de la soustraction.

a. 12,7 – (–4,5) **b.** –11,6 – 2,1 **c.** 5,8 – 15

4 Relier chaque différence au nombre égal.

1,2 – 6,9 •	• –7,5
–4,3 – (–10) •	• –5,7
–5,1 – 2,4 •	• 7,5
2,5 – (–5) •	• 5,7

5 Compléter avec le nombre relatif manquant.

a. 20 – .... = 5 **b.** –7 – .... = –4

c. –20 – .... = –30 **d.** 8 – .... = 12

e. ...... – 16 = –10 **f.** .... – (–1) = –15

6 **Les gouffres Veryovkina et Krubera, en Géorgie, sont les plus profonds du monde : ils atteignent respectivement les profondeurs de –2 212 m et –2 197 m.**
Calculer l'écart entre ces deux profondeurs.

....

....

★★

7 **Hippocrate est né en –460 et est mort en –377. Archimède est né en –287 et est mort en –212.**
Calculer la durée de vie de chacun.

Hippocrate

Archimède

....

....

8 De –9,5 et 0,6 qui est le plus proche de –4,5 ?

9 **Un nombre écrit dans un cercle rouge moins le nombre écrit dans le cercle bleu diamétralement opposé doit donner –5.**
Compléter.

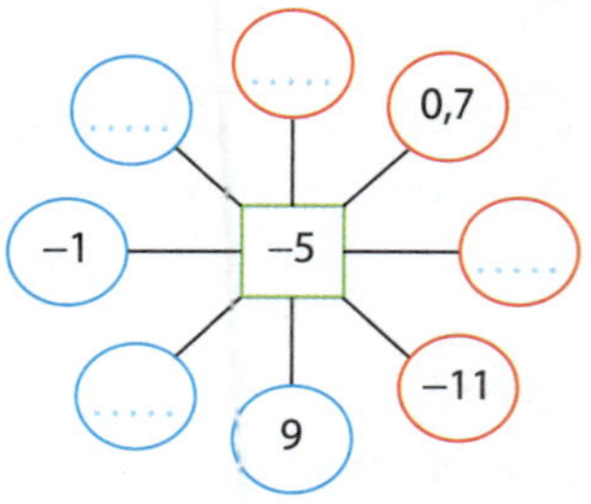

10 **On écrit dans chaque brique la somme des nombres des deux briques situées au-dessous.**
Compléter chaque pyramide.

a.

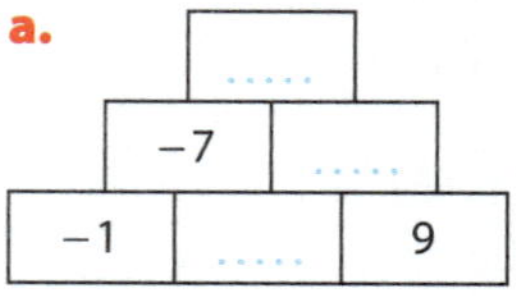

b.

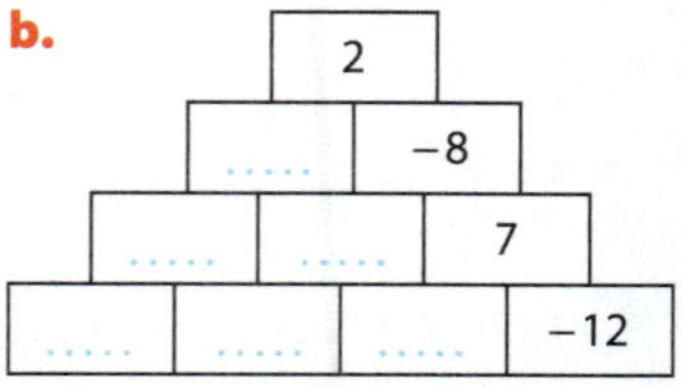

11 ***x* et *y* désignent deux nombres relatifs.**
Calculer $S = x + y$ et $D = x - y$ pour :
a. $x = 2$ et $y = 5$; **b.** $x = -3{,}5$ et $y = -10$.

FICHE 41

Distance. Enchaînement d'opérations

CALCUL MENTAL

• .... • ....
• .... • ....
• .... • ....

BILAN ..../........

→ Sur une droite graduée, la **distance entre deux points** est égale à **la différence entre l'abscisse la plus grande et l'abscisse la plus petite.**

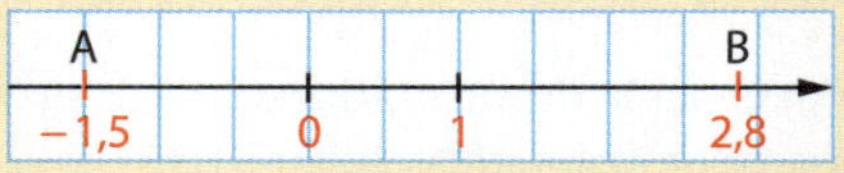

$2{,}8 > -1{,}5$ donc

$AB = 2{,}8 - (-1{,}5) = 2{,}8 + 1{,}5 = \mathbf{4{,}3}$

Une distance est toujours positive.

→ **Enchaînement d'opérations** : pour effectuer une suite d'additions et de soustractions, on écrit l'expression uniquement **avec des additions**.

$A = -7 - (-4) - 5 = -7 + 4 + (-5)$. Ainsi, $A = -3 + (-5) = -8$.

★

1

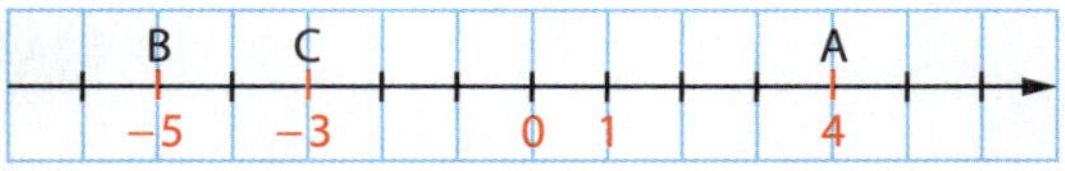

a. Compléter afin de calculer la distance AB.

AB = 4 – ....

b. Calculer de même les distances AC et BC.

AC = ...

BC = ...

2

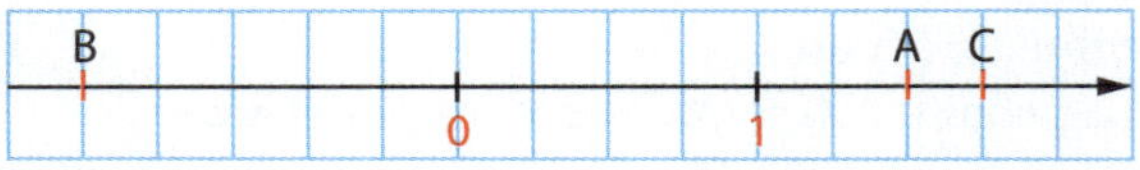

a. Écrire ci-dessus les abscisses des points A, B, C.
b. Calculer les distances AB, BC et AC.

3 **Au golf, on additionne les scores obtenus. Le gagnant est le joueur qui obtient le plus petit total.**

Additionner les scores des joueurs. Qui a gagné ?

Jon : $-2 + (-4) + 1 =$ .... $+ 1 =$ ....

Louis : $1 + (-3) + (-2) =$ .... $+ (-2) =$ ....

Harris : $-2 + (-1) + 3 =$ .... $+$ .... $=$ ....

....

4 Compléter pour calculer A et B.

a. $A = 5 - 4{,}3 - (-9)$

A = 5 + ... + ...

A = ...

A = ...

b. $B = -1 + (-4) - 2{,}5$

B = –1 + (–4) + ...

B = ...

B = ...

★★

5 Dans chaque cas, écrire l'expression avec des additions uniquement, puis la calculer.

a. $C = 3 - 9 - (-2)$

....

b. $D = 6{,}2 - 1 - 5{,}8$

....

6 Pour chaque expression, entourer le calcul à effectuer en premier, puis calculer E et F.

• $E = 2 - 7 - (5 + (-8))$ • $F = 5 - (-8 + 3) - 6$

7 $\mathbf{G = -5{,}9 - 15 + 5{,}9}$

Écrire G avec uniquement des additions et changer l'ordre des termes afin de calculer G plus facilement.

....

8 $\mathbf{H = -4 - (-5) - 8 - (-7)}$

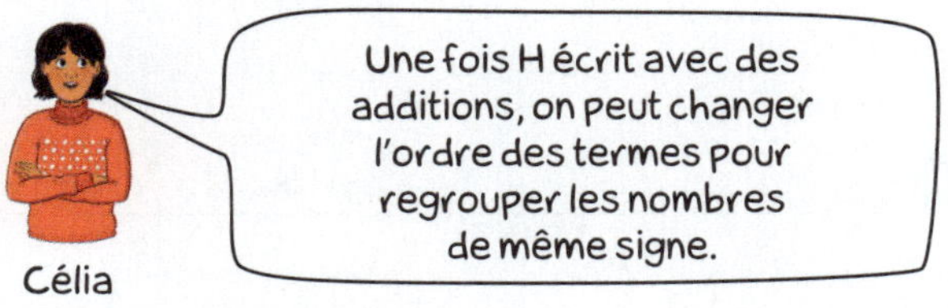

Calculer H à la manière de Célia.

....

....

9 $\mathbf{J = -5 + 1{,}5 + 4{,}2 - 1{,}5 - 2}$. Calculer J.

Perfectionnement

CALCUL MENTAL
•............ •............
•............ •............
•............ •............
BILAN ..../.........

1 Compléter par des nombres relatifs à l'aide des sommes écrites en bout de ligne ou de colonne.

.....	7	→ −11
.....	.....	→ −3
↓ 5	↓ −19	

2 Calculer ces expressions puis les ranger dans l'ordre croissant. On obtient le nom d'une physicienne célèbre.

$I = -5 + 9 - 2$

$R = 3 - (-1) - 4$

$U = 7 - 5{,}2 - (-1) - 13{,}8$

$E = -6 - (-2 + 9) + (-10 + 30)$

$C = (4 - 5{,}8) - (-0{,}8 + 1) - 9{,}4$

3 **Sur une droite graduée, l'abscisse d'un point A est −7.**

Donner les abscisses des deux points de la droite graduée situés à 5,6 unités de A.

4

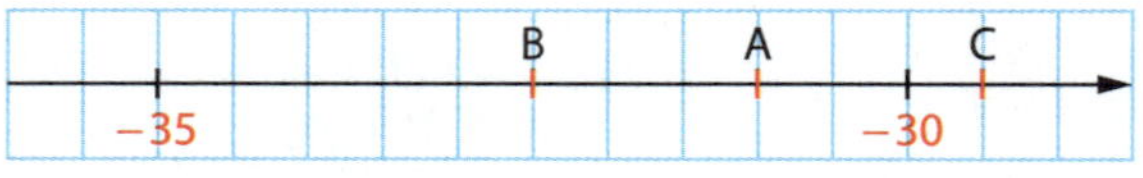

1. Écrire ci-dessus les abscisses des points A, B, C.

2. a. Calculer les distances AB et AC.

b. Que peut-on dire du point A ?

c. Calculer la distance BC de deux façons.

5 **a.** Placer sur la droite graduée ci-dessous les points A et B d'abscisses respectives 1,7 et −1,3.

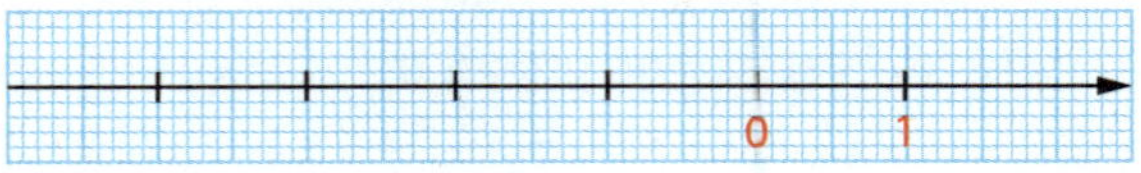

b. Calculer l'abscisse du point A′ symétrique du point A par rapport au point B.
Vérifier en plaçant A′ sur la droite graduée.

6 **Voici un programme de calcul.**

- Choisir un nombre.
- Ajouter 25.
- Soustraire le résultat obtenu à 50.

a. Vérifier que l'on obtient 7 si l'on choisit 18 comme nombre de départ.

b. Lise choisit 250 comme nombre de départ.
Écrire une expression qui permet de calculer le nombre N qu'elle obtient puis calculer N.

7 **Algo** **Voici un script Scratch.**

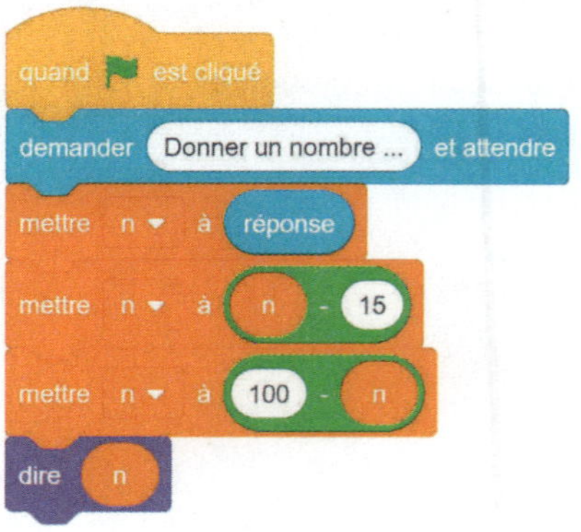

Lyam donne −17 comme nombre de départ.

Écrire une expression qui permet de calculer le nombre énoncé par le lutin puis le calculer.

....

....

FICHE 43

QCM & jeux

QCM

Voici un questionnaire à choix multiples.
Pour chaque question, entourer la (ou les) réponse(s) exacte(s).

Bilan ….. / 10

A	La somme de deux nombres positifs est un nombre …	positif	négatif	dont on ne connaît pas le signe
B	La somme de deux nombres négatifs est un nombre …	positif	négatif	dont on ne connaît pas le signe
C	$10 + (-12)$ est égal à …	-22	22	-2
D	Soustraire -4 revient à …	soustraire 4	ajouter 4	ajouter -4
E	$-5 - (-9)$ est égal à …	$-5 + 9$	4	$5 + 9$
F	$-10 - (-7{,}5)$ est égal à …	$-2{,}5$	$2{,}5$	$-17{,}5$
G	-5 est égal à …	$3 - 8$	$-1 - 4$	$-11 - (-6)$
H	$2 - 8$ est égal à …	$2 + (-8)$	-10	-6
I	Sur une droite graduée, A et B sont les points d'abscisses respectives -43 et -19. La distance AB est égale à …	$-43 - (-19)$	$-19 - (-43)$	24
J	$A = -2 - (-3) - 7 + (-5)$ A est égal à …	$-2 + 3 + (-7) + (-5)$	$-2 + 3 - 7 - 5$	-11

jeu 1

Compléter cette suite logique.

• 15 • 10 • 4 • –3 • ……… • ……… • ………

jeu 2

Quand Kevin a terminé son puzzle formé de ces cinq pièces, une opération apparaît. Quel est le résultat de cette opération ?

jeu 3

Compléter ce carré magique de façon que les sommes des nombres écrits sur une même ligne, sur une même colonne ou sur une même diagonale soient égales.

-8		-1	
	-3	-2	0
	-5	2	-4
			1

jeu 4

Combien vaut $(1 - 2) - (3 - 4) - (5 - 6)$?

Réponse : ………

CALCUL MENTAL

•............ •............
•............ •............
•............ •............

BILAN ..../........

FICHE 44

Division euclidienne

→ Effectuer la **division euclidienne** d'un nombre entier (le **dividende**) par un nombre entier (le **diviseur**) différent de 0, c'est trouver deux nombres entiers, le **quotient** et le **reste**, tels que :

dividende = **quotient** × **diviseur** + **reste**

avec **reste** < **diviseur**

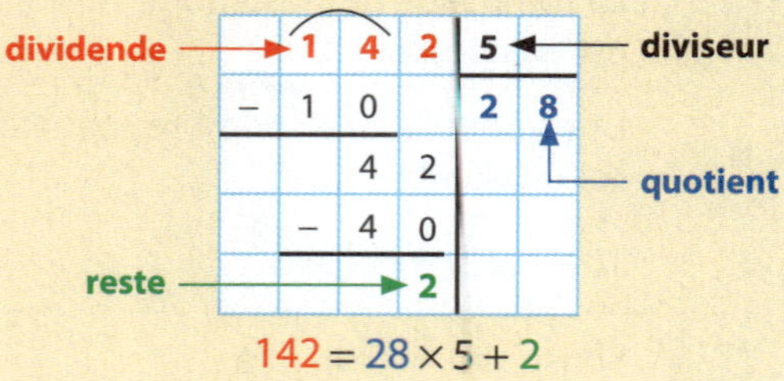

142 = 28 × 5 + 2

★

1 Compléter en calculant mentalement.

Division euclidienne de…	Quotient	Reste
44 par 7	6	....
52 par 9	....	....
318 par 10	....	....

2 **a.** Compléter : 9 × 100 < 3 810 < 9 × 1 000

donc le quotient de 3 810 par 9 aura ...... chiffres.

b. Compléter cette division euclidienne.

3 8 1 0	9
−	
−	
−	

c. Compléter afin de traduire la division euclidienne ci-dessus : 3 810 = ... × 9 + ... et .... < 9.

3 Quels sont les restes possibles d'une division euclidienne dont le diviseur est 5 ?

....

....

4 **1.** Effectuer la division euclidienne de 78 par 9.

....

2. Utiliser la question **1** pour répondre.

a. Avec 78 roses, on fait des bouquets de 9 roses.

Combien restera-t-il de roses ? ....

b. 78 personnes voyagent dans des mini-bus de 9 places.

Combien faut-il de mini-bus ? ....

★★

5 **1. a.** Effectuer la division euclidienne de 333 par 12.

b. Vérifier à l'aide de la calculatrice.

2. Un éleveur de volailles ramasse 333 œufs qu'il range dans des boîtes de 12.

a. Combien de boîtes peut-il remplir ? ....

b. Combien reste-t-il d'œufs ? ....

6 **Dans un collège, le cuisinier d'un self achète des paquets de 24 papillotes pour le repas de Noël. Il prévoit 453 élèves.**

a. Combien de paquets doit-il acheter pour que chaque élève ait une papillote ?

b. Combien restera-t-il de papillotes ?

7 **Samia : « Quand j'effectue la division euclidienne de 1 671 par un nombre mystérieux, le quotient est 57 et le reste est 18. »**

Quel est ce nombre mystérieux ?

FICHE
45 Multiples et diviseurs

CALCUL MENTAL
• .... • ....
• .... • ....
• .... • ....
BILAN ..../........

→ Un nombre entier a est un **multiple** d'un nombre entier b ($b \neq 0$) lorsque le reste de la division euclidienne de a par b est 0.
On dit aussi que b est un **diviseur** de a ou que a est **divisible** par b.

$90 = 15 \times 6$ donc 90 est un multiple de 15 et un multiple de 6.
On dit aussi que 15 et 6 sont des diviseurs de 90 ou que 90 est divisible par 15 et par 6.

★

1 **1.** Compléter cette division euclidienne.

	1	0	2	1	7

2. Compléter chaque phrase.

a. 17 est un .... de 102.

b. 102 est un .... de 17.

c. 102 est .... par 17.

2 **À l'aide de la calculatrice, Florence a effectué la division euclidienne de 248 par 13.**

`248⊢13  Q=19 R=1`

Répondre par oui ou par non. Expliquer.

a. 248 est-il un multiple de 13 ?

....

b. 247 est-il divisible par 19 ?

....

c. 265 est-il divisible par 19 ?

....

3 À l'aide de la calculatrice, traduire chaque affirmation par une égalité.

a. 119 est un multiple de 7. .... = ... × ....

b. 8 divise 224. .... = ... × ....

c. 35 est un diviseur de 3 535. .... = ... × ....

d. 468 est divisible par 13. .... = ... × ....

4 **a.** Calculer 3×17.
b. Donner tous les multiples de 17 compris entre 40 et 110.
c. La grand-mère de Tom affirme : « Mon âge est un multiple de 17 et est aussi divisible par 2. »
Quel peut être cet âge ?

★★

5 **Pour trouver les diviseurs de 18, Sara écrit 18 sous forme du produit de deux nombres entiers. Elle essaie des nombres dans l'ordre croissant :**

$1 \times 18 = 18$; $2 \times 9 = 18$; $3 \times 6 = 18$.

Elle s'arrête car 18 est divisible ensuite par 6 mais elle retombe sur $18 = 6 \times 3$.
Puis elle écrit les diviseurs deux par deux :

1 ; 2 ; 3 ; 6 ; 9 ; 18.

Avec cette méthode, déterminer les diviseurs de :
a. 40 **b.** 75 **c.** 36.

6 **a.** Écrire les diviseurs de 30 et ceux de 45.
b. Quels sont les diviseurs communs à 30 et 45 ?

7 **Pour affiner 20 fromages, Aël les dispose en rangées parallèles. Chaque rangée contient un même nombre de fromages de façon qu'il n'en reste aucun.**

a. Quels sont les diviseurs de 20 ?
b. Déterminer toutes les dispositions possibles de ces 20 fromages.

FICHE 46

Critères de divisibilité par 2, 3, 5, 9, 10

CALCUL MENTAL

• .... • ....
• .... • ....
• .... • ....

BILAN ..../.......

→ Un nombre entier est divisible :
- par 2 si son chiffre des **unités** est **0**, **2**, **4**, **6** ou **8** ;
- par 3 si la **somme de ses chiffres** est divisible par **3** ;
- par 5 si son chiffre des **unités** est **0** ou **5** ;
- par 9 si la **somme de ses chiffres** est divisible par **9** ;
- par 10 si son chiffre des **unités** est **0**.

★

1 Voici une liste de nombres entiers.

6 10 35 17 72 50 28 124

Parmi ces nombres, lesquels sont :

a. divisibles par 2 ? ....

b. divisibles par 5 ? ....

c. divisibles par 10 ? ....

2 Voici une liste de nombres entiers.

142 351 1 578 2 020 815 700

Parmi ces nombres, lesquels sont :

a. divisibles par 10 ? ....

b. divisibles par 2 ? ....

c. divisibles par 5 ? ....

3 a. Ajouter les chiffres du nombre 264 : ....

b. Le nombre 264 est-il divisible par 3 ? Expliquer.

....

....

c. Le nombre 264 est-il divisible par 9 ? Expliquer.

....

4 Compléter ce tableau.

Nombre	357	983	2 655
Somme des chiffres	....	....	....
Le nombre est-il divisible par 3 ?	....	....	....
Le nombre est-il divisible par 9 ?	....	....	....

5 Dans chaque cas, déterminer le chiffre ▲ afin que le nombre 65▲ soit divisible :

a. par 5 : ....

b. par 3 : ....

....

★★

6 Voici une liste de nombres entiers.

6 27 503 315 76 648 2 022

Parmi ces nombres, lesquels sont :

a. divisibles par 2 ? ....

b. divisibles par 3 ? ....

c. divisibles par 9 ? ....

7 Compléter ce tableau par oui ou par non.

est divisible	par 2	par 3	par 5	par 9	par 10
45	....	....	....	....	....
100	....	....	....	....	....
468	....	....	....	....	....
5 787	....	....	....	....	....
7 284	....	....	....	....	....

8 Voici des nombres où ■ désigne un chiffre inconnu.

Quelles sont les valeurs possibles de ■ afin que le nombre soit divisible par 3 ?

a. 61■ : .... **b.** 72■ : ....

c. 9■8 : .... **d.** 7 0■6 : ....

9 Neil Armstrong, astronaute américain, est le premier homme à avoir posé les pieds sur la Lune en 1969. Son année de naissance est un multiple de 2 et de 5 mais pas de 3.

Parmi les nombres ci-dessous, entourer cette année.

1920 1924 1925 1930 1935 1938

10 Le code postal d'une ville est un multiple de 9 et est divisible par 2.

Parmi les nombres proposés ci-dessous, entourer celui correspondant au code postal recherché.

75015 44800 97137 74700 56100

FICHE 47

Nombres premiers inférieurs à 30

CALCUL MENTAL

• .... • ....
• .... • ....
• .... • ....

BILAN ..../........

→ Un **nombre premier** est un nombre entier qui n'a que **deux diviseurs : 1** et **lui-même**.
- 3 est un nombre premier car il n'est divisible que par 1 et par 3.
- 6 n'est pas un nombre premier car il est divisible par 1, 2, 3 et 6.
- 1 n'est pas un nombre premier car il n'a qu'un seul diviseur : lui-même.

1 Appliquer les critères de divisibilité pour expliquer pourquoi chaque nombre ci-dessous n'est pas un nombre premier.

a. 12, car il est divisible par ....

b. 27, car il est ....

c. 49, car il est ....

d. 55, car il est ....

e. 0, car il est ....

....

2 On se propose de déterminer les nombres premiers inférieurs à 30.
On place les entiers de 1 à 30 dans un tableau.

1	2	3	4	5	6	7	8	9	10
11	12	13	14	15	16	17	18	19	20
21	22	23	24	25	26	27	28	29	30

a. Barrer 1, qui n'est pas premier.
b. Barrer tous les multiples de 2 sauf 2.
c. Le premier nombre non barré après 2 est 3.
Barrer tous les multiples de 3 sauf 3.
d. Le premier nombre non barré après 3 est 5.
Barrer tous les multiples de 5 sauf 5.
e. Continuer ainsi. Tous les nombres non barrés sont les nombres premiers inférieurs à 30.
Les recopier ci-dessous :

....

3 Albert affirme : « Il y a moins de nombres premiers entre 20 et 30 qu'entre 10 et 20. »
A-t-il raison ?

4 Anissa annonce : « Tous les nombres impairs sont des nombres premiers. »
A-t-elle raison ? Expliquer.

5 Fabio a ramassé un nombre premier d'œufs dans son poulailler. Il en a plus de 10.
Pourra-t-il les partager équitablement entre ses trois voisins ?

6 Avis de recherche : « Je suis un nombre premier compris entre 10 et 30. La somme de mes chiffres est 10. Qui suis-je ? »

7 Aksel annonce : « Les nombres 3, 13 et 23 sont des nombres premiers. Un nombre qui a 3 pour chiffre des unités est donc un nombre premier. »
A-t-il raison ? Expliquer.

8 $A = 17 \times 4 + 12$
Sans faire de calcul, déterminer si A est un nombre premier.

....

....

FICHE 48

Décomposition en produit de facteurs premiers

CALCUL MENTAL

BILAN ..../........

→ Un nombre entier supérieur ou égal à 2 se décompose en **produit de facteurs premiers**. Cette décomposition est unique, à l'ordre près.

$60 = 2 \times 30 = 2 \times 2 \times 15 = 2 \times 2 \times 3 \times 5$ ou $60 = 6 \times 10 = 2 \times 3 \times 2 \times 5$

Donc la décomposition de 60 en produit de facteurs premiers est : $60 = 2^2 \times 3 \times 5$.

Elle ne dépend pas du produit écrit initialement.

1 Toutes les égalités ci-dessous sont vraies.

Dans chaque cas, entourer la décomposition du nombre en produit de facteurs premiers.

a. $30 = 6 \times 5 = 2 \times 3 \times 5$

b. $100 = 10^2 = 25 \times 4 = 2^2 \times 5^2 = 5^2 \times 4$

c. $63 = 3^2 \times 7 = 7 \times 9 = 21 \times 3$

2 On se propose de décomposer 90 en produit de facteurs premiers.

Compléter chaque étape.

① On écrit 90 sous forme d'un produit :

$90 = 9 \times$ ....

② On écrit 9 et 10 sous forme de produits :

$90 = 3 \times$ ...... $\times$ ...... $\times 5$

③ On regroupe les facteurs égaux :

$90 =$ .... $\times$ ...... $\times$ ......

2, 3 et ...... sont des nombres premiers.

④ On écrit les facteurs dans l'ordre croissant.

La décomposition de 90 en produit de facteurs premiers est : $90 =$ ...... $\times$ ...... $\times$ ....

3 **a.** À l'aide de l'égalité $150 = 15 \times 10$, décomposer 150 en produit de facteurs premiers.

....

b. Utiliser une méthode similaire pour décomposer 120 en produit de facteurs premiers.

....

....

4 Dans chaque cas, décomposer le nombre en produit de facteurs premiers.

a. 18 **b.** 56 **c.** 36 **d.** 210

5 Dans chaque cas, décomposer en produit de facteurs premiers. *On peut s'aider de la calculatrice.*

a. 116 **b.** 483 **c.** 340 **d.** 715

6 **a.** Décomposer chacun des nombres 84 et 50 en produit de facteurs premiers.

b. Sans effectuer de calcul, en déduire la décomposition de 84×50 en produit de facteurs premiers.

7 Voici un écran de calculatrice.

98▸décomp	2×7^2

1. Vérifier qu'il affiche la décomposition de 98 en produit de facteurs premiers.

2. À l'aide de la calculatrice, décomposer en produit de facteurs premiers :

a. 2 600 ; **b.** 14 364.

8 Décomposer le nombre $A = 26 \times 15 \times 10$ en produit de facteurs premiers.

Vérifier à l'aide de la calculatrice.

FICHE 49

Reconnaissance et obtention de fractions égales

CALCUL MENTAL

• .... • ....
• .... • ....
• .... • ....

BILAN ..../........

→ Pour obtenir une fraction égale, on peut utiliser les critères de divisibilité ou décomposer le numérateur et le dénominateur en produits de facteurs premiers.

- Les fractions $\frac{12}{18}$ et $\frac{2}{3}$ sont égales. En effet, $\frac{12}{18} = \frac{2 \times 6}{3 \times 6} = \frac{2}{3}$.
- Fraction égale à $\frac{20}{15}$: 20 et 15 sont divisibles par 5 donc $\frac{20}{15} = \frac{5 \times 4}{5 \times 3} = \frac{4}{3}$.
- Fraction égale à $\frac{12}{60}$: $12 = 2^2 \times 3$ et $60 = 2^2 \times 3 \times 5$ donc $\frac{12}{60} = \frac{2^2 \times 3}{2^2 \times 3 \times 5} = \frac{1}{5}$.

1 Dans chaque cas, compléter afin d'obtenir une fraction égale à l'aide des critères de divisibilité.

a. 45 et 10 sont divisibles par 5 donc :

$\frac{45}{10} = \frac{\dots \times \dots}{\dots \times \dots} = \frac{\dots}{\dots}$.

b. 21 et 30 sont divisibles par 3 donc :

$\frac{21}{30} = \frac{\dots \times \dots}{\dots \times \dots} = \frac{\dots}{\dots}$.

2 Dans chaque cas, obtenir une fraction égale à l'aide des critères de divisibilité par 2, 3, 5 ou 10.

a. $\frac{50}{40}$ **b.** $\frac{21}{24}$ **c.** $\frac{60}{55}$ **d.** $\frac{78}{58}$

3 **On se propose de simplifier la fraction $\frac{63}{42}$.**

Compléter chaque étape.

① Décomposer 63 et 42 en produits de facteurs premiers :

63 = ...

42 = ...

② Remplacer le numérateur et le dénominateur par ces décompositions : $\frac{63}{42} = \frac{\dots\dots}{\dots\dots}$

③ Conclure : $\frac{63}{42} = \frac{\dots\dots}{\dots\dots} = \frac{\dots}{\dots}$

4 Expliquer pourquoi $\frac{24}{36} = \frac{16}{24} = \frac{14}{21}$.

....

....

5 Obtenir une fraction égale à $\frac{87}{27}$ à l'aide des critères de divisibilité.

....

....

6 **a.** Décomposer chacun des nombres 153 et 85 en produit de facteurs premiers.

b. Obtenir alors une fraction égale à $\frac{153}{85}$.

7 Obtenir une fraction égale à $\frac{255}{221}$ en décomposant 221 et 255 en produits de facteurs premiers à l'aide de la calculatrice.

8 **Rafik doit fournir des sandwichs pour un pique-nique. Il affirme : « Avec 32 baguettes, je compte préparer 48 sandwichs. »**

Quelle fraction d'une baguette prévoit-il pour un sandwich ? Simplifier cette fraction.

CALCUL MENTAL

• .... • ....
• .... • ....
• .... • ....

BILAN ..../........

FICHE 50

Perfectionnement

1 Un serveur doit répartir 16 poires et 24 kiwis dans des corbeilles. Toutes les corbeilles doivent avoir le même contenu.

Quelles sont les répartitions possibles ?

2 Voici un programme de calcul.

- Choisir un nombre entier.
- Ajouter 3.
- Diviser par 2.

Lalie choisit un nombre et obtient 16 en fin de programme.

Le nombre qu'elle a choisi est-il premier ?

3 n désigne un nombre entier.

Ugo annonce : « Quel que soit l'entier n, le nombre entier $2n + 3$ est un nombre premier. »

A-t-il raison ? Expliquer.

4 147 enfants sont répartis par équipes de 16.

a. Combien d'équipes complètes peut-on former ?

b. Combien manque-t-il d'enfants pour constituer une équipe supplémentaire ?

5 Algo Voici un script Scratch.

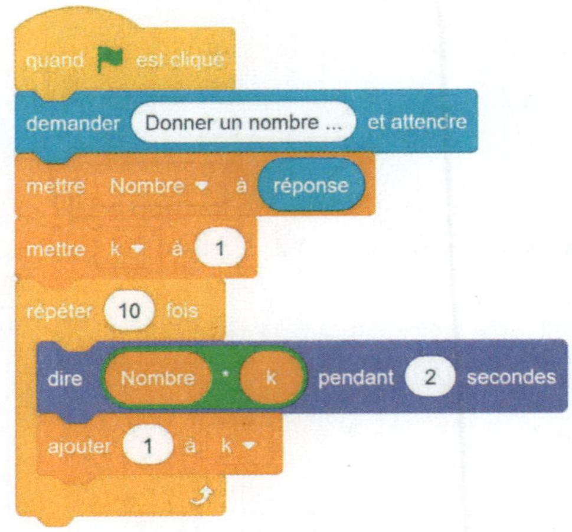

1. a. Expliquer le rôle de ce script.

....

....

b. Ouvrir le logiciel Scratch et saisir le script.

2. Deux bus A et B quittent la gare routière à 7 h. Le bus A passe à la gare routière toutes les 25 min, le bus B toutes les 30 min. À quel instant ces deux bus se retrouveront à la gare, après 7 h, simultanément, pour la première fois ? *Utiliser le script précédent.*

FICHE 51

QCM & jeux

QCM

Voici un questionnaire à choix multiples.
Pour chaque question, entourer la (ou les) réponse(s) exacte(s).

Bilan ..... / 10

A	Dans la division euclidienne de 20 par 8 …	le quotient est 2	le quotient est 2,5	le quotient est 3
B	Un gestionnaire doit acheter 160 stylos. Ils sont vendus par lots de 12. Alors …	il faut acheter 13 lots	il faut acheter 14 lots	il y aura 8 stylos en trop
C	468 est …	un diviseur de 2	un multiple de 3	divisible par 9
D	Le nombre 249 est divisible par …	3	5	9
E	Un multiple de 25 est …	25	100	125
F	Un diviseur de 98 est …	2	8	14
G	Un nombre qui n'est pas premier est …	11	18	21
H	Un nombre premier est …	7	17	27
I	Le nombre 72 a pour décomposition en produit de facteurs premiers …	$2^3 \times 3^2$	2×36	$2^3 \times 9$
J	Une fraction égale à $\frac{75}{50}$ est …	$\frac{3}{2}$	$\frac{7}{10}$	$\frac{2}{3}$

jeu 1

Pour sortir du labyrinthe, il faut passer d'une pièce à l'autre en passant uniquement par des nombres premiers. Trouver le chemin.

Départ →

13	7	5	8
10	17	27	15
3	23	19	12
21	18	29	11
20	2	9	1

jeu 2

Nous sommes deux nombres premiers.
Notre somme est 30. Qui sommes-nous ?

Réponse : ……………………………………………

jeu 3

Eloi colorie les carreaux de son cahier de brouillon en répétant le même motif, de gauche à droite.

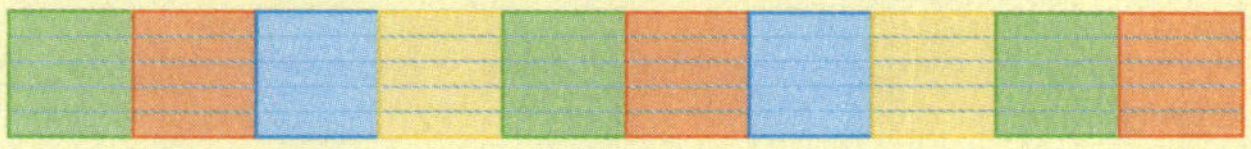

S'il continue ainsi, de quelle couleur sera :
- le 16e carreau ?
- le 86e carreau ?

CALCUL MENTAL

• .... • ....

• .... • ....

• .... • ....

BILAN ..../........

FICHE 52 Effectif, fréquence

→ Ce tableau présente la répartition d'enfants lors d'une enquête sur leur sport préféré.

12 enfants préfèrent le rugby.

15 + 12 + 13 = 40 donc **l'effectif total** est 40.

Sport	Football	Rugby	Handball	Total
Effectif	15	12	13	40

→ **Fréquence** d'une donnée : $\frac{\text{effectif}}{\text{effectif total}}$.

Pour le tableau ci-dessus, 12 enfants sur 40 préfèrent le rugby.

La fréquence de ce sport dans l'enquête peut s'écrire : $\frac{12}{40}$ (soit $\frac{3}{10}$) ou 0,3 ou 30 %.

1 **Ce tableau présente les réponses d'élèves à la question : « Combien de temps mettez-vous pour venir au collège ? »**

Durée (en min)	**Effectif**
10	8
15	7
25	4
30	11

Combien d'élèves déclarent mettre :

• 15 min ? ....

• au moins 15 min ? ....

• moins de 15 min ? ....

2 **Ce tableau présente les résultats du premier tour d'une élection des délégués dans une classe.**

a. Compléter ce tableau.

Nom	Anne	Ben	Clara	Djibril	Emma	Total
Effectif	3	5	....	12	4	29

b. Pour être élu, il faut obtenir plus de la moitié des voix. Est-ce le cas d'un des candidats ?

....

3 **Voici la répartition des habitants d'un immeuble.**

Étage	1er	2e	3e	4e	5e	Total
Effectif	12	24	16	20	8	....
Fréquence	....	....	....	....	....	....

1. Calculer l'effectif total.

....

2. a. Compléter : .... personnes sur ...... habitent au 3e étage, donc la fréquence des habitants du 3e étage est .... L'écriture décimale de cette fréquence est ....

Ainsi, ... des personnes habitent au 3e étage.

b. Compléter la ligne « Fréquence » du tableau par des nombres en écriture décimale.

4 **15 vétérinaires (V), 27 assistants (A) et 8 secrétaires (S) sont salariés dans une clinique vétérinaire.**

a. Calculer la fréquence, en pourcentage, des vétérinaires dans l'ensemble des salariés.

b. Compléter le tableau ci-dessous.

Métier	V	A	S	Total
Effectif	....	....	....	....
Fréquence (en %)	....	....	....	....

5 **Max range ses figurines. 24 % d'entre elles sont des chevaliers (C), 44 % des dragons (D) et les autres des pirates (P).**

a. Calculer la fréquence de la catégorie Pirates.

b. Max possède en tout 75 figurines.

Calculer l'effectif de chaque catégorie de figurines. Présenter les résultats dans un tableau.

FICHE 53

Moyenne d'une liste

CALCUL MENTAL

• ………… • …………
• ………… • …………
• ………… • …………

BILAN ……/……

→ La **moyenne** d'une liste de données est le nombre obtenu :
- en **additionnant** toutes les données de la liste,
- puis en **divisant** cette somme par l'effectif total de la liste.

Moyenne m de 10 ; 14 ; 22 ; 18 : $m = \frac{10+14+22+18}{4} = \frac{64}{4} = 16$

1 **Les trois gardiens de but d'une équipe de football ont 34 ans, 25 ans et 37 ans.**

a. Compléter pour calculer leur âge moyen :

$\frac{\ldots + \ldots + \ldots}{\ldots} = \frac{\ldots}{\ldots} = \ldots\ldots\ldots$

b. Conclure par une phrase.

……………………………………………

2 **Voici les notes sur 20 d'Éric et de Clara en mathématiques, au premier trimestre.**

Éric : 15 ; 10 ; 9 ; 16 ; 14

Clara : 16 ; abs ; 12 ; 7 ; 15

Lequel des deux élèves a eu la meilleure moyenne ?

3 **Ce tableau donne le nombre de spectateurs dans cinq villes lors de la tournée d'un humoriste.**

Nantes	Angers	Pornic	Ancenis	Laval
1 926	1 068	216	431	639

a. Calculer le nombre moyen de spectateurs par ville.

b. Compléter.

Il y aurait eu le même nombre total de spectateurs dans ces cinq villes s'il y avait eu ……… spectateurs par ville.

4 **On a relevé dans le tableau ci-dessous les points obtenus par Éva et Rémi lors de sept parties de fléchettes. Le résultat de Rémi lors de la partie 6 a été égaré.**

Partie	1	2	3	4	5	6	7
Éva	41	35	87	68	28	74	31
Rémi	12	62	7	100	81	……	30

1. Calculer le nombre moyen de points d'Éva.

……………………………………………

……………………………………………

2. Rémi a obtenu en moyenne 51 points par partie.

a. Calculer le nombre total de ses points.

b. En déduire son résultat à la 6e partie.

5 **Voici les températures relevées par Jamil chaque matin d'une semaine, à Caen (Calvados).**

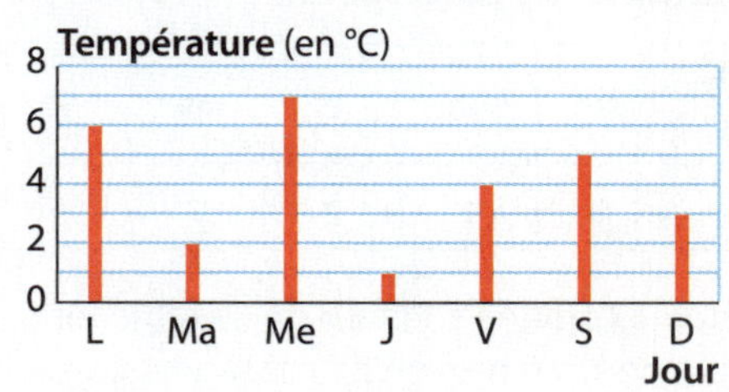

a. Compléter le tableau ci-dessous.

Jour	……	……	……	……	……	……	……
Température (en °C)	……	……	……	……	……	……	……

b. Calculer la moyenne de ces températures.

……………………………………………

……………………………………………

FICHE 54

Moyenne pondérée

CALCUL MENTAL

• ………… • …………
• ………… • …………
• ………… • …………

BILAN ……/……

→ La **moyenne** d'une liste de données, **pondérée** par les effectifs, est le nombre obtenu :
- en **additionnant** les produits de chaque donnée par son effectif,
- puis en **divisant** cette somme par l'effectif total de la liste.

Moyenne m de ces données :

Donnée	1	4	7
Effectif	3	5	2

$$m = \frac{1\times3+4\times5+7\times2}{3+5+2} = \frac{37}{10} = 3{,}7$$

1 **On a relevé les vitesses, en km/h, de 24 voitures, dans un centre-ville.**

30 31 29 30 32 35 32 25 30 29 30 35
31 30 31 35 25 35 31 25 30 31 30 30

On se propose de déterminer la vitesse moyenne de ces voitures à l'aide de ce tableau.

Vitesse *v* (en km/h)	**Effectif *n***	**Produit** v × *n*
25	3	75
29	………	………
30	………	………
31	………	………
32	………	………
35	………	………
Total	………	………

a. Compléter les colonnes « Effectif » et « Produit ».
b. En déduire la vitesse moyenne de ces voitures.

…………………………………………………………

2 **Voici la répartition des voitures d'un train selon le nombre de passagers.**

Nombre de passagers	40	42	45	48	50	Total
Effectif	4	1	2	7	4	……

a. Compléter la colonne « Total » de ce tableau.
b. Calculer le nombre moyen de passagers par voiture.

c. Compléter.
Ce train aurait le même nombre total de passagers s'il y avait …… passagers par voiture.

3 **Ce diagramme représente la répartition des élèves d'un atelier de dessin selon leur âge.**

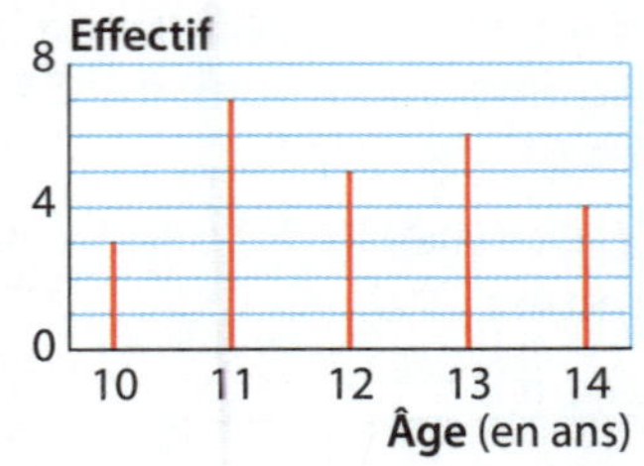

a. Compléter ce tableau.

Âge (en ans)	10	……	……	……	……	Total
Effectif	3	……	……	……	……	……

b. Calculer l'âge moyen des élèves.

4 **Voici la répartition incomplète des hauteurs de pluie tombée à Nantes en avril.**

Hauteur (en mm)	0	1	5	10	13	……
Effectif	4	6	9	3	3	……

On se propose de compléter la dernière colonne du tableau en sachant que pour ce mois d'avril, la hauteur moyenne des précipitations est 6,5 mm.

a. Calculer la hauteur moyenne des précipitations, en mm, pour les cinq colonnes complètes du tableau.
b. Calculer l'effectif manquant puis la hauteur associée.

CALCUL MENTAL

• .... • ....
• .... • ....
• .... • ....

BILAN ..../........

FICHE **55**

Diagramme en bâtons

→ Dans un diagramme en bâtons, les hauteurs des bâtons sont **proportionnelles** aux effectifs ou aux fréquences des données.

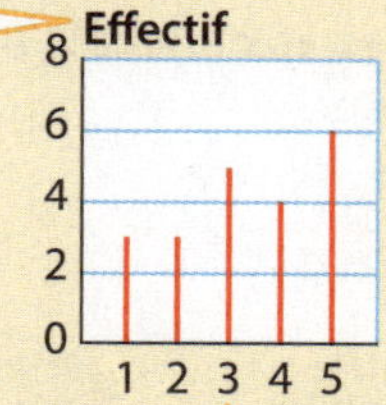

Le diagramme ci-contre présente les résultats d'une classe à un test de calcul mental.

1 Un aquaculteur relève la longueur, en cm, de 40 bars.

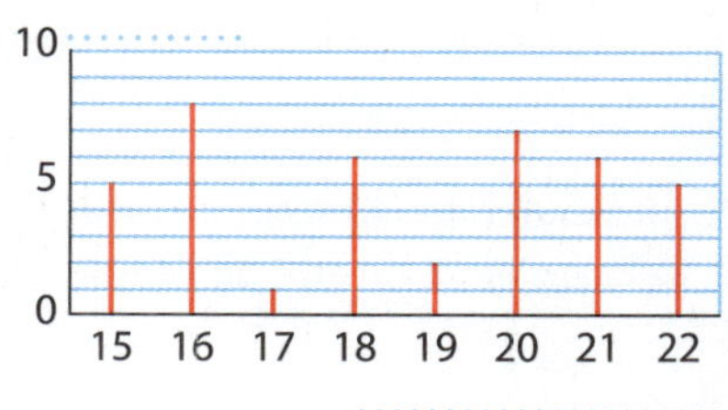

a. Compléter les titres des légendes sur les axes du diagramme en bâtons ci-dessus.

b. Compléter : • Il y a ...... bars de longueur 20 cm.

• Il y a .... bars d'au moins 20 cm car ....

• Il y a .... bars de moins de 20 cm car ....

2 Voici les notes sur 20 obtenues à une évaluation par les 24 élèves d'une classe.

10 12 9 11 15 10 12 11 13 10 12 15
14 11 13 12 10 9 11 15 12 14 13 10

a. Présenter les données dans ce tableau.

Note	9	.....	.....	.....	.....	.....	.....	Total
Effectif	2	.....	.....	.....	.....	.....	.....	.....

b. Jenifer a commencé à représenter ces données par un diagramme en bâtons. Terminer son travail.

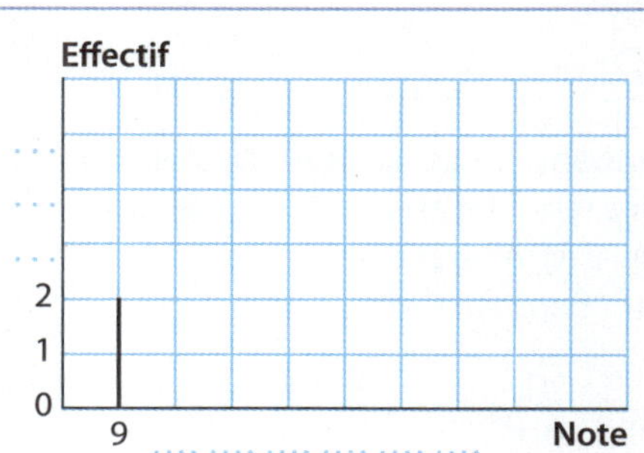

3 Un directeur de journal a posé la question suivante à ses abonnés : « Combien de personnes compte votre foyer ? » Voici leurs réponses.

Nombre de personnes	1	2	3	4	5	6	7
Fréquence (en %)	20	25	15	10	15	10	5

Représenter ci-dessous ces données par un diagramme en bâtons.

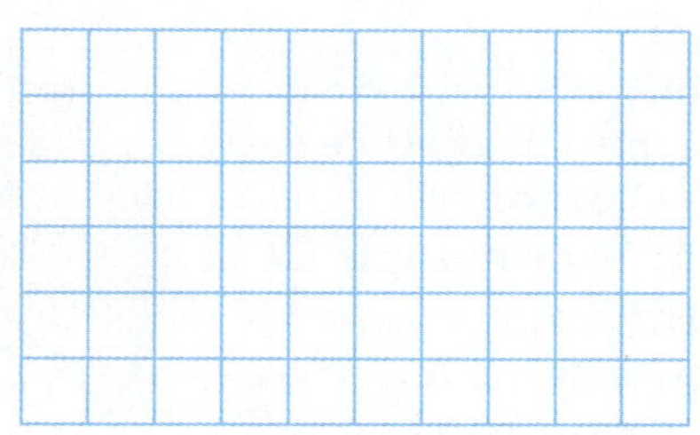

4 Tice Laure a simulé sur son smartphone le lancer d'un dé à six faces. Ce tableau présente le nombre de fois où chaque face est sortie.

	A	B	C	D	E	F	G
1	**Face**	1	2	3	4	5	6
2	**Effectif**	165	172	148	161	170	184

On se propose de réaliser avec le tableur un diagramme en bâtons qui représente ces données.

a. Réaliser cette feuille de calcul.

b. Sélectionner la plage **A1:G2** et insérer un diagramme.
Dans l'assistant de diagramme :
• choisir « Colonne » et « Normal » ;
• cocher « Séries de données en lignes » et « Première ligne comme étiquette » ;
• décocher la légende et saisir les titres : « Face » pour Axe X, « Effectif » pour Axe Y. Cliquer sur Terminer.

CALCUL MENTAL

• .... • ....
• .... • ....
• .... • ....

BILAN ..../........

FICHE 56

Diagramme circulaire

→ Dans un diagramme circulaire (ou semi-circulaire), les mesures des angles des secteurs sont **proportionnelles** aux effectifs ou aux fréquences des données.

★

1 Ce diagramme circulaire représente la répartition des membres d'un club d'arts martiaux selon le sport pratiqué.

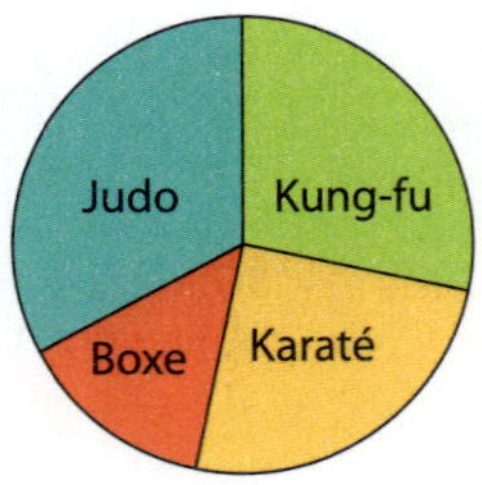

1. Quel sport est le plus pratiqué ?

....

2. a. Il y a 220 membres dans le club, dont le quart font du karaté. Calculer l'effectif des karatékas.

....

b. Comment cela se traduit-il sur le diagramme ?

....

c. Quelle est la fréquence en pourcentage de karatékas dans ce club ?

....

2 Dans une classe, tous les élèves ont une calculatrice ; 10 d'entre elles sont de marque C1, 14 de marque C2 et 6 de marque C3. Fabien a commencé à représenter ces données par un diagramme circulaire. On se propose de terminer son travail.

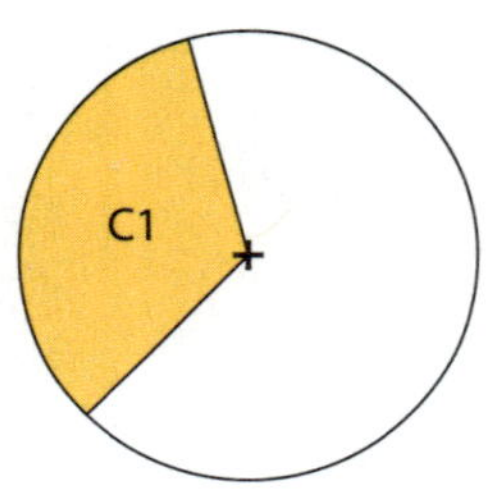

a. Compléter la ligne Effectif du tableau ci-dessous.

Marque	C1	C2	C3	Total
Effectif	....	....	....	....
Mesure de l'angle (en °)	120	....	....	360

× ....

b. Calculer et compléter le coefficient de proportionnalité.

....

c. Expliquer pourquoi l'angle du secteur C1 mesure 120°, puis calculer la mesure de chacun des autres angles.

d. Terminer la réalisation du diagramme circulaire.

★★

3 Algo On se propose de réaliser un diagramme circulaire pour représenter la répartition des installations de production d'électricité en France métropolitaine, en 2020.

Source : RTE

Parc installé	**Fréquence** (en %)	**Mesure de l'angle** (en °)
Nucléaire	45	....
Thermique	14	....
Énergie renouvelable	41	....
Total	....	....

× ....

1. Voici un script Scratch qui permet de donner une fréquence et de calculer la mesure de l'angle du secteur associé.

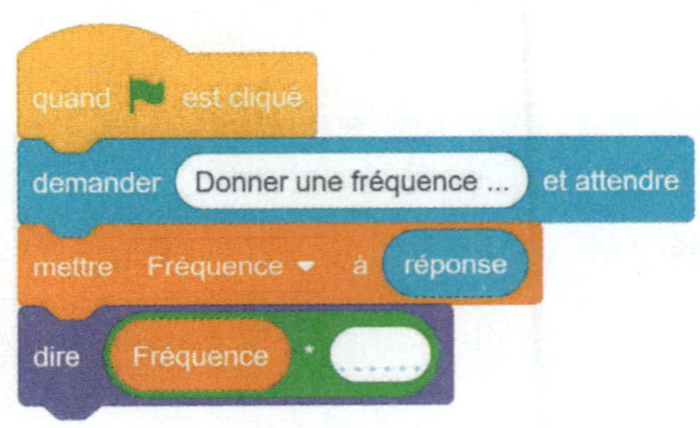

(1)

a. Compléter la ligne **(1)** du script.

b. Ouvrir le logiciel Scratch, saisir le script complété. L'exécuter et compléter la colonne « Mesure de l'angle » du tableau ci-dessus.

2. Réaliser ci-dessous le diagramme circulaire. Indiquer la légende et les pourcentages.

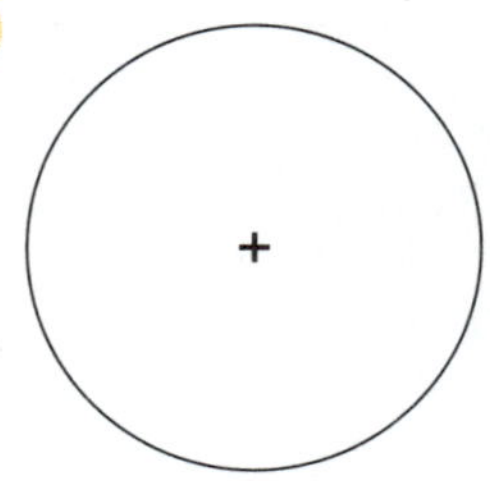

☐ ....
☐ ....
☐ ....

3. Thanh annonce : « Le nombre d'installations du parc des énergies renouvelables est le triple de celui des installations thermiques. »
A-t-il raison ? Expliquer.

....

....

CALCUL MENTAL

• .... • ....
• .... • ....
• .... • ....

BILAN ..../.......

FICHE 57

Graphique

→ On utilise un graphique pour représenter **l'évolution d'une grandeur** en fonction d'une autre.

1 **Ce graphique représente l'évolution de l'altitude, en m, d'un drone, en fonction de la durée du vol, en min.**

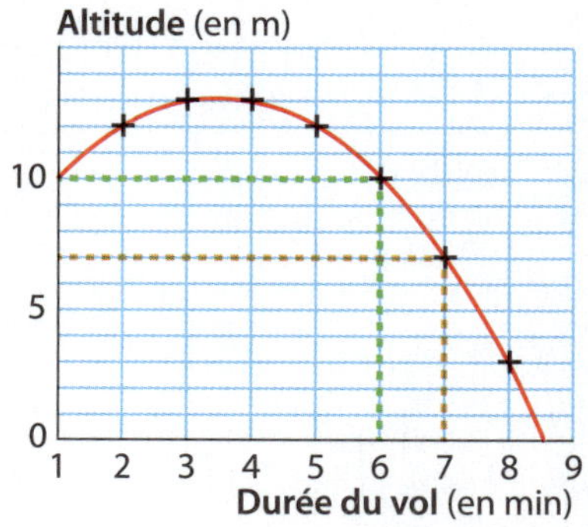

1. a. Compléter à l'aide des pointillés verts.
Quand le drone a volé pendant 6 min, il est à une altitude de

....

b. Compléter à l'aide des pointillés oranges.
L'altitude du drone est de 7 m quand il a volé pendant

....

2. Utiliser le graphique pour répondre.
a. À quelle altitude se trouve le drone lorsqu'il a volé :

• pendant 1 min ? ....

• pendant 3 min ? ....

b. Après quelle durée de vol le drone est-il :

• à 3 m d'altitude ? ....

• à 12 m d'altitude ? ....

c. Loris annonce : « L'altitude du drone atteint un maximum. »
• Donner un encadrement de ce maximum M, en m, par deux nombres entiers de différence 1.

....

• Estimer pour quelle durée de vol ce maximum est atteint.

....

d. Estimer après quelle durée de vol le drone atterrit.

....

....

2 **Ce graphique représente l'évolution du poids, en kg, d'un jeune enfant en fonction de son âge, en mois.**

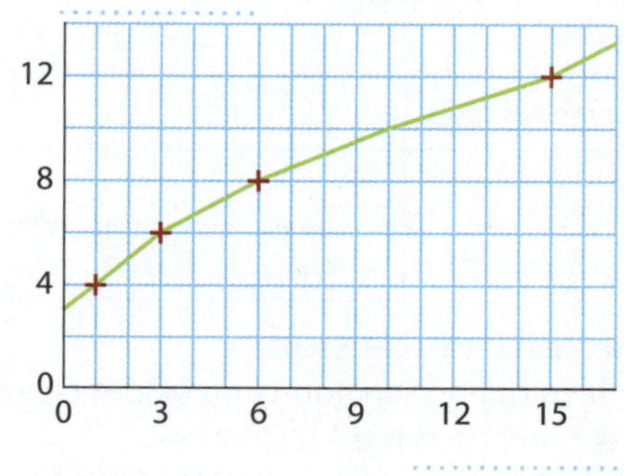

a. Compléter les légendes sur le graphique.
b. Quel est le poids de l'enfant :

• à 3 mois ? ....

• à 6 mois ? ....

c. Quel est l'âge de l'enfant lorsqu'il pèse :

• 4 kg ? ....

• 12 kg ? ....

d. Donner une valeur approchée à l'unité près du poids de l'enfant, en kg, lorsqu'il a un an.

....

3 **Tice** **On se propose de réaliser avec le tableur un graphique qui représente l'évolution de la teneur en dioxygène de l'eau d'une rivière en fonction de la température de l'eau.**

	A	B
1	Température de l'eau (en °C)	Teneur en dioxygène (en mg/L)
2	0	14,6
3	4	13
4	8	11,6
5	12	10,5
6	16	9,5
7	20	8,7
8	24	8,1
9	28	7,6

a. Réaliser cette feuille de calcul.
b. Sélectionner la plage **A1:B9** et insérer un diagramme.
Dans l'assistant de diagramme :
• choisir « Ligne » et « Points et lignes » ;
• cocher « Première colonne comme étiquette » ;
• décocher la légende et saisir des titres pour Axe X et Axe Y. Cliquer sur Terminer.
c. Commenter cette évolution.

....

....

FICHE 58

Perfectionnement

CALCUL MENTAL

• .... • ....
• .... • ....
• .... • ....

BILAN ..../........

1 On a répertorié les loisirs préférés des 150 élèves de 5e et des 140 élèves de 4e d'un collège.

	5^e^	4^e^	Total
Pratiquer un sport	24	....	45
Écouter de la musique	36	35	....
Jouer à la console	....	33	72
Échanger avec des amis	....	37	70
Lire	....	....	....
Total	**150**	**140**	....

a. Compléter le tableau ci-dessus.
b. Calculer la fréquence en pourcentage des élèves qui disent écouter de la musique parmi :
• les élèves de 5e ; • les élèves de 4e.
c. Alma affirme : « En proportion, les élèves de 5e jouent plus à la console que ceux de 4e. »
A-t-elle raison ? Expliquer.

**2 Pour préparer un semi-marathon, Julie doit courir en moyenne 8 km par jour.
Voici les distances, en km, qu'elle a réalisées cette semaine.**

L	Ma	Me	J	V	S	D
11	0	6	8	11	8	

Quelle distance Julie doit-elle courir dimanche ?

**3 Briec et Marie ont trois enfants, dont l'âge moyen est 12 ans.
La moyenne d'âge de la famille est 26 ans.
On se propose de calculer l'âge de Briec qui a 2 ans de moins que Marie.**

a. Quelle est la somme des âges :
• des enfants ?
• de toute la famille ?
b. En déduire l'âge de Briec.

4 Ce tableau présente la hauteur, en m, du ballon lors d'un lancer au basket en fonction du temps, en s, écoulé depuis le lancer du ballon jusqu'à son entrée dans le panier.

Temps (en s)	0	0,1	0,3	0,5	0,7	0,9	1
Hauteur du ballon (en m)	2,4	3	4,2	4,5	4,2	3,5	3

Compléter le graphique à l'aide de ces données, puis tracer à main levée la trajectoire du ballon.

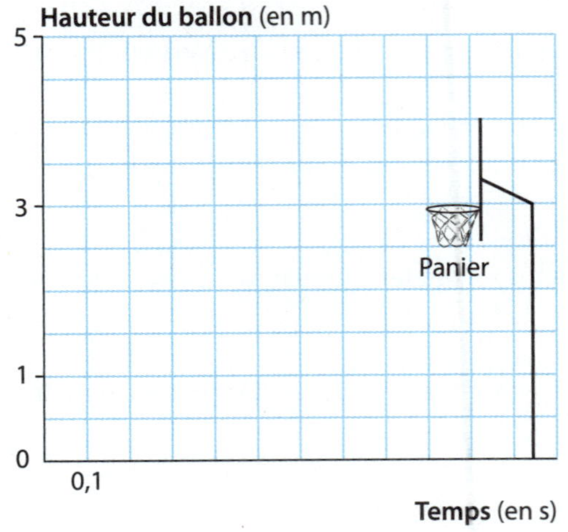

QCM & jeux

QCM

Voici un questionnaire à choix multiples.
Pour chaque question, entourer la (ou les) réponse(s) exacte(s).

Bilan ..... / 7

A	La moyenne de la liste 25 ; 33 ; 37 ; 40 ; 45 est …	une donnée de la liste	comprise entre 25 et 45	égale à 36
B	**Distance** (en km) : 3 ; 4 ; 5 ; 6 — **Effectif** : 7 ; 6 ; 3 ; 4 Ce tableau donne la répartition des distances parcourues, en km, lors d'un cross organisé au profit d'une association. Alors …	l'effectif total des coureurs est 20	l'effectif de la distance 3 km est 5	l'effectif de la distance 6 km est supérieur à celui de la distance 5 km
C	Avec les données de la question **B**, la fréquence de la distance 5 km est …	3	$\frac{3}{20}$	15 %
D	La distance totale parcourue par les coureurs de la question **B** est …	18 km	20 km	84 km
E	La distance moyenne parcourue par les coureurs de la question **B** est …	4,2 km	4,5 km	10 km
F	Le diagramme en bâtons qui représente les données de la question **B** est …	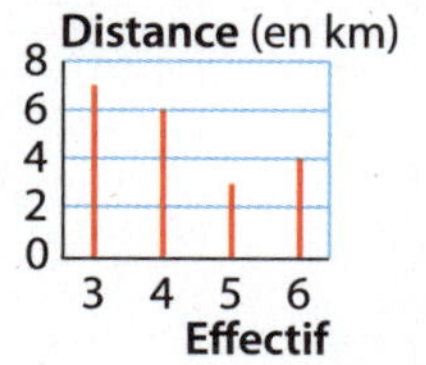	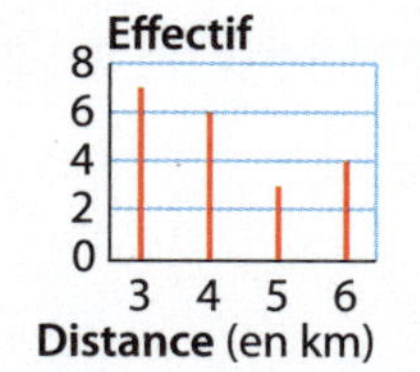	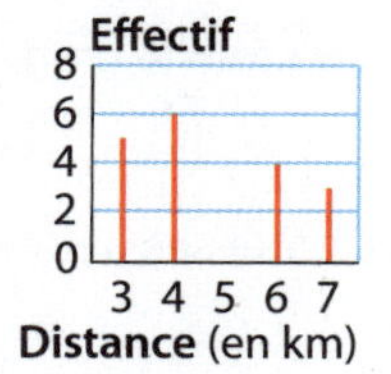
G	5 Français, 3 Suisses et 4 Italiens organisent un concert commun. Si l'on représente par un diagramme circulaire la répartition de ces artistes selon leur pays d'origine …	l'angle du secteur Suisse est droit	l'angle du secteur France mesure 150°	l'angle du secteur Italie mesure 120°

jeu 1

Un verbe de ce chapitre se cache dans cette grille, mais il y a des lettres en trop.
Le nombre écrit dans chaque case indique le nombre de lettres à noircir aux sommets de cette case.
Faire apparaître le verbe.

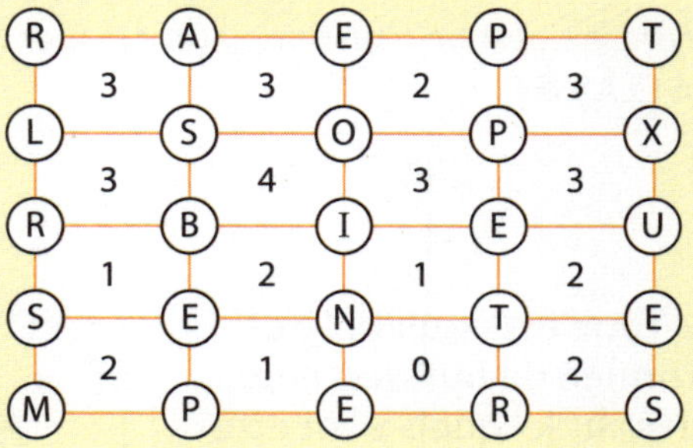

Réponse : ....

jeu 2

Placer un nombre dans chaque case vide, en respectant la règle ci-dessous, pour chaque groupe de trois nombres consécutifs.

Règle : ce nombre est la moyenne de ceux qui l'entourent.

À votre tour !

.....	17	.....	33	.....

CALCUL MENTAL

•............ •............

•............ •............

•............ •............

BILAN ..../........

FICHE 60 Expérience aléatoire

→ Une **expérience** est dite **aléatoire** lorsqu'elle a plusieurs **issues** (ou résultats) possibles et que l'on ne peut pas prévoir avec certitude quelle issue se produira.

Quand on lance un dé à six faces numérotées de 1 à 6, il y a six **issues** possibles : 1, 2, 3, 4, 5 et 6.

1 Écrire OUI ou NON selon qu'il s'agit ou non d'une expérience aléatoire.

a. Choisir le parfum d'une glace.

....

b. Lancer une pièce de monnaie et noter la face obtenue.

....

c. Effectuer le tirage d'une loterie.

....

d. Choisir ses habits.

....

2 On tire au hasard une boule de ce sac opaque et on lit la lettre inscrite.

Quelles sont les issues possibles ?

....

3 On tire au hasard une boule de ce sac opaque.

Dans chaque cas, indiquer le nombre d'issues possibles puis citer ces issues.

a. On note le numéro de la boule tirée.

....

b. On note la couleur de la boule tirée.

....

c. On note le numéro et la couleur de la boule tirée.

....

4 Pendant un match de basket, Joséphine tire un lancer franc.

Énoncer les deux issues de cette expérience.

....

....

5 Algo Une expérience aléatoire consiste à exécuter le script Scratch ci-dessous et à noter le nombre énoncé par le lutin.

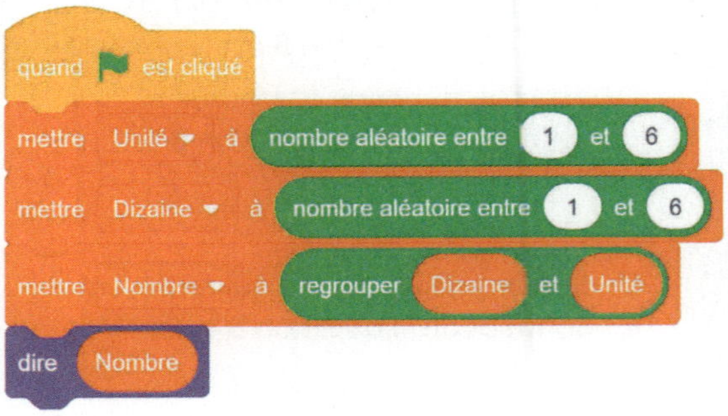

Écrire toutes les issues de cette expérience aléatoire, c'est-à-dire tous les nombres que le lutin peut énoncer.

6 a. Un sac opaque contient les lettres du mot COUR.

On tire au hasard une de ces lettres et on note la lettre obtenue.

Combien d'issues a cette expérience aléatoire ?

....

b. Reprendre la question **a** en remplaçant le mot COUR par le mot CLASSES.

....

7 Cette roue est équilibrée et elle est formée de huit secteurs identiques sur lesquels vont être inscrits des chiffres.
On fera tourner cette roue et on notera le chiffre obtenu.

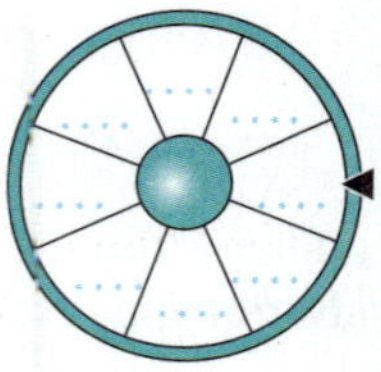

Compléter la roue de façon que cette expérience aléatoire ait 5 issues. Plusieurs solutions sont possibles.

Probabilité d'une issue

CALCUL MENTAL

• .... • ....
• .... • ....
• .... • ....

BILAN ..../........

→ On tire **au hasard** une boule de ce sac opaque. On note sa couleur.
Cette expérience aléatoire admet trois **issues** : Rouge, Vert, Bleu.
On a 2 chances sur 5 de tirer une boule rouge.
La **probabilité** de tirer une boule rouge est $\frac{2}{5}$ ou 0,4 ou 40 %.

→ La **probabilité d'une issue** est un nombre **compris entre 0 et 1**.

→ La **somme des probabilités des issues** d'une expérience aléatoire est **égale à 1**.

★

1 On tire au hasard une boule de ce sac et on note la lettre obtenue.

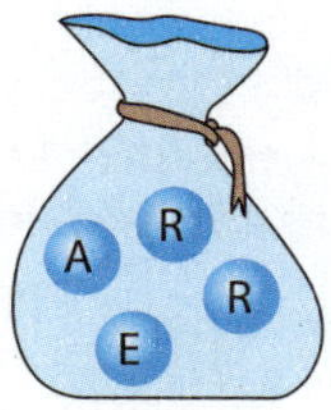

a. Quelles sont les issues de cette expérience aléatoire ?

....

b. Compléter : il y a ...... chances sur ...... d'obtenir R

donc la probabilité d'obtenir R est $\frac{\dots}{\dots}$, soit ....

c. Indiquer les probabilités des autres issues.

....

**2 Cette roue est équilibrée et elle est formée de 10 secteurs identiques.
On fait tourner cette roue et on note le chiffre obtenu.**

Indiquer la probabilité de chaque issue.
Donner les résultats sous la forme d'une fraction puis d'un nombre décimal.

....

....

**3 Lors d'un jeu télévisé, un « jackpot » se trouve derrière l'une de ces trois portes.
Le candidat ouvre au hasard une porte.**

a. Quelle est la probabilité que le candidat obtienne le « jackpot » ? ......

b. Quelle est la probabilité que le candidat n'obtienne pas le « jackpot » ? ......

c. Éline affirme : « Il est plus probable d'obtenir le jackpot que de ne pas l'obtenir. » A-t-elle raison ? Expliquer.

....

....

★★

**4 Dans une classe, il y a 14 filles et 11 garçons.
Un élève va être interrogé au hasard.**

Quelle est la probabilité que ce soit une fille ?
Exprimer cette probabilité en pourcentage.

5 Lors d'un match de football, la probabilité que l'équipe qui reçoit gagne est 0,6 et la probabilité qu'elle perde est 0,18.

Quelle est la probabilité qu'il y ait match nul ?

**6 Louise possède deux dés équilibrés. Les faces du dé vert sont numérotées de 1 à 6 et celles du dé jaune sont numérotées de 1 à 8.
Louise gagne si elle obtient un 5.**

Avec quel dé a-t-elle intérêt à jouer ?

7 On tire au hasard une boule dans une urne opaque qui contient 3 boules blanches et 5 boules rouges.

a. Quelle est la probabilité de tirer une boule blanche ? ......

b. Combien de boules blanches faut-il ajouter dans cette urne pour que la probabilité de tirer une boule blanche soit 0,5 ?

....

....

CALCUL MENTAL

• .... • ....
• .... • ....
• .... • ....

BILAN ..../........

FICHE 62

Probabilité d'un événement

→ Un **événement** est constitué par certaines issues d'une expérience aléatoire.
On dit que chacune de ces issues **réalise** l'événement.

→ On peut placer un événement sur une **échelle de probabilité** :

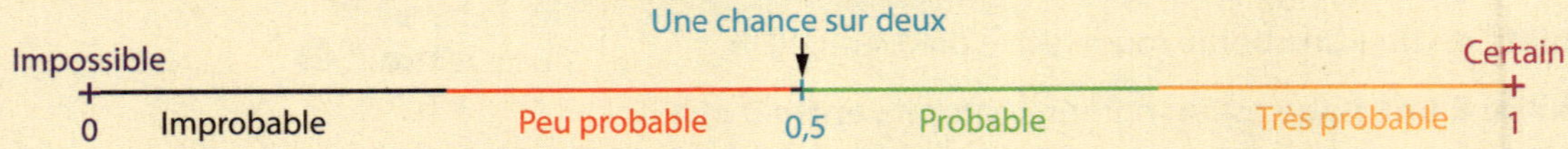

On tire au hasard un jeton de l'urne opaque ci-contre.
La probabilité de l'événement « On obtient 1 » est $\frac{6}{10}$ soit 0,6 ;
cet événement est probable.

★

1 **Lors d'une partie de Scrabble®, on tire au hasard un de ces huit jetons d'un sac opaque.**

C_3 E_1 E_1 H_4 J_8 M_2 M_2 Q_8

a. On note le nombre de points obtenus.
Donner la probabilité de chaque événement.

A : « Obtenir 3 points » : ....

B : « Obtenir 8 points » : ....

C : « Obtenir plus de 2 points » : ....

b. On note à présent la lettre obtenue.
Donner la probabilité de chaque événement.

D : « Obtenir une consonne » : ....

E : « Obtenir une lettre du mot CIEL » : ....

c. Situer approximativement chacun des événements A, B, C, D et E sur cette échelle de probabilité.

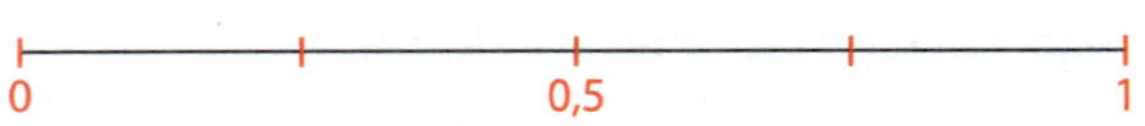

2 Situer chaque événement sur l'échelle de probabilité ci-dessous et préciser s'il est probable, certain…

A : « Ne pas gagner le gros lot au Loto »
B : « Obtenir Face en lançant une pièce non truquée »
C : « Obtenir 10 fois de suite le nombre 1 en lançant un dé »
D : « Avoir un rendez-vous le 30 février »
E : « Tirer une boule rouge dans une urne qui contient 3 boules rouges et 7 boules vertes »

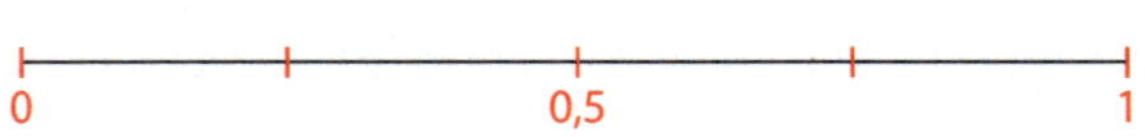

....

....

....

★★

3 **Deux jeux sont proposés à Mathys.**

Jeu 1

Mathys tire au hasard une boule dans ce sac. Il gagne si la boule n'est pas rouge.

Jeu 2

Mathys fait tourner la roue. Il gagne si la roue s'arrête sur un secteur rouge.

Quel jeu Mathys a-t-il intérêt à choisir ?

4 **1.** Compléter ce tableau qui résume les 50 contacts qu'Alix a sur son téléphone.

	Fille	**Garçon**	Total
Ami	21	....	....
Famille	....	....	23
Total	....	16	....

2. Alix appelle un de ses contacts au hasard.
Quelle est la probabilité qu'elle appelle :

a. une fille ? ....

b. un ami ou une amie ? ....

c. un garçon de sa famille ? ....

Perfectionnement

CALCUL MENTAL

• .... • ....
• .... • ....
• .... • ....

BILAN ..../.........

1 **Un sac opaque contient des jetons marqués A, B, C, D et E. Ce diagramme résume la composition du sac.**

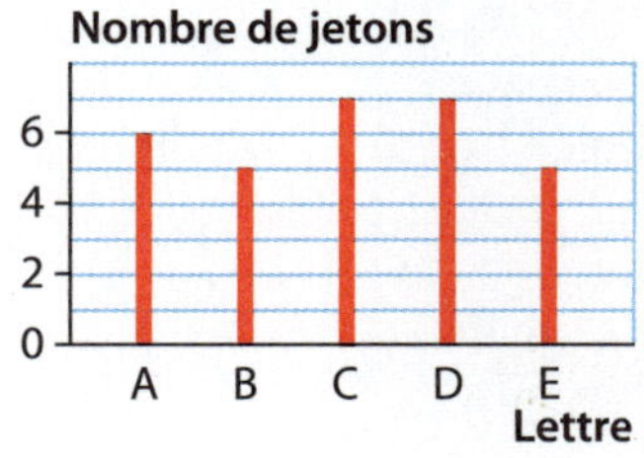

On tire au hasard un jeton du sac.

Quelle est la probabilité d'obtenir une lettre du mot CANNE ?
Exprimer cette probabilité en pourcentage.

2 **Pour la fête des maths, des élèves de 5e sont répartis en deux équipes : les verts et les rouges. Pour constituer les équipes, les élèves tirent un bulletin dans une urne qui contient au départ 50 bulletins verts et 50 bulletins rouges.**

- **Au moment où Aïssia tire son bulletin, 8 bulletins verts et 12 bulletins rouges ont déjà été tirés.**
- **Au moment où Brice tire son bulletin, 39 bulletins verts et 41 bulletins rouges ont déjà été tirés.**

Qui de Aïssia ou de Brice a la plus grande probabilité d'être dans l'équipe rouge ?

3 **Le code d'ouverture d'une porte est composé d'une lettre A, B, C ou D suivie d'un chiffre 1 ou 2. Chloé compose un code au hasard.**

Quelle est la probabilité qu'elle compose le bon code ?

4 **Voici deux jeux proposés à des élèves.**
Jeu 1 : le joueur lance deux dés et multiplie les chiffres obtenus. Il gagne si le produit est impair.
Jeu 2 : le joueur lance deux dés et ajoute les chiffres obtenus. Il gagne si la somme est impaire.

1. a. Compléter cette table de multiplication.

×	1	2	3	4	5	6
1	....	....	....	....	....	....
2	....	....	....	....	....	....
3	....	....	....	....	15	....
4	....	....	....	....	....	....
5	....	....	....	....	....	....
6	....	....	....	....	....	....

b. En déduire la probabilité de gagner avec le jeu 1.

....

....

2. a. Compléter cette table d'addition.

+	1	2	3	4	5	6
1	....	....	....	....	....	....
2	....	....	....	....	....	....
3	....	....	....	....	8	....
4	....	....	....	....	....	....
5	....	....	....	....	....	....
6	....	....	....	....	....	....

b. En déduire la probabilité de gagner avec le jeu 2.

....

....

3. Pour quel jeu la probabilité de gagner est la plus grande ?

....

....

QCM & jeux

QCM

Voici un questionnaire à choix multiples.
Pour chaque question, entourer la (ou les) réponse(s) exacte(s).

Bilan ..... **/ 5**

A	Juliette a lancé 3 fois un dé à 6 faces et elle a obtenu 3 fois le chiffre 5. Au prochain lancer, Juliette a …	plus de chances d'obtenir 6 que 5	autant de chances d'obtenir 6 que 5	une chance sur six d'obtenir 5
B	On tire, au hasard, une boule de ce sac opaque et on note sa couleur. Cette expérience a … 	8 issues	3 issues	2 issues
C	Avec l'expérience de la question **B**, la probabilité d'obtenir une boule verte est …	$\frac{1}{3}$	$\frac{3}{8}$	37,5 %
D	On choisit au hasard un jour de la semaine et on observe son initiale. L'événement « Le nom du jour commence par une consonne » est …	peu probable	certain	impossible
E	On tire au hasard un jeton dans une de ces urnes. La probabilité d'obtenir le jeton 1… 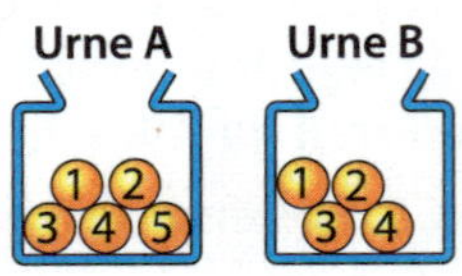	est la même avec les deux urnes	est plus grande avec l'urne A	est plus grande avec l'urne B

jeu 1

Un ordinateur dépose de façon aléatoire des pions rouges sur les cases vides d'une grille.
La partie est terminée lorsque trois pions sont alignés.
Quelle est la probabilité que la partie soit terminée au prochain pion posé ?

jeu 2

Si l'on choisit au hasard une lettre du mot VENTE la probabilité d'obtenir E est $\frac{2}{5}$.

Trouver un mot du dictionnaire pour lequel la probabilité d'obtenir la lettre E est :

a. $\frac{1}{2}$ .... **b.** $\frac{2}{3}$ ....

c. $\frac{3}{5}$ .... **d.** $\frac{1}{6}$ ....

jeu 3

Un Grand Prix hippique va avoir lieu et des pronostiqueurs établissent des probabilités (en rouge ci-dessous) afin de prévoir le cheval gagnant parmi les quatre participants.

Arrivati	Big Speed	Cirene
0,23	$\frac{3}{8}$	9,5 %

Doux-Doux est le quatrième cheval.
Retrouver le classement des pronostiqueurs.
Ce classement sera-t-il celui à l'arrivée ?

FICHE 65 Situations de proportionnalité ou non

CALCUL MENTAL
- .... - ....
- .... - ....
- .... - ....

BILAN ..../........

→ Chez un même primeur, Lou a payé 14 € pour 4 kg d'oranges et Ninon a payé 10,50 € pour 3 kg.

14 € : 4 = 3,50 € et 10,50 € : 3 = 3,50 €.

Le prix s'obtient en multipliant la masse par **3,5** donc le prix est **proportionnel** à la masse et on dit que **3,5** est un **coefficient de proportionnalité**.

Ce coefficient correspond au prix d'un kilogramme.

→ À 6 ans Lola mesurait 1,10 m et à 12 ans elle mesurait 1,50 m.

$2 \times 6 = 12$ mais $2 \times 1,10 = 2,20$ et $2,20 \neq 1,50$.

Quand l'âge est multiplié par 2, la taille n'est pas multipliée par 2, donc la taille de Lola n'est pas proportionnelle à son âge.

★

1 **Numa affirme : « Quand j'avais 10 ans, ma sœur avait 5 ans. Aujourd'hui j'ai 20 ans. »**

a. Quel est l'âge aujourd'hui de sa sœur ?

b. L'âge de Numa et l'âge de sa sœur sont-ils proportionnels ?

2 **Cet article de papeterie est vendu par lot de 4 ou de 8.**

4 blocs – 150 g – 3 €

8 blocs – 300 g – 5 €

a. La masse, en g, est-elle proportionnelle au nombre de blocs ?

b. Le prix, en €, est-il proportionnel au nombre de blocs ?

3 **Voici deux captures d'écran d'un jeu vidéo.**

180 points

300 points

Le score est-il proportionnel au nombre de smileys ?

★★

4 **Lili a établi ce tableau à l'aide d'un podomètre.**

Nombre de pas	75	400	1 000
Distance (en m)	54	288	750

La distance parcourue par Lili est-elle proportionnelle au nombre de pas ?

5 **1.** Quel est le prix de :

a. 2,3 kg de ces pommes ?

b. 700 g de ces pommes ?

2. Rose a payé 14,70 €. Quelle masse de pommes a-t-elle achetée ?

6 **Un rectangle a pour largeur 3 cm et sa longueur est variable.**

1. Calculer le périmètre P, en cm, de ce rectangle lorsque sa longueur est : **a.** 4 cm ; **b.** 8 cm.

2. Le périmètre P du rectangle est-il proportionnel à sa longueur ?

FICHE 66

Calcul d'une quatrième proportionnelle

CALCUL MENTAL
• .... • ....
• .... • ....
• .... • ....
BILAN ..../........

→ Pour calculer la quatrième proportionnelle x de ce tableau de proportionnalité, on peut utiliser plusieurs méthodes.

Masse (en kg)	4	6
Prix (en €)	12	x

• **Coefficient de proportionnalité**

Masse (en kg)	4	6
Prix (en €)	12	x

(× **3**)

$x = 6 \times \mathbf{3} = 18$

• **Multiplication d'une quantité**

(× 1,5)

Masse (en kg)	4	6
Prix (en €)	12	x

$x = 12 \times \mathbf{1{,}5} = 18$

• **Passage par l'unité**

4 kg coûtent 12 €.

• 1 kg coûte 4 fois moins, soit 3 € (12 € : 4 = 3 €).

• 6 kg coûtent 6 fois plus, soit 18 € (3 € × 6 = 18 €).

• **Additivité :** pour calculer le prix de 10 kg on peut remarquer que 10 kg = 6 kg + 4 kg et alors, 10 kg coûtent 12 € + 18 €, soit 30 €.

1 **Un robinet fuit. En 5 h, il s'est écoulé 4 L d'eau.**

Compléter ce tableau de proportionnalité puis conclure.

Durée (en h)	5	24
Nombre de litres	4	....

× ....

....

....

2 **Le prix d'un collier est proportionnel au nombre de perles.**

Compléter le tableau pour répondre aux questions **a** et **b**.

a. Quel est le prix d'un collier de 14 perles ?

b. Combien de perles a un collier qui coûte 16,50 € ?

× ....

Nombre de perles	8	14	....
Prix (en €)	6	....	16,50

(+)

3 **Une recette à base de spaghettis prévoit 500 g pour 4 personnes.**

Quelle quantité faut-il prévoir pour :

a. une personne ? **b.** neuf personnes ?

4 **1.** Compléter ce tableau de proportionnalité qui donne des informations sur une voiture.

× ....

Distance (en km)	480	400	......
Consommation (en L)	12	.....	18

: ....

....

2. Que signifie le nombre écrit dans la case :

a. jaune ? ....

b. verte ? ....

5 **On estime que la quantité d'eau utilisée pour produire un steak est proportionnelle à sa masse. Pour produire 150 g de steak, on utilise 2 400 L d'eau.**

Quelle quantité d'eau utilise-t-on pour produire 500 g de steak ?

6 **En arrivant à New York, Louise a changé 400 € et elle a obtenu 480 $ (dollars).**

a. Louise a vu ces baskets à Paris. Exprimer leur prix en dollars.

b. Au moment du départ, Louise change 36 $. Si le cours de change est le même, combien d'euros obtient-elle ?

FICHE 67

Partage selon un ratio

CALCUL MENTAL

- .... - ....
- .... - ....
- .... - ....

BILAN ..../.........

→ Dire que deux nombres a et b sont dans le **ratio 2 : 3** (lire **2 pour 3**) signifie que ces deux nombres sont proportionnels à 2 et 3, c'est-à-dire que $\frac{a}{2} = \frac{b}{3}$.

Les nombres 15 et 20 sont dans le ratio 3 : 4. En effet, $\frac{15}{3} = \frac{20}{4} = 5$ ou $\frac{15}{20} = \frac{15 : 5}{20 : 5} = \frac{3}{4}$.

→ Partager 20 € dans le ratio 2 : 3 entre Sam et Léa c'est trouver la part a de Sam et la part b de Léa telles que $\frac{a}{2} = \frac{b}{3}$.

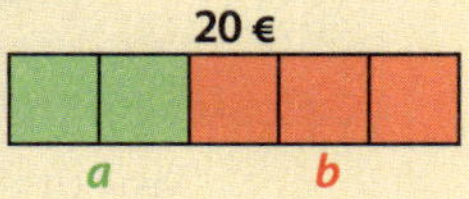

20 € : (2 + 3) = 20 € : 5 = 4 € donc $a = 2 \times 4$ € = 8 € et $b = 3 \times 4$ € = 12 €.

Ainsi, Sam reçoit les $\frac{2}{5}$ de 20 € et Léa reçoit les $\frac{3}{5}$ de 20 €.

→ Dire que trois nombres a, b et c sont dans le **ratio 2 : 3 : 4** signifie que $\frac{a}{2} = \frac{b}{3} = \frac{c}{4}$.

1 Donner le ratio « lune : étoile ».

....

2 Dans chaque cas, dire si les nombres a et b sont oui ou non dans le ratio 2 : 3.

a. $a = 14$ et $b = 21$: ....

b. $a = 16$ et $b = 27$: ....

c. $a = 2{,}4$ et $b = 3{,}6$: ....

3 Dans une vinaigrette, l'huile et le vinaigre sont dans le ratio 3 : 1.

a. Compléter pour calculer les proportions d'huile et de vinaigre à mélanger pour réaliser 500 mL de vinaigrette.

3 + 1 = ... donc l'huile représente les ...... de 500 mL

et le vinaigre ...... de 500 mL.

b. Calculer la quantité de vinaigre à verser.

....

c. Calculer la quantité d'huile à verser.

....

4 Au restaurant, deux familles doivent se partager une addition de 210 € dans le ratio 3 : 4.

Quelle somme devra payer chacune d'elle ?

5 Pour réaliser une peinture violette, on mélange du bleu et du rouge dans le ratio 2 : 3.

Quelle quantité de peinture rouge faut-il ajouter à 5 L de peinture bleue ?

6 Louise prépare des biscuits en mélangeant de la farine, du beurre et du sucre dans le ratio 10 : 6 : 5.

Aider Louise à calculer les quantités de beurre et de sucre à ajouter à 500 g de farine.

7 Lorsque Mario fait du béton, il mélange du ciment, du sable et du gravier dans le ratio 1 : 2 : 3.

Quelles quantités doit-il prévoir pour préparer 18 m^3 de béton afin de réaliser une terrasse ?

CALCUL MENTAL

• .... • ....
• .... • ....
• .... • ....

BILAN ..../.......

FICHE **68**

Pourcentage

t désigne un nombre.

→ **Prendre *t* % d'une quantité**, c'est multiplier cette quantité par $\frac{t}{100}$.

Dans un collège, 27,5 % des 640 élèves sont en 5ᵉ.

$\frac{27,5}{100} \times 640 = 0,275 \times 640 = 176$, donc il y a 176 élèves en 5ᵉ.

→ **Calculer un pourcentage** revient à écrire une proportion de dénominateur 100.

Dans une classe de 25 élèves, 9 élèves sont externes.

$\frac{9}{25} = 0,36 = \frac{36}{100}$, donc 36 % des élèves de cette classe sont externes.

★

1 Calculer la masse d'amandes dans cette tablette.

Chocolat : 150 g
Amandes : 4 %

....

....

2 Fabien veut acheter ce T-shirt qui coûtait 60 € avant la réduction.

Calculer :

a. le montant de la réduction ;

b. le prix après la réduction.

3 La population française, qui était de 67,4 millions en 2021, devrait augmenter de 5 % d'ici 2030.

a. Calculer l'augmentation probable, en millions, de la population entre 2021 et 2030.

b. Quelle devrait être la population française en 2030 ?

4 3 élèves d'une classe de 25 élèves sont gauchers.

Compléter chaque façon de procéder pour déterminer le pourcentage de gauchers puis conclure.

Chloé

$\frac{3}{25} = \frac{3 \times \ldots}{25 \times \ldots} = \frac{\ldots}{100}$

Dan

$\frac{3}{25} = \ldots = \frac{\ldots}{100}$

....

★★

5 En 2007, un Français produisait en moyenne 5 300 kg de déchets par an. Cette production a diminué d'environ 7 % entre 2007 et 2020.

Quelle quantité de déchets produisait, en moyenne, un Français en 2020 ?

6 Lors d'un match de basket, Rudy a réussi 22 tirs et en a raté 10 tandis que Nicolas en a réussi 18 et en a raté 7.

Qui de Rudy ou de Nicolas a eu le plus grand pourcentage de tirs réussis ?

7 **a.** Calculer le montant de la réduction en euros.

b. Exprimer cette réduction en pourcentage du prix initial.

Console SUPJEU
~~128 €~~ 83,20 €

FICHE 69

Échelle

CALCUL MENTAL

• .... • ....
• .... • ....
• .... • ....

BILAN ..../........

→ L'échelle d'un plan est le coefficient de proportionnalité entre les distances sur le plan et les distances réelles.

Distance réelle
Distance sur le plan

× Échelle

Échelle = $\frac{\textbf{Distance sur le plan}}{\textbf{Distance réelle}}$

Ces deux distances sont dans la même unité de longueur.

On exprime une échelle par une fraction de numérateur 1.

1 Compléter.

a. 1 cm sur un plan représente 40 cm dans la réalité.

L'échelle de ce plan est ....

b. 5 cm sur un plan représentent 1 km dans la réalité.

1 km = ... cm, donc l'échelle de ce plan est $\frac{5}{\ldots\ldots}$, c'est-à-dire $\frac{1}{\ldots\ldots}$.

2 **a.** Un camion a une largeur de 2,4 m.

Calculer sa largeur, en cm, sur une maquette à l'échelle $\frac{1}{5}$.

....

....

b. La longueur du camion sur la maquette est 1,3 m. Calculer sa longueur réelle.

3 **Une carte est à l'échelle $\frac{1}{500\,000}$.**

1. Compléter : 1 cm sur la carte représente 500 000 .... dans la réalité, donc 1 cm représente ...... km.

2. Compléter le tableau de proportionnalité ci-dessous pour répondre aux questions **a** et **b**.

a. Deux villes sont distantes de 32 km dans la réalité. Quelle distance les sépare sur la carte ?

b. Sur la carte, la distance entre deux autres villes est 4,2 cm. Quelle est en réalité la distance à vol d'oiseau entre ces deux villes ?

Distance sur le plan (en cm)	1	....	4,2
Distance réelle (en km)	....	32	....

× ......

4 **Un terrain de football a pour dimensions 96 m et 60 m. Sur un plan, il est représenté par un rectangle de longueur 12 cm.**

a. Quelle est l'échelle de ce plan ?

b. Quelle est la largeur du terrain sur le plan ?

5 **Cette carte est à l'échelle $\frac{1}{4\,000\,000}$.**

a. Mesurer sur la carte la distance entre Millau et Toulouse, puis calculer la distance à vol d'oiseau dans la réalité entre Millau et Toulouse.

b. La distance à vol d'oiseau entre Millau et Nantes est 500 km. À quelle distance se trouverait Nantes de Millau sur cette carte ?

FICHE 70

Perfectionnement

CALCUL MENTAL

•............ •............
•............ •............
•............ •............

BILAN ..../........

1 Compléter ces trois étiquettes affichées pendant les soldes. Expliquer.

a.

150 €
– 40 %

Prix soldé : ....

b.

80 €
.... %

Prix soldé : 68 €

c.

.... €
– 70 %

Prix soldé : 12 €

2 Inès doit préparer 2 L de chacun de ces cocktails.

Duo
Orange : Ananas
Ratio 5 : 3

Trio
Orange : Ananas : Mangue
Ratio 4 : 5 : 1

a. Aider Inès à calculer les doses de jus d'orange qu'elle devra verser dans chaque cocktail.

b. Quelle quantité de jus d'ananas Tom doit-il ajouter à 1,5 L de jus d'orange pour préparer le cocktail Duo ?

3 Sophie, qui a quitté Nîmes en voiture à 14 h 45, voit ces panneaux à 16 h 25.

Si elle continue à la même vitesse, à quelle distance de Paris sera-t-elle quand elle fera une pause, au bout de 2 h de trajet ?

4 Normalement la voiture de Kim émet 145 g de CO_2 par kilomètre mais avec la climatisation ces émissions augmentent de 15 %.

Quelle quantité de CO_2, en kg, émettra cette voiture avec la climatisation lors d'un trajet de 718 km ?

5 Sur une carte à l'échelle $\frac{1}{5\,000\,000}$, 40 cm séparent Athènes et Paris.

Quelle distance sépare ces villes sur une carte à l'échelle $\frac{1}{8\,000\,000}$?

FICHE 71

QCM & jeux

QCM

Voici un questionnaire à choix multiples.
Pour chaque question, entourer la (ou les) réponse(s) exacte(s).

Bilan ..... / 5

<table>
<tr><td>A</td><td><table><tr><td>Durée (en min)</td><td>4</td><td>10</td><td>y</td><td>2</td></tr><tr><td>Distance (en km)</td><td>7</td><td>x</td><td>42</td><td>z</td></tr></table>Pour ce tableau de proportionnalité, …</td><td>$x = 10 \times 1{,}75$</td><td>$y = 4 \times 6$</td><td>$z = 7 : 2$</td></tr>
<tr><td>B</td><td>Sur 48 questions posées, le ratio « réponses fausses : réponses justes » de Léa est 3 : 5.
Léa a répondu juste à …</td><td>3 questions</td><td>18 questions</td><td>30 questions</td></tr>
<tr><td>C</td><td>30 % de 40 L c'est aussi …</td><td>12 L</td><td>20 % de 60 L</td><td>80 % de 15 L</td></tr>
<tr><td>D</td><td>Dans une entreprise, il y a 27 hommes et 33 femmes.
Dans cette entreprise, il y a …</td><td>27 % d'hommes</td><td>45 % d'hommes</td><td>55 % de femmes</td></tr>
<tr><td>E</td><td>Sur une carte à l'échelle $\frac{1}{600\,000}$, …</td><td>1 cm représente 6 km</td><td>une distance de 21 km est représentée par 3,5 cm</td><td>18 cm représentent 3 km dans la réalité</td></tr>
</table>

jeu 1

Regrouper les 21 cartes ci-dessous en 7 familles constituées des écritures différentes d'un même nombre.
Pour chaque famille, proposer une 4e carte avec une fraction de dénominateur 10 ou 100.

0,4	$\frac{24}{12}$	70 %	$\frac{3}{4}$	0,2	40 %	1,2
120 %	2	$\frac{3}{15}$	$\frac{4}{5}$	80 %	0,7	200 %
0,75	$\frac{2}{5}$	$\frac{6}{5}$	0,8	$\frac{14}{20}$	75 %	20 %

jeu 2

Voici un tableau de proportionnalité où chaque lettre remplace un nombre : A pour 1, B pour 2, C pour 3, …
Quel est le mot caché sur la 2e ligne ?

H	J	F	R	Z	B	X
D	......	......	......	......	......	......

jeu 3

Colorier ces 25 cases en bleu, vert et rouge de façon que le ratio « bleu : vert » soit 2 : 3 et que le ratio « bleu : rouge » soit 3 : 5.

CALCUL MENTAL

• .... • ....
• .... • ....
• .... • ....

BILAN ..../........

FICHE 72

Périmètres : formulaire

→ **Unités de longueur**

× 10	× 10	× 10	× 10	× 10	× 10	
1 km	1 hm	1 dam	1 m	1 dm	1 cm	1 mm

→ Le **périmètre** d'une figure est la **longueur** du contour de cette figure.

Périmètre d'un carré

$P = 4 \times c$

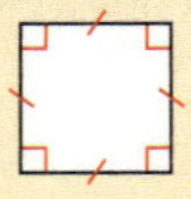

Périmètre d'un rectangle

$P = 2 \times L + 2 \times \ell$

ou $P = 2 \times (L + \ell)$

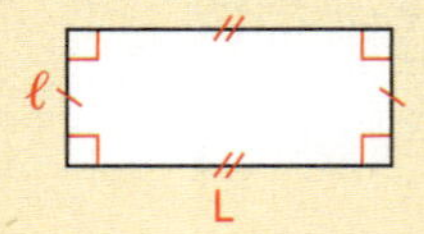

Longueur d'un cercle

$L = \pi \times d$

ou $L = 2 \times \pi \times r$

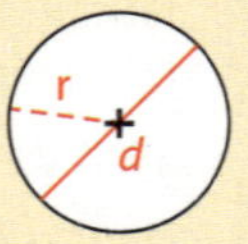

1 Compléter.

a. 6,2 km = 6,2 × 1 km = 6,2 × .... m = ... m

b. 0,4 hm = 0,4 × 1 hm = 0,4 × .... m = ... m

c. 38 cm = 38 × 1 cm = 38 × .... m = ... m

d. 73 mm = 73 × 1 mm = 73 × .... m = ... m

2 Compléter.

a. 4 700 km = ... m **b.** 13 cm = ... m

3 Calculer le périmètre P :

a. d'un carré de côté 8 cm ;

....

b. d'un rectangle de dimensions 7 cm et 16 cm.

....

4 Calculer le périmètre P d'un triangle ABC isocèle en A tel que AB = 2,7 cm et BC = 3 cm.

....

5 Calculer la longueur L d'un cercle de diamètre 10 cm.
Prendre 3,14 pour valeur approchée de π.

....

6 Calculer la longueur L d'un cercle de rayon 2,5 cm.
Utiliser la touche π *de la calculatrice pour donner une valeur approchée à l'unité près.*

....

....

7 Calculer le périmètre, en cm, de ce polygone ABCDE.

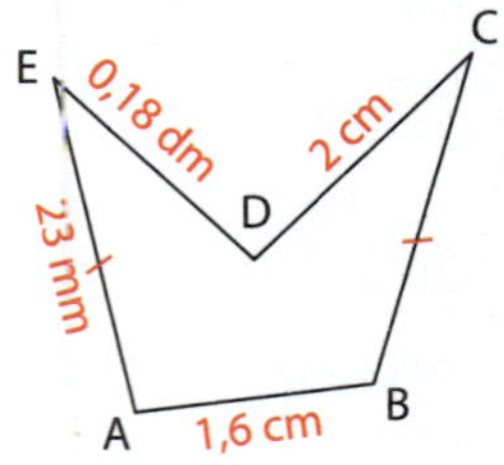

....

....

....

....

8 **Ce terrain de volley-ball est composé de deux carrés de périmètre 36 m.**

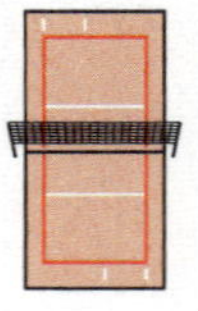

Calculer :

a. la longueur d'un côté d'un carré ;

b. le périmètre de ce terrain de volley-ball.

9 Calculer le périmètre P, en m, de cette figure (elle comprend deux demi-cercles).

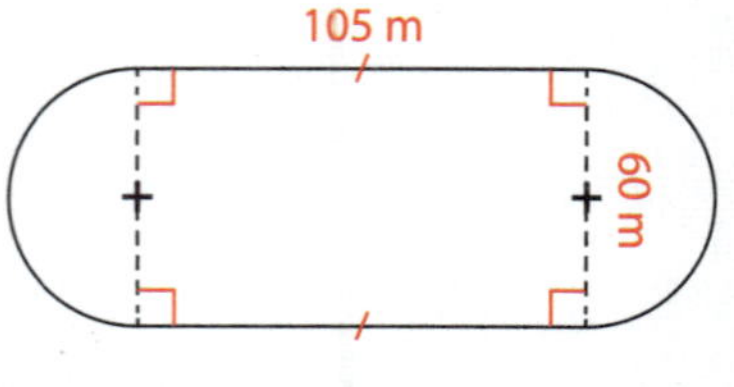

Donner une valeur approchée au dixième près.

FICHE 73

Aires : formulaire

CALCUL MENTAL

• .... • ....
• .... • ....
• .... • ....

BILAN ..../........

→ Unités d'aire

1 km^2	1 hm^2	1 dam^2	1 m^2	1 dm^2	1 cm^2	1 mm^2

(× 100 entre chaque unité et la suivante, vers la gauche)

- 1 are (a) = 100 m^2
- 1 hectare (ha) = 10 000 m^2

→ Formulaire

Pour calculer l'aire d'une figure il faut exprimer les longueurs dans la même unité.

	Carré	Rectangle	Triangle	Parallélogramme	Disque
	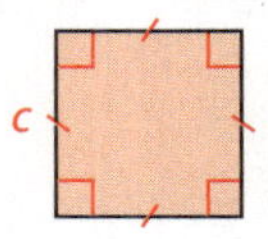	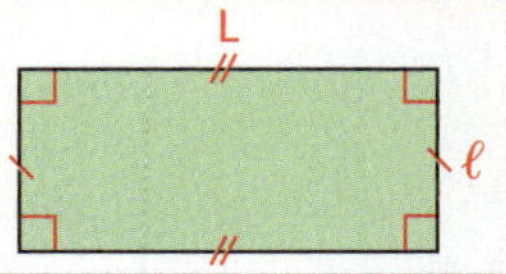	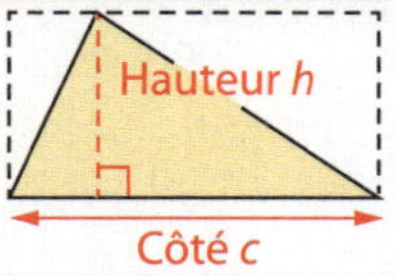	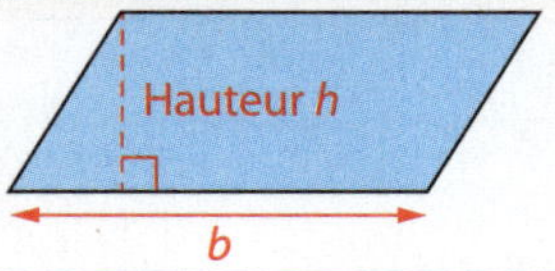	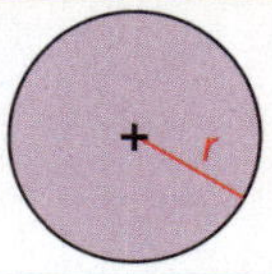
Aire	$\mathcal{A} = c \times c$	$\mathcal{A} = \ell \times L$	$\mathcal{A} = (c \times h) : 2$ ou $\mathcal{A} = \dfrac{c \times h}{2}$	$\mathcal{A} = b \times h$	$\mathcal{A} = \pi \times r \times r$ ou $\mathcal{A} = \pi \times r^2$

★

1 Compléter.

a. 0,5 m^2 = 0,5 × 1 m^2 = 0,5 × .... cm^2 = ... cm^2

b. 8 m^2 = 8 × 1 m^2 = 8 × .... dam^2 = ... dam^2

c. 5 m^2 = ... km^2 = ... cm^2

d. 82,3 dm^2 = ... mm^2 = ... m^2

2 Calculer l'aire $\mathcal{A}$:

a. d'un carré de côté 9 cm ;

....

b. d'un rectangle de dimensions 8 cm et 0,6 cm.

....

3 Calculer l'aire $\mathcal{A}$ du triangle ABC représenté ci-contre.

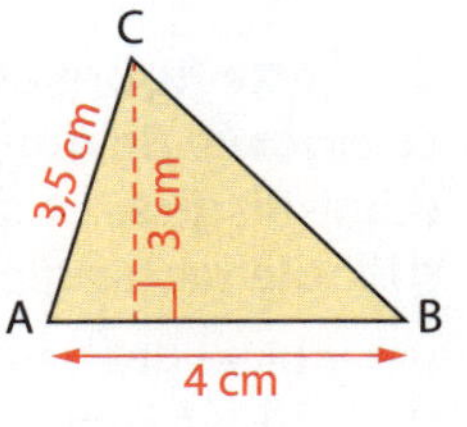

....

....

4 Calculer l'aire $\mathcal{A}$ du parallélogramme ABCD représenté ci-contre.

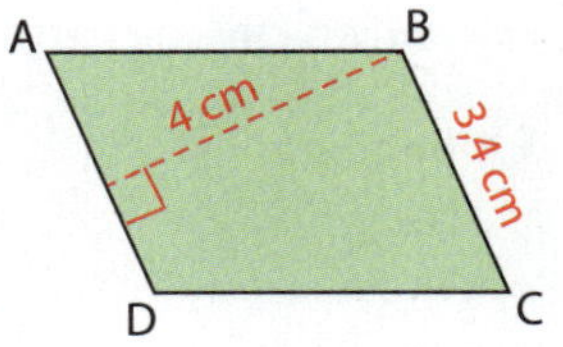

....

....

5 Calculer l'aire $\mathcal{A}$, en cm^2, d'un disque de rayon 17 cm. *Donner une valeur approchée à l'unité près.*

....

....

★★

6 Calculer l'aire $\mathcal{A}$, en cm^2, d'un disque de diamètre 6,4 cm. *Donner une valeur approchée au centième près.*

7 Calculer l'aire de l'appartement représenté ci-contre.

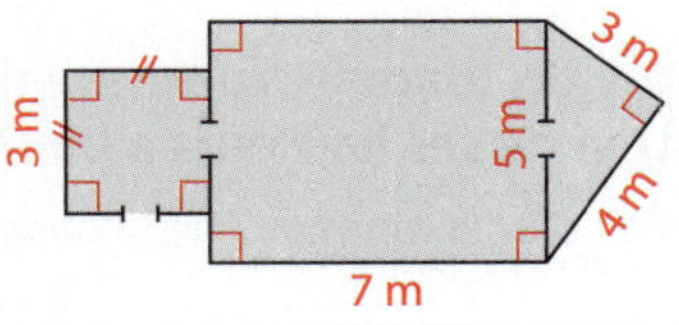

8 Dans chaque cas, calculer l'aire $\mathcal{A}$ du triangle ABC représenté ci-dessous.

a.

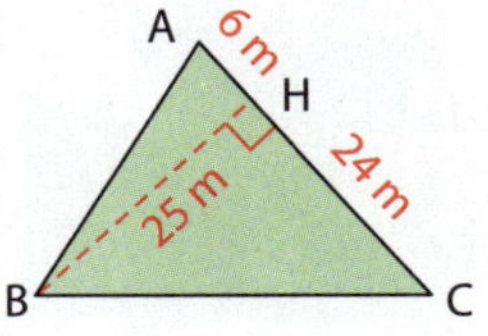

b.

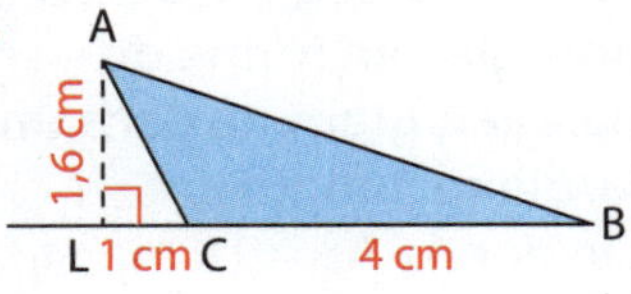

FICHE 74

Perfectionnement

CALCUL MENTAL

• ………… • …………
• ………… • …………
• ………… • …………

BILAN ……/……

1 Le rectangle et le carré qui composent cette figure ont le même périmètre.

Calculer l'aire de cette figure.

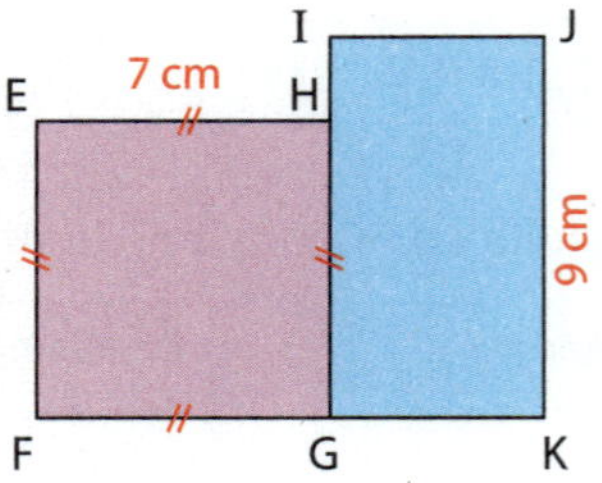

2 Un parallélogramme a une aire de 25,6 cm^2. L'un de ses côtés a pour longueur 6,4 cm.

Calculer la longueur de la hauteur relative à ce côté.

3 Un triangle a une aire de 27,6 cm^2. Une de ses hauteurs a pour longueur 9,2 cm.

Calculer la longueur de la base correspondante.

4 Un paysagiste a tracé une allée en forme de parallélogramme dans un jardin rectangulaire. On donne AB = 10 m, BC = 8 m, DE = 1,50 m.

Calculer l'aire de l'allée.

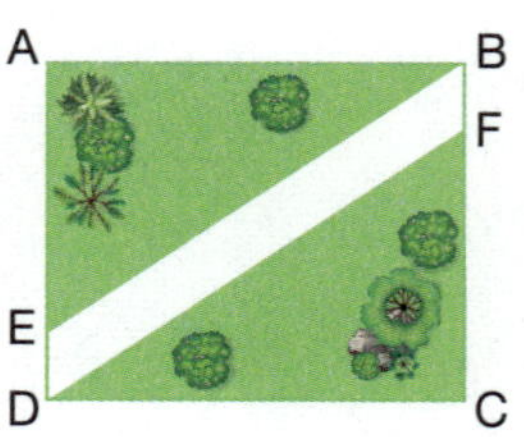

5 Les roues du vélo de Gabriel ont un diamètre de 56 cm.

Combien de tours doit faire chacune de ces roues pour parcourir 20 km ?

6 On a représenté en orange la zone couverte par une borne wifi (S).

Calculer une valeur approchée à l'unité près de l'aire $\mathcal{A}$, en m^2, de cette zone.

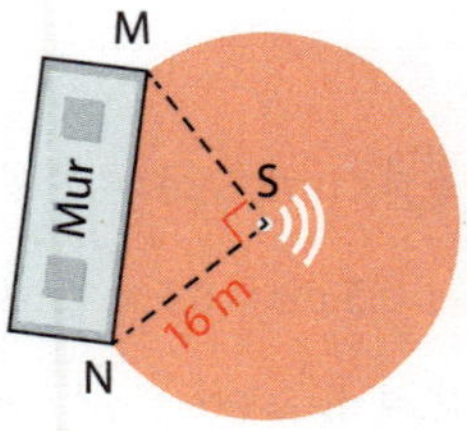

7 Cette figure est composée de deux demi-disques et d'un triangle rectangle.

Déterminer une valeur approchée à l'unité près de l'aire $\mathcal{A}$, en cm^2, de cette figure.

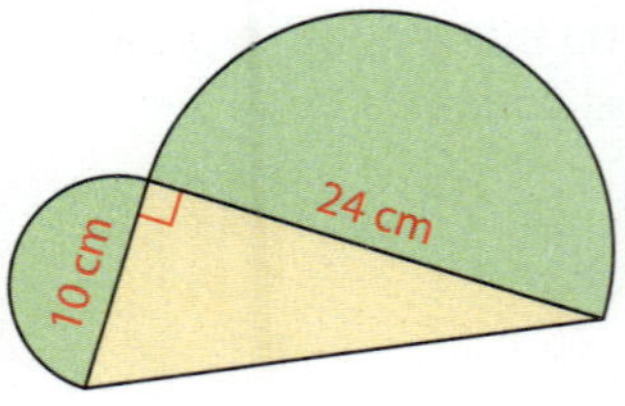

FICHE 75

QCM & jeux

QCM

Voici un questionnaire à choix multiples.
Pour chaque question, entourer la (ou les) réponse(s) exacte(s).

Bilan ..... / 5

A	Une figure dont le périmètre est 36 cm peut être …	un carré de côté 90 mm	un rectangle de dimensions 0,04 m et 9 cm	un triangle dont les côtés mesurent 0,4 dm, 150 mm et 17 cm
B	L'aire d'un triangle dont un côté a pour longueur 8 cm et dont la hauteur relative à ce côté a pour longueur 25 mm est …	100 mm^2	10 cm^2	1 000 mm^2
C	Le calcul de (6 cm × 3 cm) : 2 donne l'aire, en cm^2, du (des) triangle(s) …	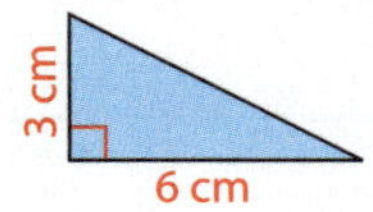	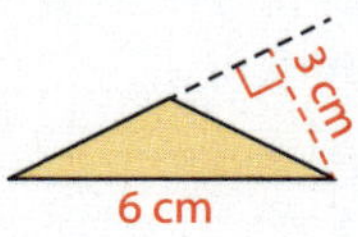	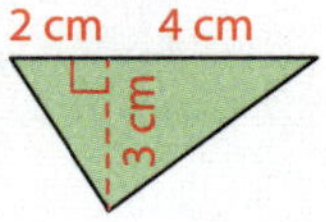
D	L'aire de ce parallélogramme est … 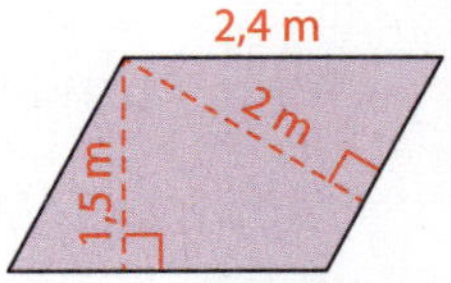	4,8 m^2	3,6 m^2	3 m^2
E	P désigne le périmètre, en cm, d'un cercle de diamètre 10 cm et $\mathcal{A}$ l'aire du disque délimité par ce cercle. Alors …	P ≈ 31,4 cm $\mathcal{A}$ ≈ 314 cm^2	P ≈ 31,4 cm $\mathcal{A}$ ≈ 78,5 cm^2	P ≈ 62,8 cm $\mathcal{A}$ ≈ 79 cm^2

jeu 1

Retrouver le mot mystère à l'aide des définitions et en remplaçant 1 par A, 2 par B, … puis en mettant les lettres dans le bon ordre.

Les définitions

① Aire, en cm^2, d'un carré de côté 4 cm.

② Rayon, en cm, d'un cercle dont le périmètre est 38π cm.

③ Hauteur *h* relative au côté [AB] d'un triangle ABC tel que AB = 4 cm et d'aire 10 cm^2.

④ Largeur ℓ, en cm, d'un rectangle de périmètre 20 cm et de longueur 8 cm.

⑤ Périmètre, en cm, d'un rectangle de longueur 8 cm et d'aire 20 cm^2.

⑥ Aire, en cm^2, d'un parallélogramme de côté 6 cm dont la hauteur relative à ce côté mesure 3 cm.

⑦ Côté, en cm, d'un carré de périmètre 20 cm.

Le mot mystère : S........................

jeu 2

Comment partager cette figure en quatre figures de même aire et superposables ?

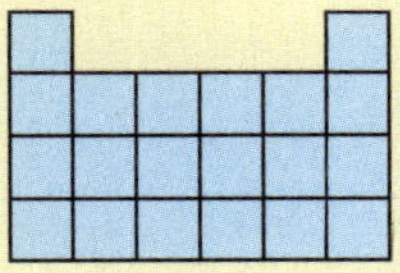

jeu 3

Algo Quel nombre doit-on saisir à la ligne **(1)** pour que les deux figures tracées par le lutin aient la même aire ?

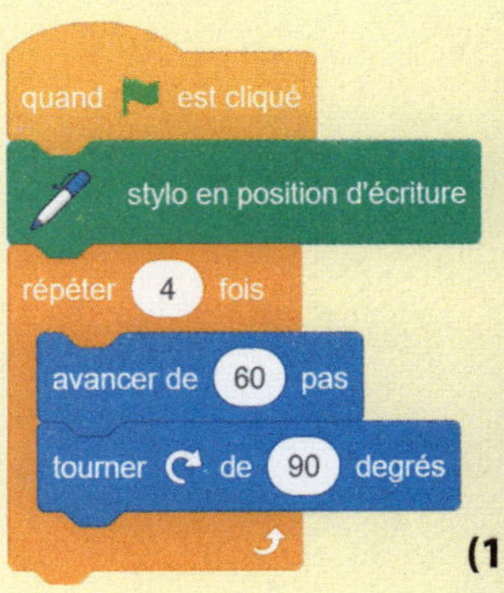

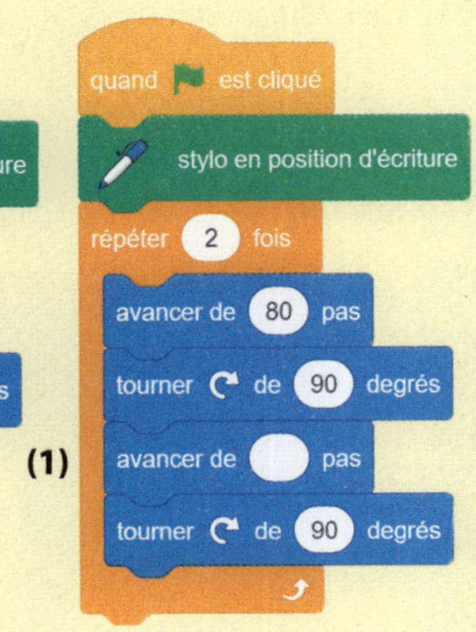

Réponse : ....

CALCUL MENTAL
• ………… • …………
• ………… • …………
• ………… • …………
BILAN ……/……

FICHE 76 Unités de volume et de contenance

→ Un **mètre cube** (1 m^3) est le volume d'un cube d'arête 1 m.

Chaque unité de volume est **1 000** fois plus grande que celle de rang immédiatement inférieur.

×1 000 ×1 000 ×1 000 ×1 000 ×1 000 ×1 000

1 km^3	1 hm^3	1 dam^3	1 m^3	1 dm^3	1 cm^3	1 mm^3

• 1 m^3 = 1 000 dm^3 • 1 m^3 = 1 000 000 cm^3 • 1 hm^3 = 1 000 000 m^3 • 1 mm^3 = 0,001 cm^3

→ Un **litre** (1 L) est la contenance d'un cube d'arête 1 dm. Ainsi, **1 L = 1 dm^3**.

Chaque unité de contenance est **10** fois plus grande que celle de rang immédiatement inférieur.

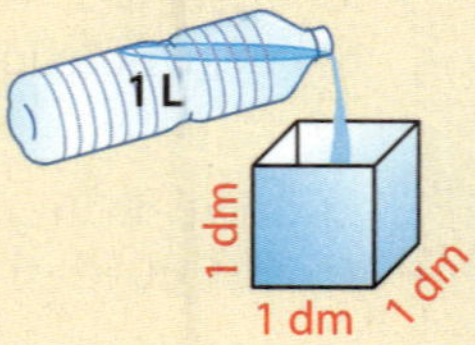

		1 m^3			1 dm^3			1 cm^3			1 mm^3
		1 kL	1 hL	1 daL	1 L	1 dL	1 cL	1 mL			

• 1 L = 10 dL • 1 L = 1 000 mL • 1 L = 0,01 hL • 1 cL = 0,01 L

1 **On sait que 1 m^3 = 1 000 dm^3.**

Compléter pour exprimer en dm^3.

a. 1,5 m^3 = 1,5 × 1 000 dm^3 = ……………………

b. 0,055 m^3 = ……………………

2 **On sait que 1 mm^3 = 0,001 cm^3.**

Compléter pour convertir en cm^3.

a. 155 mm^3 = 155 × 0,001 cm^3 = ……………………

b. 14 500 mm^3 = ……………………

3 **a.** Exprimer 12 hm^3 en m^3.

……………………

b. Exprimer 750 cm^3 en dm^3.

……………………

4 Compléter.

a. 15 L = ………… cL **b.** 2 500 L = ………… hL

c. 2 m^3 = ………… dm^3 = ………… L

d. 150 cm^3 = ………… dm^3 = ………… L

5 Compléter.

a. 1,5 L = ………… dm^3 = ………… cm^3

b. 2 cL = ………… L = ………… dm^3

c. 5 mL = ………… dm^3 = ………… mm^3

6 **Un camion transporte 9 000 canettes de soda de 33 cL.**

Quel volume de soda, en L puis en m^3, ce camion transporte-t-il ?

……………………

……………………

7 Combien de tonneaux de 2 hL peut-on remplir avec 5 m^3 de jus de pomme ?

……………………

……………………

8 **Le 1er décembre 2021, un pays disposait de 133 millions de doses de 0,3 mL de vaccin contre le coronavirus.**

Quel volume, en m^3, de vaccin cela représente-t-il ?

9 **Une famille de 4 personnes a consommé 16,8 m^3 d'eau au mois de juin.**

Combien de litres une personne de cette famille a-t-elle consommés en moyenne au mois de juin ?

CALCUL MENTAL

• .... • ....
• .... • ....
• .... • ....

BILAN ..../........

FICHE 77 Volumes : formulaire

• Pavé droit

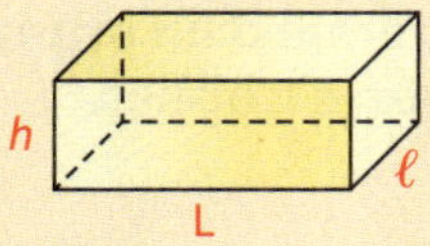

$\mathcal{V} = L \times \ell \times h$

• Cube

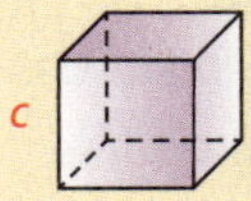

$\mathcal{V} = c^3$

• Prisme droit

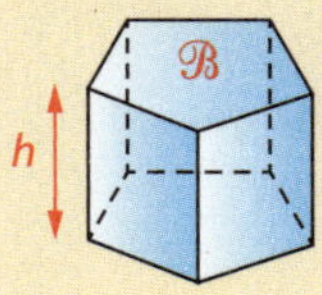

$\mathcal{V} = \mathcal{B} \times h$

$\mathcal{B}$ désigne l'aire de la base

• Cylindre

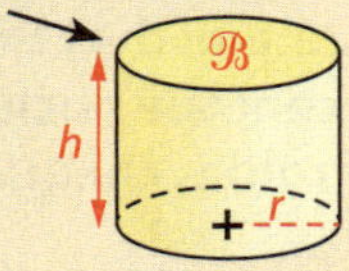

$\mathcal{V} = \mathcal{B} \times h = \pi \times r^2 \times h$

1 Dans chaque cas, calculer le volume $\mathcal{V}$ du solide.

a. Un cube d'arête 7 cm.

....

b. Un pavé droit de dimensions 8 cm, 10 cm et 4,5 cm.

....

2 Le prisme droit ABCDEF a pour hauteur [BE] et pour base le triangle ABC rectangle en A.

Calculer son volume $\mathcal{V}$.

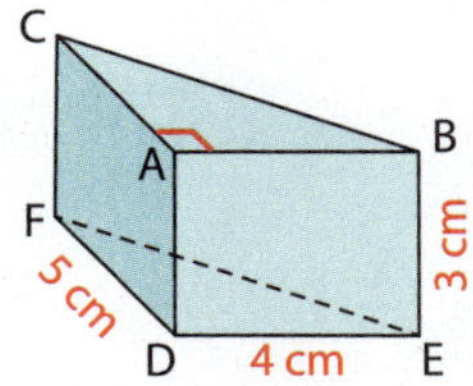

3 Cette boîte a la forme d'un cylindre de rayon 4 cm et de hauteur 13 cm.

Calculer son volume, en cm^3.

Donner une valeur approchée à l'unité près.

4 Un château d'eau peut être assimilé à un cylindre de diamètre 12 m et de hauteur 20 m.

Calculer son volume en m^3.

Donner une valeur approchée à l'unité près.

5

Aquarium
Longueur : 1,2 m
Largeur : 40 cm
Hauteur : 55 cm

Calculer la contenance, en L, de cet aquarium.

6 Calculer le volume de ce hangar qui est constitué d'un pavé droit et d'un prisme droit.

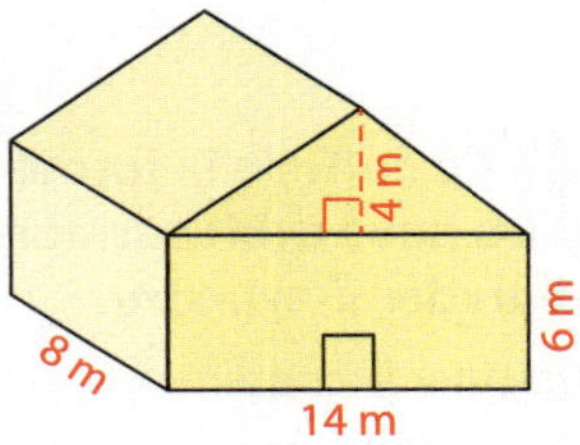

7 On creuse un cylindre de rayon 4 cm et de hauteur 7 cm dans un cube en béton d'arête 12 cm.

Calculer le volume $\mathcal{V}$, en cm^3, de béton restant dans le cube.

Donner une valeur approchée à l'unité près.

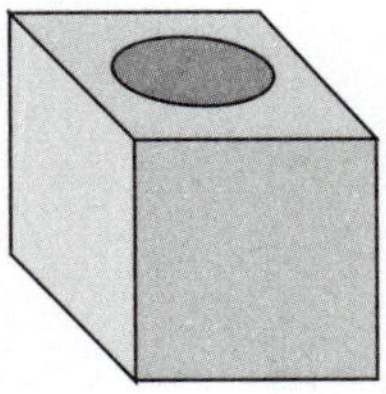

FICHE 78

Perfectionnement

CALCUL MENTAL

• .... • ....

• .... • ....

• .... • ....

BILAN ..../........

1 **Depuis le tsunami du 11 mars 2011, les réacteurs de la centrale nucléaire de Fukushima (Japon) sont refroidis, chaque jour, par 200 m^3 d'eau.**

L'eau est ensuite stockée dans des bassins en forme de pavés droits de dimensions 50 m, 20 m et 4 m.

a. Combien de jours faut-il pour remplir l'un de ces bassins ?

b. Depuis l'accident, environ 0,78 hm^3 d'eau contaminée ont été stockés.

Combien de bassins ont été utilisés pour cela ?

2 **Ce coffre a la forme d'un pavé droit surmonté d'un demi-cylindre.**

Calculer la contenance, en L, de ce coffre.

Donner une valeur approchée à l'unité près.

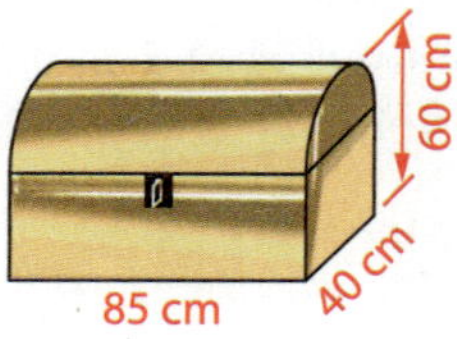

3 **Une barre de chocolat a la forme d'un prisme droit qui a pour bases des trapèzes isocèles.**

Calculer son volume.

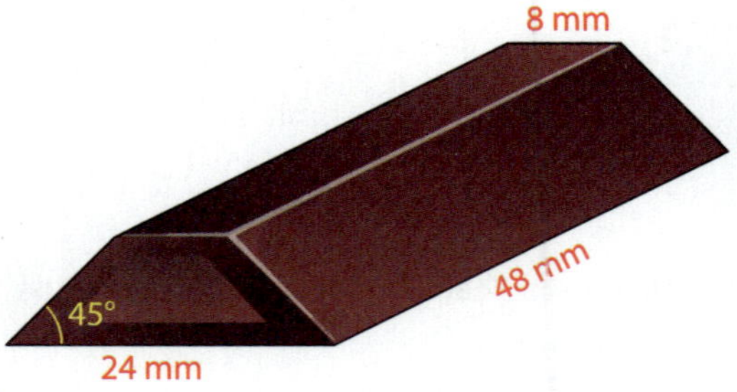

4 **On plonge dans ce cylindre de rayon 4 cm un cube en fer d'arête 5 cm.**

De quelle hauteur h, en cm, le niveau du liquide va-t-il monter ?

Donner une valeur approchée au dixième près.

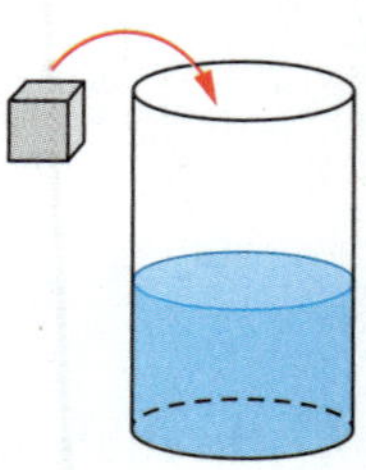

FICHE 79

QCM & jeux

QCM

Voici un questionnaire à choix multiples.
Pour chaque question, entourer la (ou les) réponse(s) exacte(s).

Bilan ..... / 6

A	3,5 dm^3 est égal à …	3,5 L	350 cL	3 500 cm^3
B	216 cm^3 est égal à …	0,216 m^3	0,216 dm^3	216 mL
C	Le volume d'un pavé droit de dimensions 8 cm, 5 cm et 12 cm est …	480 cm^3	196 cm^3	25 cm^3
D	Le volume de ce prisme droit est … 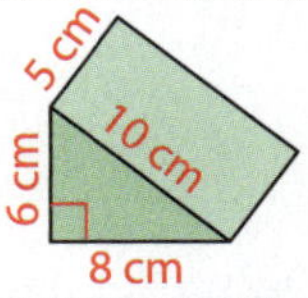	300 cm^3	150 cm^3	120 cm^3
E	Le volume d'un cylindre de diamètre 14 cm et de hauteur 10 cm est environ égal à …	0,153 9 m^3	1 539 cm^3	1,539 dm^3
F	Un aquarium de contenance 180 L est un pavé droit de longueur 120 cm et de largeur 50 cm. Cet aquarium …	a pour hauteur 30 cm	a pour volume 0,18 m^3	a pour hauteur 300 cm

jeu 1

On a constitué un cube « moyen » avec les petits cubes manquants de ce grand cube de volume 1 dm^3.

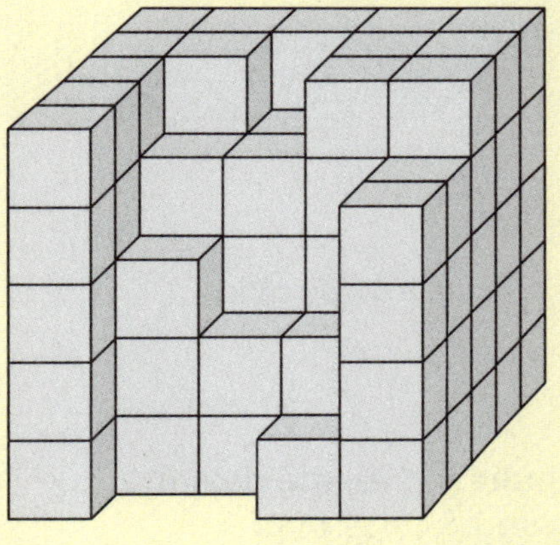

Quel est le volume, en cm^3, du cube « moyen » ainsi constitué ?

jeu 2

À l'aide des définitions et du codage 1 → A, 2 → B, 3 → C, … retrouver les cinq lettres du mot caché puis reconstituer ce mot.

Les définitions :

① Volume, en cm^3, de ce prisme droit.

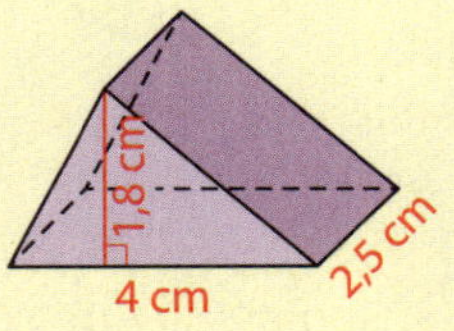

② Nombre de seaux de 5 L que l'on peut remplir avec 1 hL.

③ Nombre de cuves de 500 L que l'on peut remplir avec 6 m^3.

④ Volume, en cm^3, d'un pavé droit de dimensions 2,5 cm, 4 cm et 0,5 cm.

⑤ Valeur approchée à l'unité près, du volume, en m^3, d'un cylindre de rayon 3 m et de hauteur 0,637 m.

Le mot caché : ....

FICHE 80

Reconnaissance de solides

CALCUL MENTAL

• .... • ....
• .... • ....
• .... • ....

BILAN ..../........

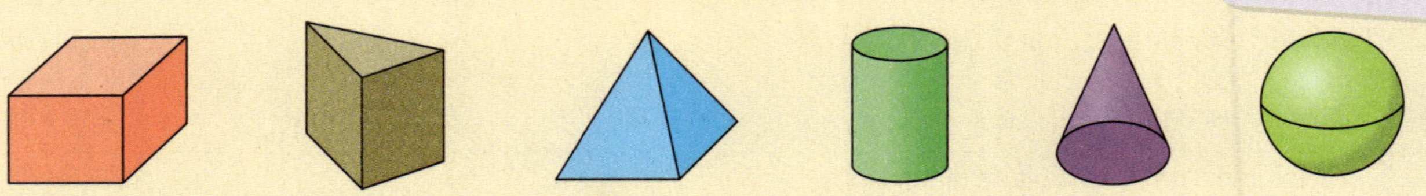

Un pavé droit — Un prisme droit — Une pyramide — Un cylindre — Un cône — Une boule

1 Nommer le solide représenté par chaque objet.

 ....

....

 ....

 ....

 ....

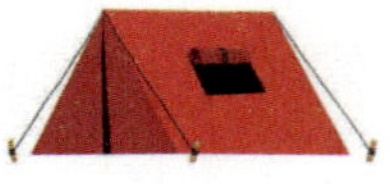 ....

 ....

 ....

2 Nommer les deux solides qui composent chaque objet ou bâtiment.

a. 

b. 

c. 

d. 

e. 

3 Décrire les deux solides qui composent cette borne kilométrique.

....
....
....

4 **a.** Nommer les trois solides qui composent ce solide.

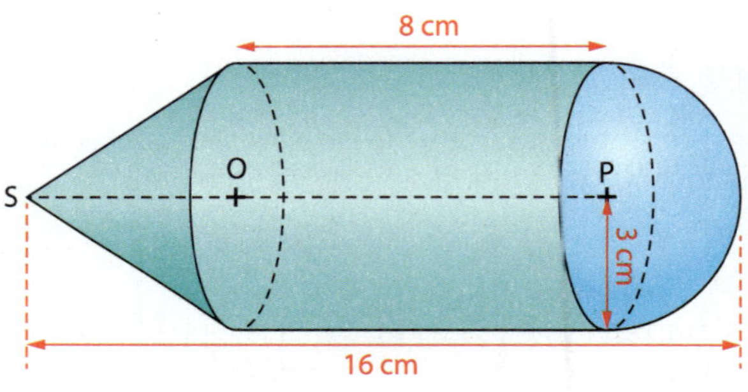

....

b. Calculer la hauteur SO du cône.

....

5 **Le cylindre représenté ci-contre a pour rayon 1,5 cm et pour hauteur 2 cm.**

Tracer en vraie grandeur :

a. la vue de dessus de ce cylindre ;

b. la vue de face de ce cylindre.

a. **b.**

FICHE
81 Pavé droit

CALCUL MENTAL
• .... • ....
• .... • ....
• .... • ....
BILAN ..../........

- Un **pavé droit** est un solide dont les six faces sont des rectangles.
- Un pavé droit a **8 sommets**, **12 arêtes** et **6 faces**.
- Dans une représentation en **perspective cavalière** d'un pavé droit :
  • les arêtes non visibles pour un observateur sont tracées en pointillés ;
  • les faces qui sont devant l'observateur sont représentées par des rectangles et les autres par des parallélogrammes.
- Un **cube** est un pavé droit dont les six faces sont des carrés.

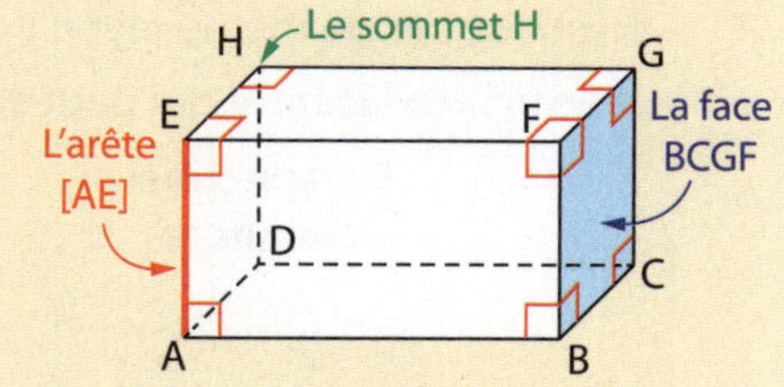

1 **Voici un pavé droit IJKLMNOP.**

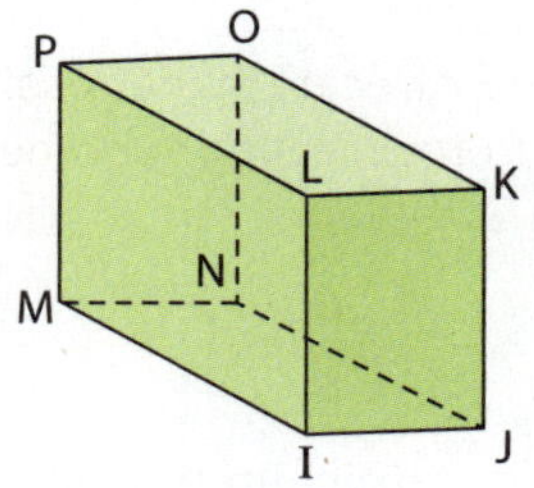

a. Quel est le sommet caché ?

....

b. Quelles sont les arêtes cachées ?

....

c. Dans la réalité, que peut-on dire de la face LKOP ?

....

d. Quelle est dans la réalité la mesure de l'angle $\widehat{LKO}$? ....

e. Citer une arête de même longueur que :

• [MN] : .... • [OK] : ....

2 Compléter la figure pour obtenir la représentation en perspective cavalière d'un pavé droit.

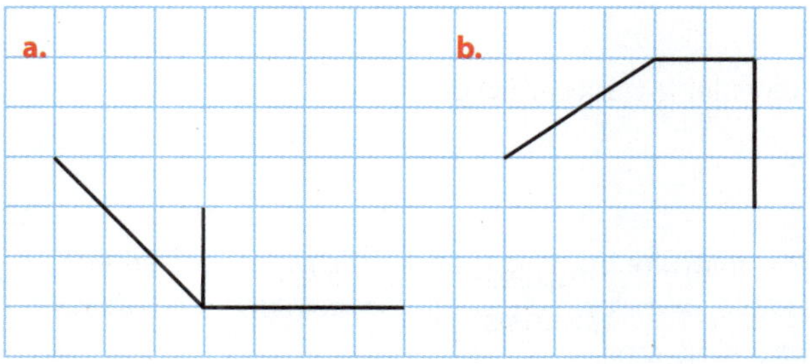

3 Dans chaque cas, dire s'il s'agit d'un patron de cube.

a.

b.
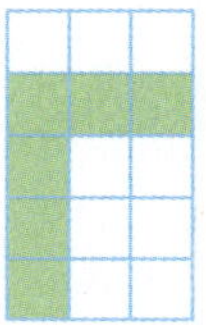
c.

....

d.
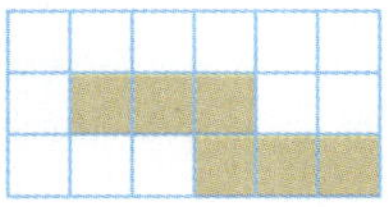
e.
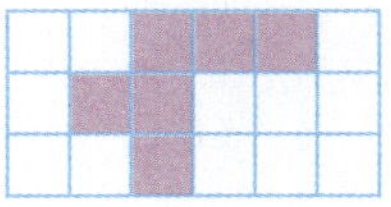

....

4 Compléter ces patrons d'un pavé droit.

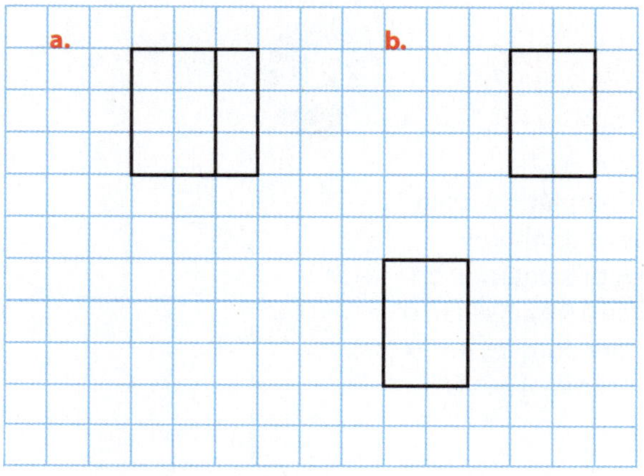

5 Compléter cette représentation en perspective cavalière d'un pavé droit.

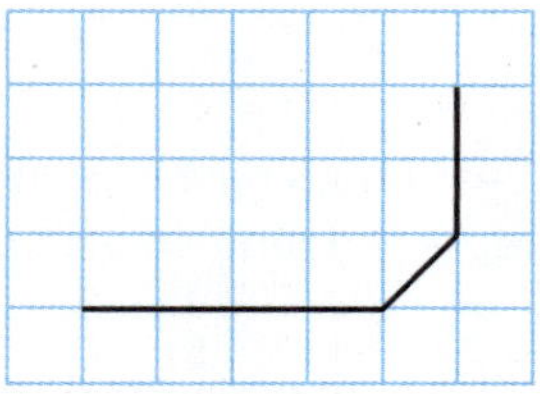

6 Terminer un patron en vraie grandeur du pavé droit représenté ci-contre en perspective cavalière.

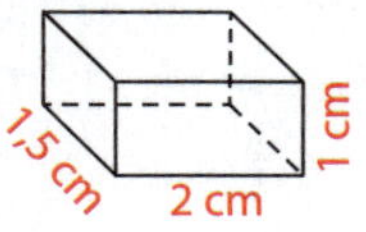

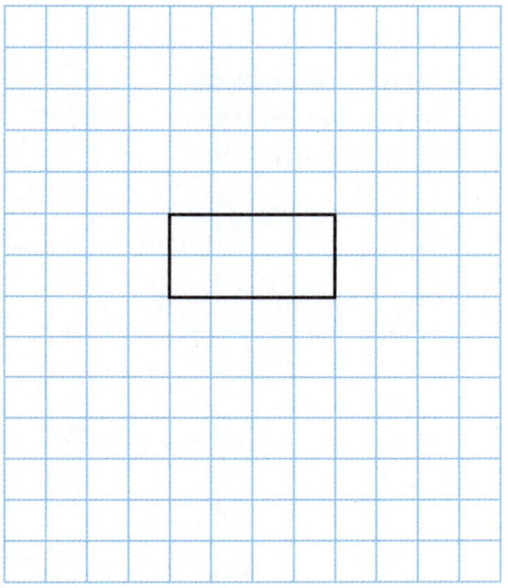

Cylindre

CALCUL MENTAL

•............ •............

•............ •............

•............ •............

BILAN ..../........

→ Un **cylindre** est un solide qui a :

- deux disques de même rayon pour faces parallèles ; on les appelle **les bases** ;
- une **surface latérale** qui peut être déroulée en un rectangle.

Perspective cavalière

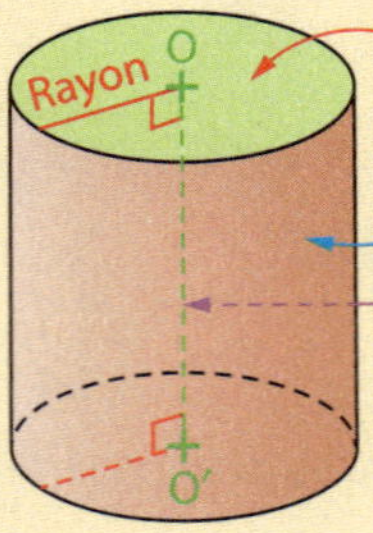

Un patron de cylindre

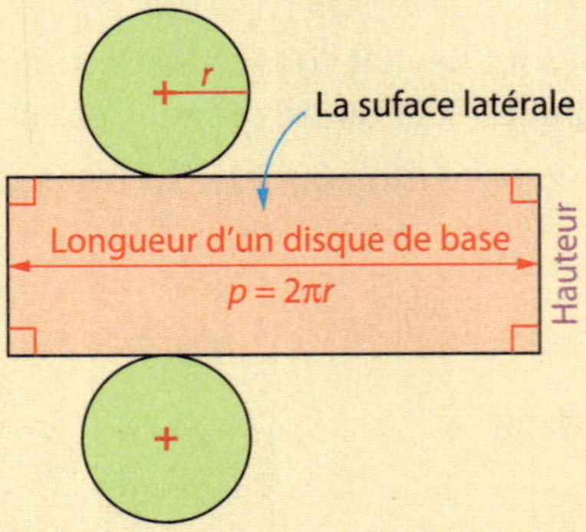

1 Compléter à main levée pour obtenir une représentation en perspective cavalière d'un cylindre dont les bases ont pour centres O et O′.

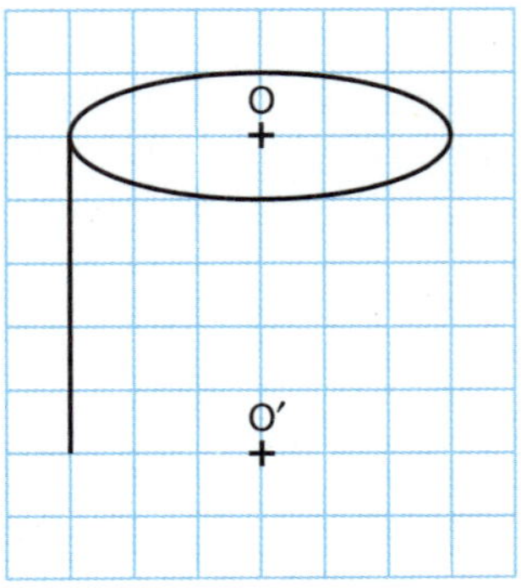

2 Compléter à main levée pour obtenir une représentation en perspective cavalière d'un cylindre.

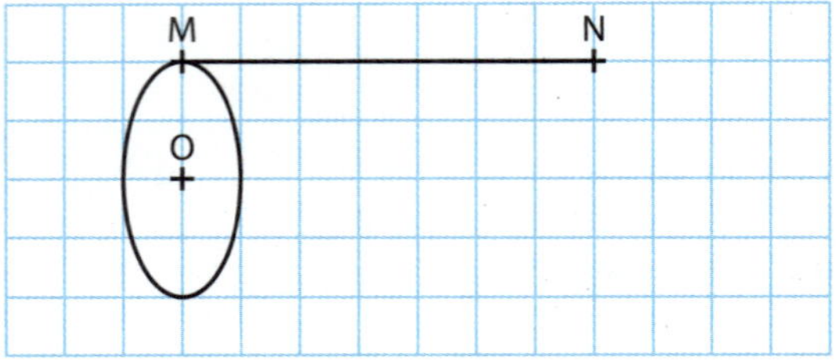

3 Sur le patron ci-dessous de ce cylindre, compléter les trois longueurs réelles manquantes.

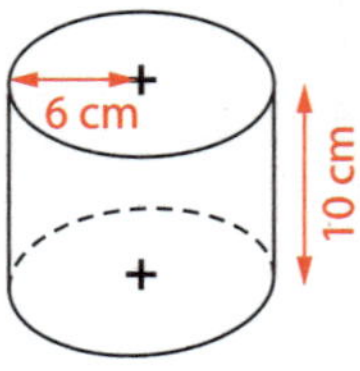

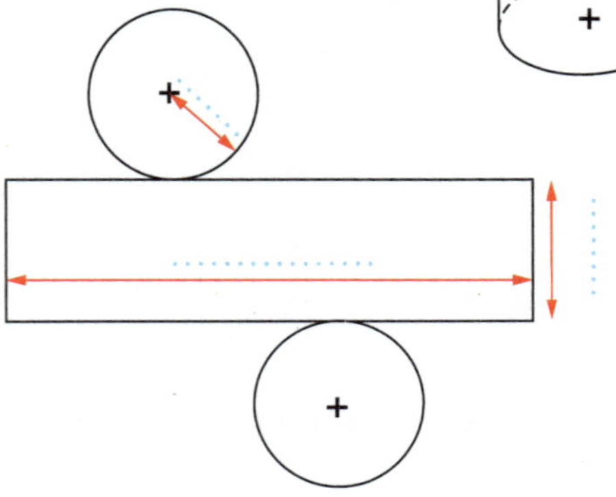

4 Voici un patron d'un cylindre.

a. Indiquer la hauteur h et le rayon r de ce cylindre.

b. Représenter ce cylindre en perspective cavalière.

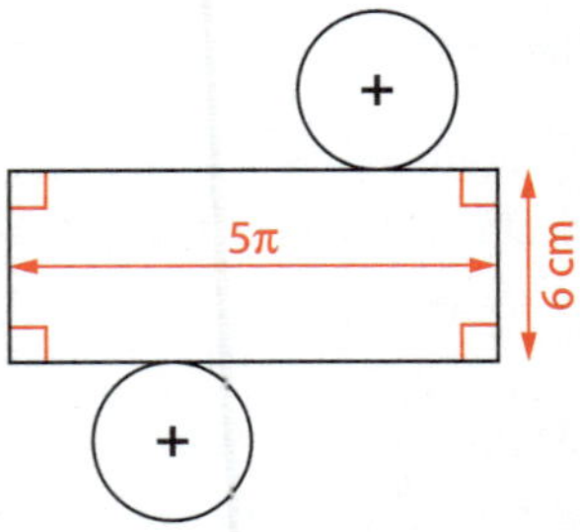

5 Construire en vraie grandeur le plus précisément possible, un patron d'un cylindre de rayon 1 cm et de hauteur 1,5 cm.

FICHE
83

Repérage dans un repère du plan

CALCUL MENTAL

• .... • ....
• .... • ....
• .... • ....

BILAN ..../........

→ Un **repère orthogonal** du plan est constitué de deux droites graduées (ou axes) perpendiculaires de même origine.

Dans le repère orthogonal ci-contre :
- l'**abscisse** du point A est **–5** ;
- l'**ordonnée** du point A est **3** ;
- les **coordonnées** du point A sont :

(– 5 ; 3).

Abscisse de A **Ordonnée de A**

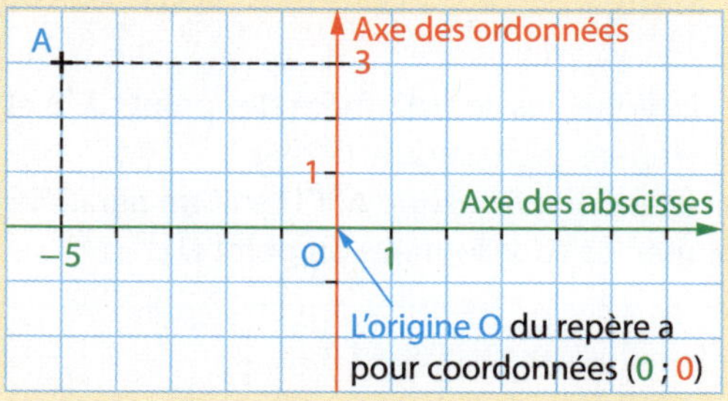

1

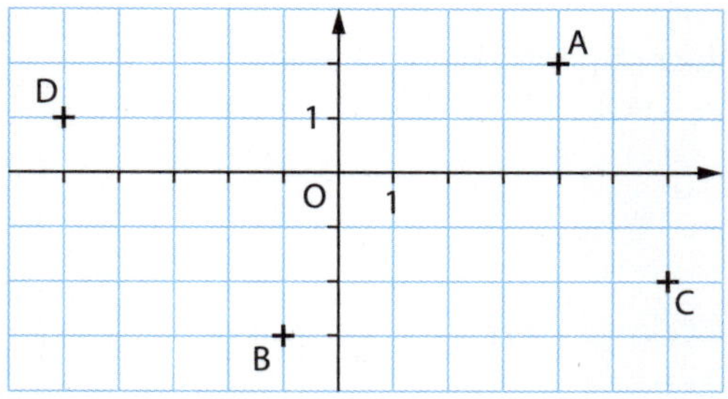

a. Dans le repère orthogonal ci-dessus :
- quelle est l'abscisse du point A ? ....
- quelle est l'ordonnée du point A ? ....
- écrire les coordonnées du point A : ....

b. Indiquer les coordonnées des points B, C et D.

....

c. Que peut-on dire de l'abscisse d'un point de l'axe des ordonnées ? ....

2 Dans ce repère, placer les points :

E(1 ; 3)
F(3 ; –1)
G(0 ; –3)
H(–3 ; 2)
I(–2 ; 0)

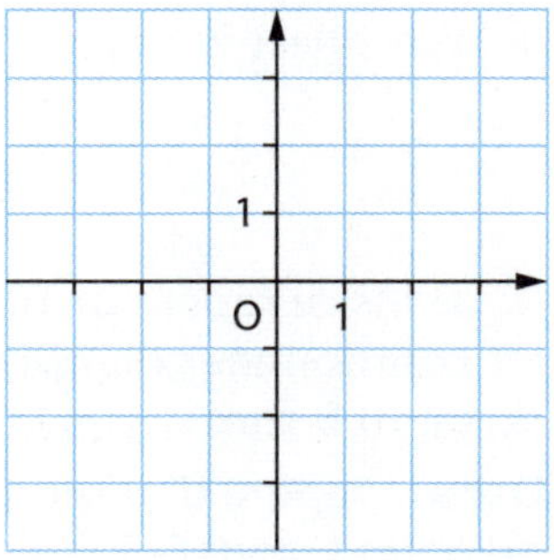

3 **Algo** En prenant 1 carreau pour 10 pas, tracer la figure obtenue avec ce script Scratch.

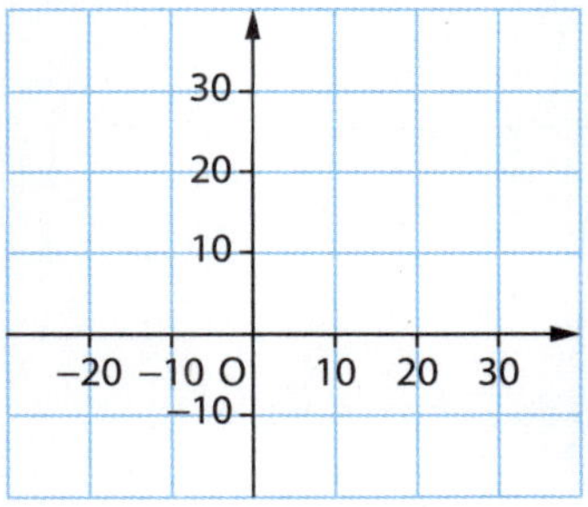

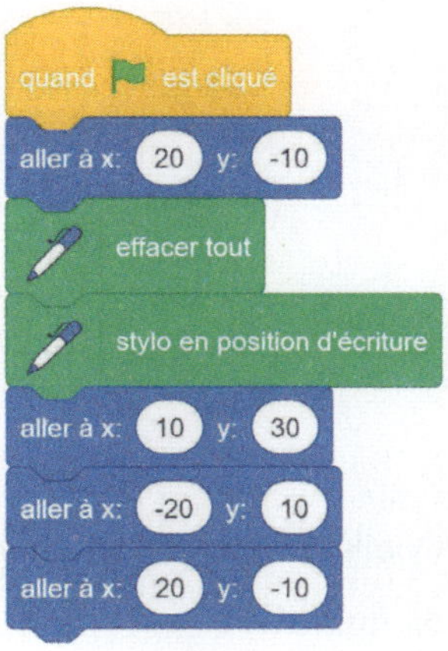

4 Placer sur cette carte de France les points qui représentent les cinq villes citées.
- P (Paris) a pour coordonnées (–1 ; 2).
- L (La Roche-sur-Yon) a pour coordonnées (–4 ; –1).
- S (Saint-Lô) et L ont la même abscisse.

S et P ont la même ordonnée.
- T (Toulouse) a pour coordonnées (–2 ; –5).
- M (Montpellier) et P ont des abscisses opposées.

Les ordonnées de M et T sont égales.

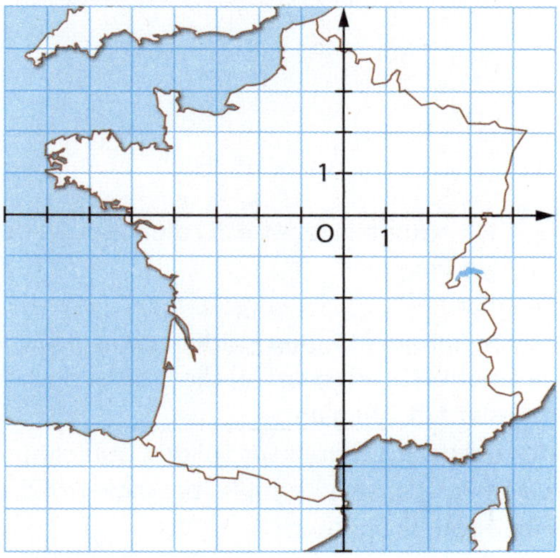

5 **Algo** **Voici un script Scratch incomplet. En l'exécutant, le lutin doit décrire la figure ci-dessous. L'arrière-plan est Xy-grid-20px, un côté de carreau mesure 20 pas.**

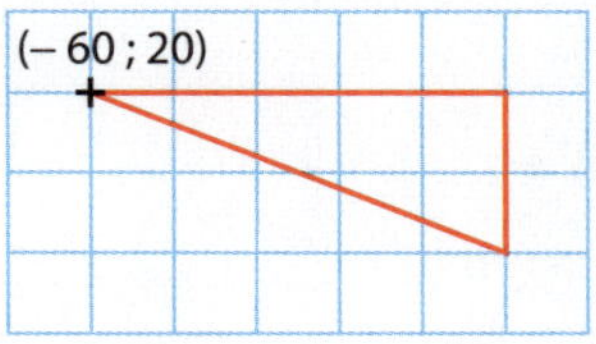

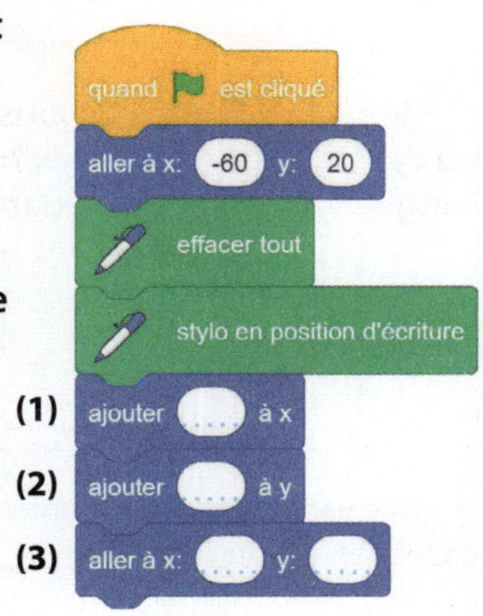

Compléter les lignes **(1)**, **(2)** et **(3)** de ce script par les nombres manquants.

Perfectionnement

CALCUL MENTAL

• .... • ....
• .... • ....
• .... • ....

BILAN ..../........

1 **a.** Indiquer les coordonnées des points A, B et C placés dans le repère ci-dessous.
b. Placer le point D tel que ABCD soit un parallélogramme.
c. Indiquer les coordonnées du point D.

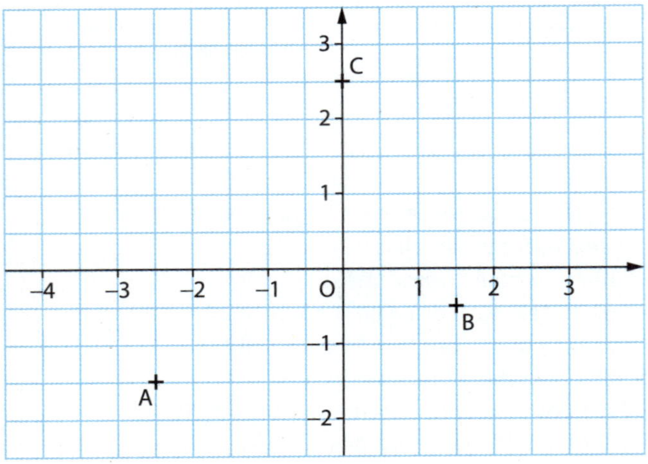

2 **Tice** **1. a.** Ouvrir la fenêtre 2D d'un logiciel de géométrie dynamique.
Afficher la grille.
b. Créer un rectangle ABCD en s'aidant de la grille.
c. Dans la fenêtre 3D, effectuer un clic droit et décocher Afficher axes et Afficher plan.
d. Dans la fenêtre 3D, cliquer sur Solides, puis cliquer sur Extrusion Prisme, ensuite sur le rectangle ABCD et renseigner 2 pour la hauteur.

2. a. Dans la fenêtre 3D, cliquer sur Solides, puis cliquer sur Patron et enfin sur le pavé droit.

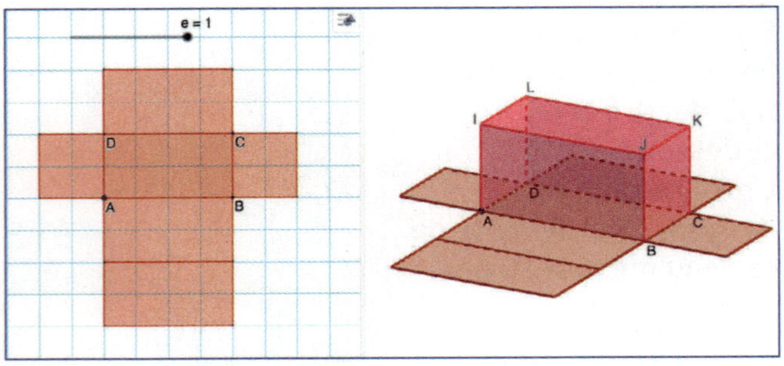

b. Faire varier le curseur e entre 0 et 1.
Qu'observe-t-on ?

....

....

3 **Une coccinelle se déplace sur le pavé droit représenté ci-dessous.**

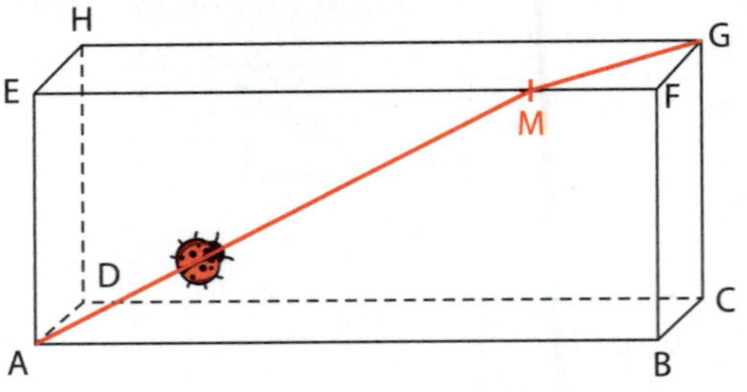

a. Terminer ce patron du pavé droit.

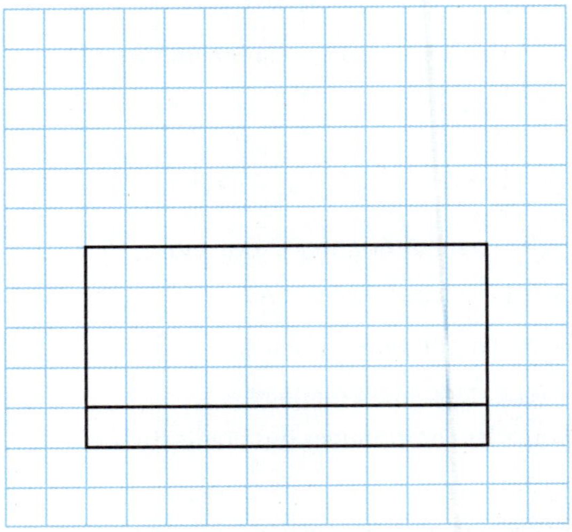

b. La coccinelle se déplace du point A au point G.
Placer, sur le patron, le point M pour lequel le trajet de la coccinelle est le plus court possible.

....

4 **Dans ce repère orthogonal d'origine O, les coordonnées du point A sont (3 ; 2) et celles du point B sont (5 ; –1).**
Dans le repère d'origine A, les coordonnées du point C sont (–5 ; –1).

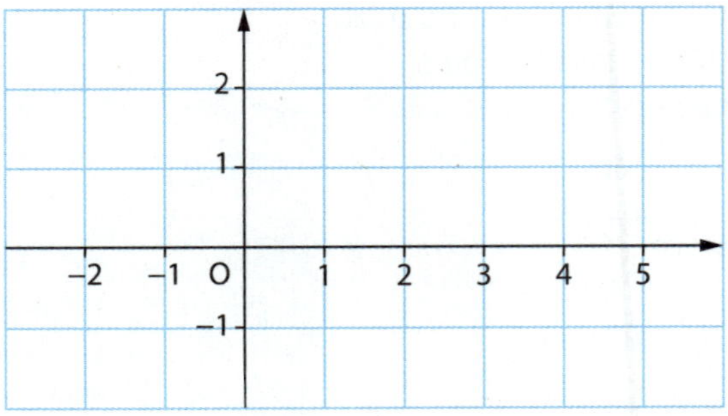

Quelles sont les coordonnées du point C dans le repère d'origine B ? ....

FICHE **85**

QCM & jeux

QCM

Voici un questionnaire à choix multiples.
Pour chaque question, entourer la (ou les) réponse(s) exacte(s).

Bilan ..... / 5

A	Dans ce repère, …	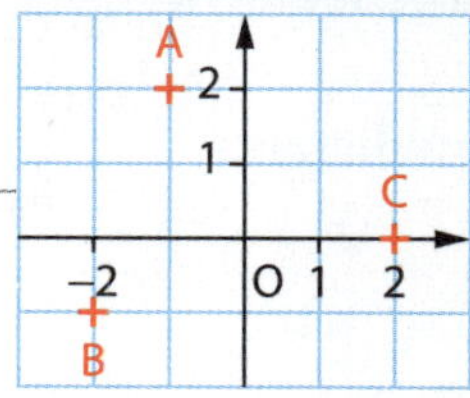	l'abscisse du point A est 2	l'ordonnée du point A est 2	les coordonnées du point A sont (2 ; −1)
B	Dans ce repère, …		B(−2 ; −1)	C(0 ; 2)	C(2 ; 0)
C	ABCDEFGH est un pavé droit. Dans la réalité, …	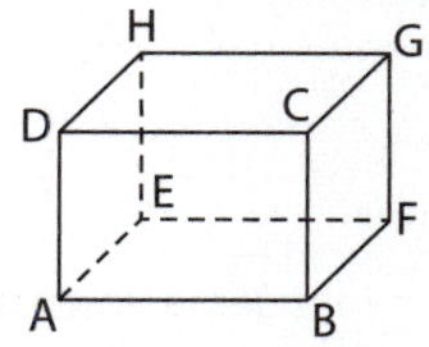	DCGH est un parallélogramme non rectangle	BCGF est un rectangle	CB = HE
D	Une figure qui représente un patron d'un pavé droit est …		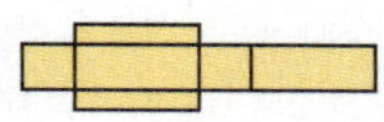	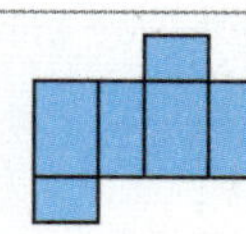	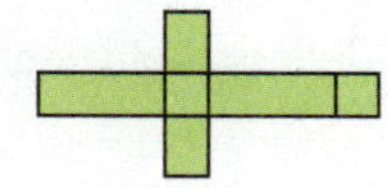
E	Un patron d'un cylindre est représenté sur la figure …		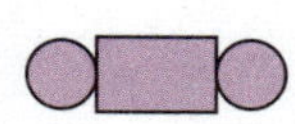	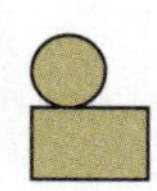	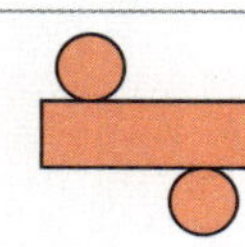

jeu 1

À l'aide des indices, trouver les coordonnées du trésor T.

Les indices

- Débarquer à la Pointe de la Tortue au point A(4 ; 3).
- La pelle est au point B d'abscisse 0 et de même ordonnée que A.
- La hache est au point C(1 ; −2).
- Le coffre est au point D(−4 ; −1).
- Le plan est au point E(−2 ; 4).
- Le trésor T se trouve à l'intersection des diagonales du quadrilatère BCDE.

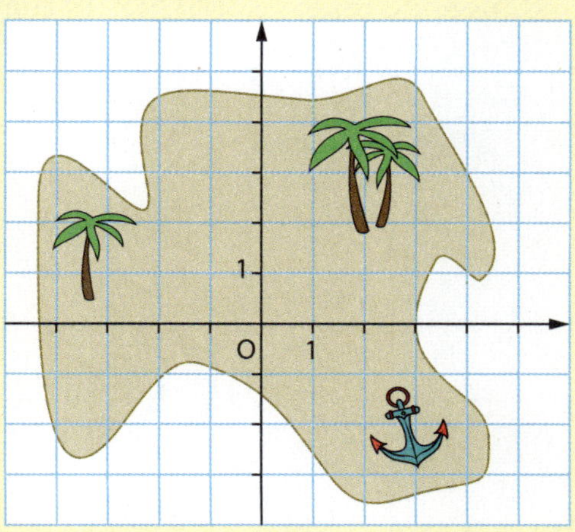

Les coordonnées de T : ....

jeu 2

Combien de pavés droits de la forme ❶ peut-on compter dans le cube ci-contre ?

❶

Réponse : ....

jeu 3

Mathilde a construit un dé en carton.
Son dé ne respecte pas la disposition des points d'un dé du commerce.
Voici trois vues différentes de ce dé.

❶ ❷ ❸

Quel est le nombre de points inscrits sur la face du dessous de la vue ❸ ?

Réponse : ....

CALCUL MENTAL

• .... • ....
• .... • ....
• .... • ....

BILAN ..../.......

FICHE 86 Médiatrice d'un segment

→ La **médiatrice** d'un segment est la droite **perpendiculaire** à ce segment en son **milieu**.

→ La médiatrice du segment [AB] est l'ensemble des points **équidistants** de A et de B. Cela signifie que :
• si un point M appartient à la médiatrice d'un segment [AB], alors MA = MB ;
• si un point M est tel que MA = MB, alors M appartient à la médiatrice du segment [AB].

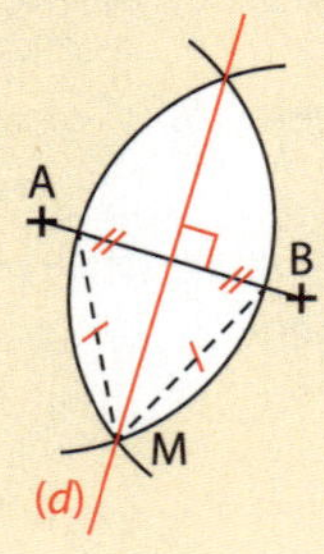

La droite (*d*) est la médiatrice du segment [AB].

1 Construire avec la règle graduée et l'équerre, la médiatrice du segment [AB].

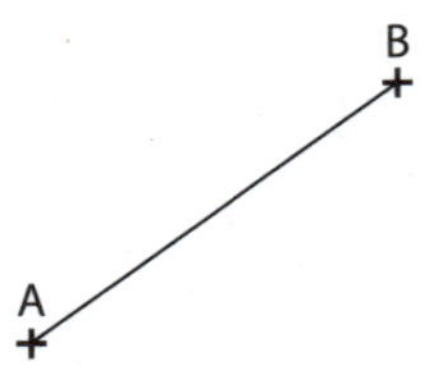

2 Construire avec le compas et la règle non graduée, les médiatrices (*d*) et (*d'*) des segments [CD] et [DE].

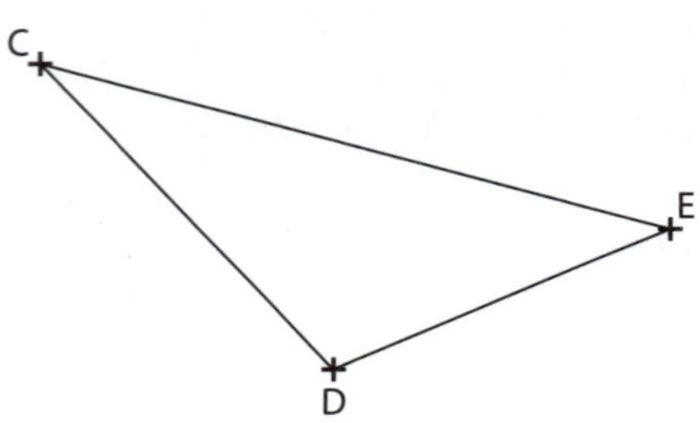

3 I est le milieu du segment [RS].

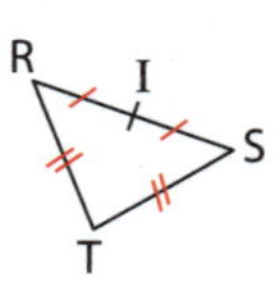

a. Expliquer pourquoi le point T appartient à la médiatrice du segment [RS].
b. Que peut-on en déduire pour la droite (TI) ?

4 Juliette (J) et Louise (L) doivent retrouver Numa qui les attend sur la route à égale distance des maisons de Louise et de Juliette.

Construire les positions possibles de Numa.

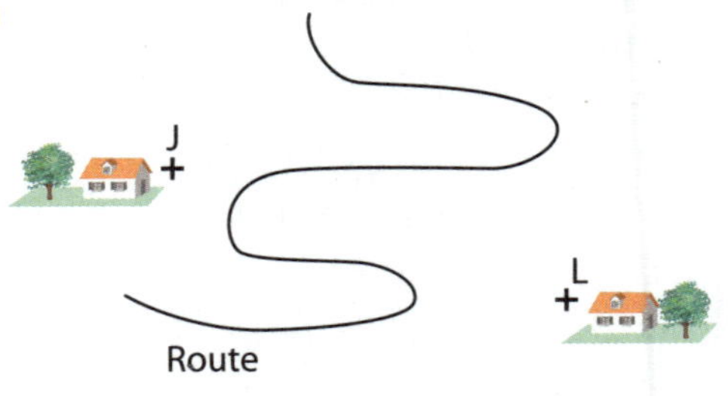

5 Enzo (E), Lucy (L) et Clara (C) sont placés aux sommets d'un triangle isocèle en C. Clara, Enzo et Sarah (S) sont alignés.

Construire la position de Clara. Expliquer.

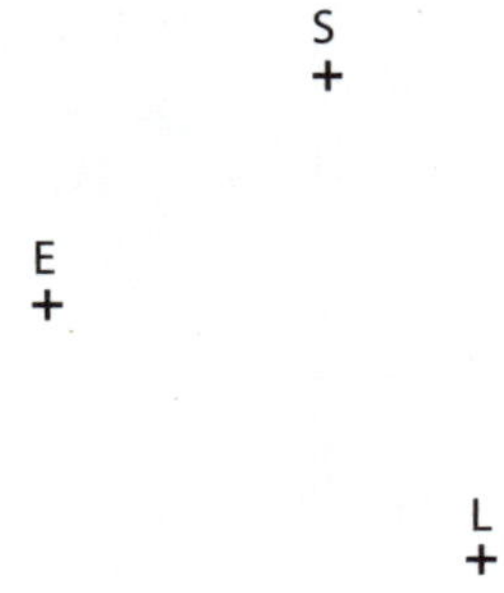

CALCUL MENTAL

• .... • ....
• .... • ....
• .... • ....

BILAN ..../........

FICHE 87 Hauteurs d'un triangle

→ Dans un triangle, **une hauteur** est une droite qui passe par **un sommet** et qui est **perpendiculaire au côté opposé**.

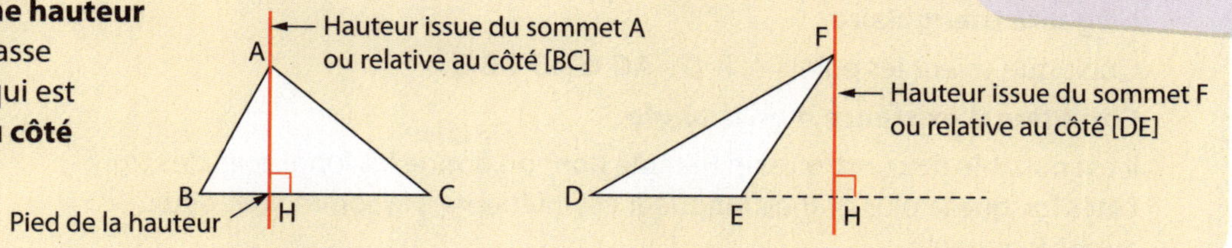

★

1 Tracer la hauteur issue du sommet A du triangle ABC.

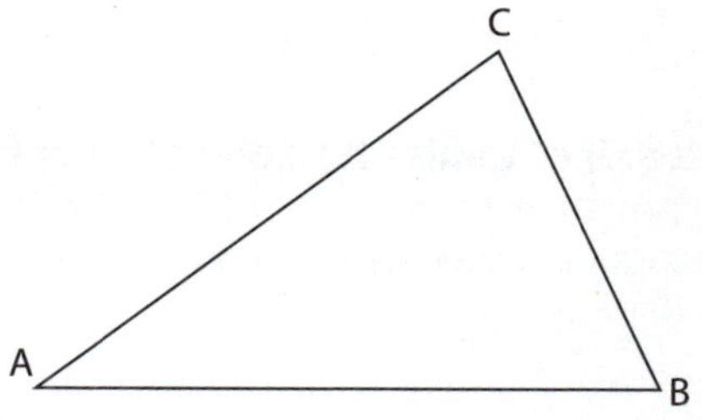

2 Tracer la hauteur issue du sommet M du triangle MNP.

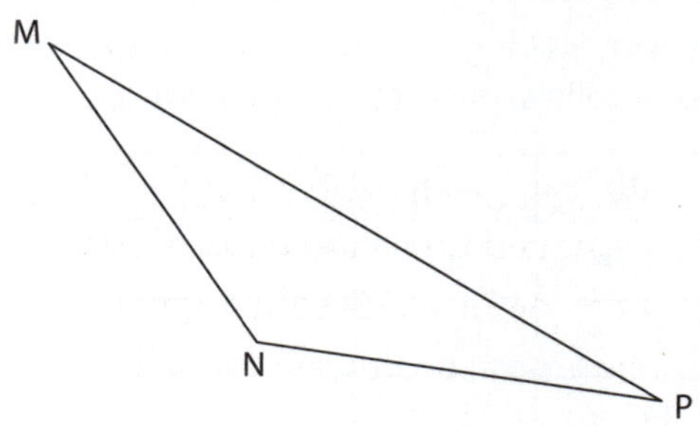

3 Tracer la hauteur (d_1) issue du sommet R, puis la hauteur (d_2) issue du sommet M de ce triangle MER.

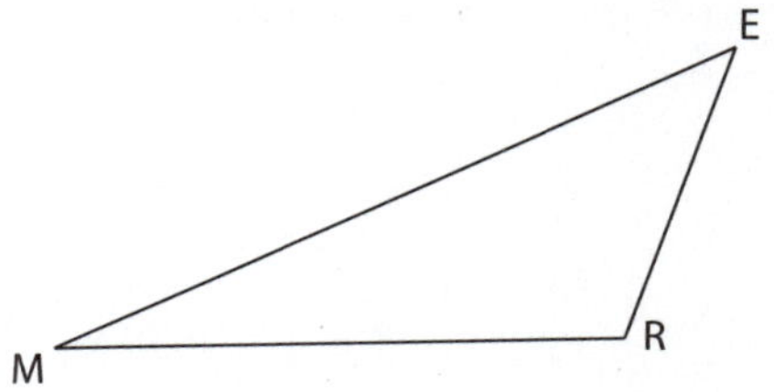

★★

4 **a.** Tracer la hauteur (d_1) issue du sommet L du triangle LAC puis la médiatrice (d_2) du segment [AC].

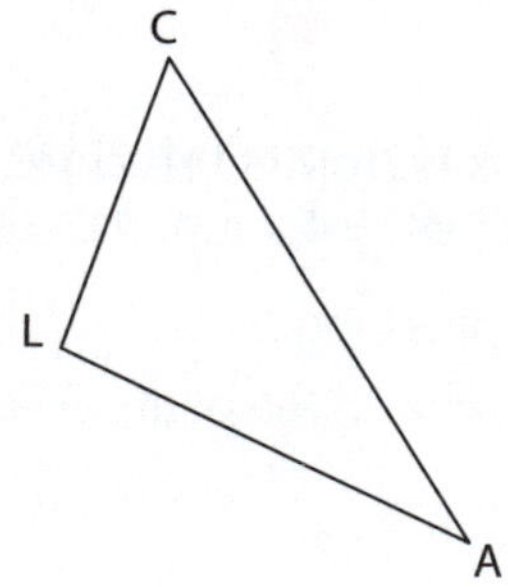

b. Que peut-on dire des droites (d_1) et (d_2) ? Expliquer.

....

....

5 **Voici une figure à main levée d'un triangle ABC et de ses hauteurs issues de A et de B.**

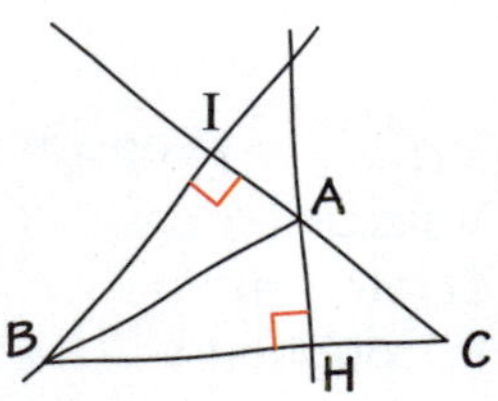

a. Compléter.
C appartient à la .... à la droite (AH) passant par B et C appartient à la perpendiculaire à la droite (......) passant par ....

b. Construire ci-dessous le point C de façon que les droites (d) et (d') soient deux hauteurs du triangle ABC.

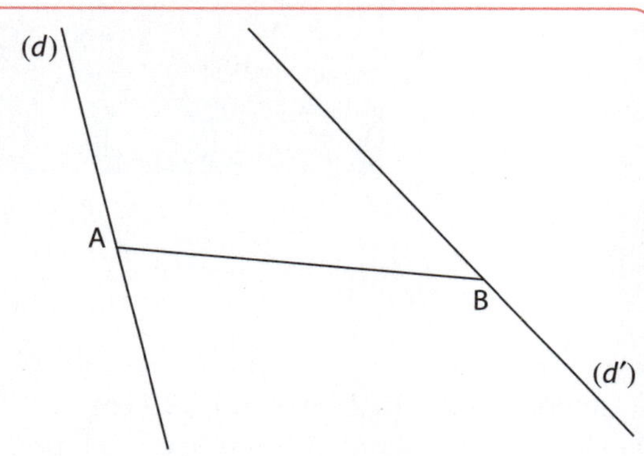

FICHE 88

Inégalité triangulaire

CALCUL MENTAL

• ………… • …………
• ………… • …………
• ………… • …………

BILAN ……/……

→ **Inégalité triangulaire**

Quels que soient les points A, B, C : **AC ⩽ AB + BC**.

→ **Condition d'existence d'un triangle**

Il est possible de construire un triangle dont on donne les longueurs des trois côtés lorsque la plus grande longueur est inférieure à la somme des deux autres longueurs.

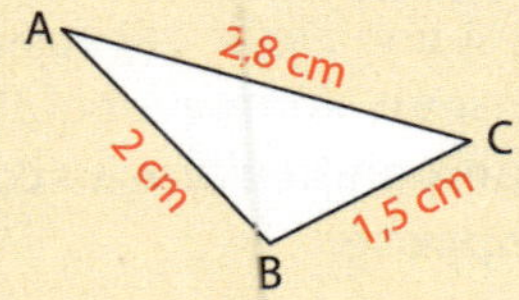

2,8 cm < 2 cm + 1,5 cm

→ **Condition d'appartenance à un segment**

- Si un point B appartient à un segment [AC], alors AB + BC = AC.
- Si A, B et C sont trois points tels que AB + BC = AC, alors le point B appartient au segment [AC].

1 **A, B et C sont trois points tels que :**
AB = 2,3 cm, BC = 4,7 cm, AC = 6,5 cm.

a. Quel est le côté le plus long ? ……………………

b. Comparer AB + BC et AC. Que peut-on en déduire ?

……………………………………………

……………………………………………

2 **M, N et P sont trois points tels que :**
MN = 5 cm, NP = 9 cm, MP = 3 cm.

Peut-on construire le triangle MNP ?

……………………………………………

……………………………………………

3 **Algo** **M est un point d'un segment [AB].**
Voici un script Scratch où les longueurs sont exprimées en cm.

a. Expliquer le rôle de ce script.

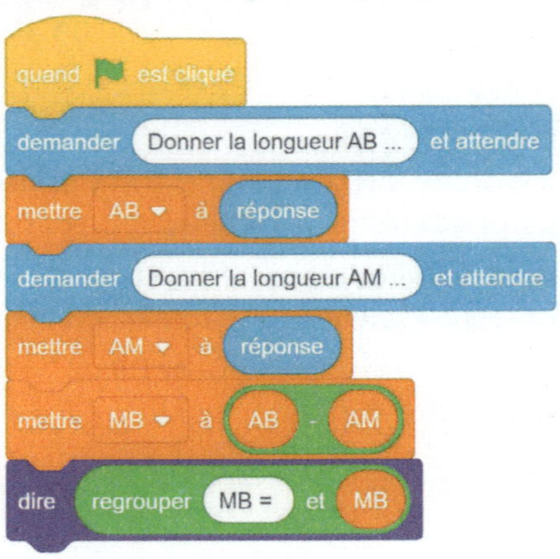

b. On donne AB = 13,2 cm et AM = 8,7 cm.
Quelle est la longueur MB énoncée par le lutin ?

……………………………………………

4 8 cm 6 cm 3 cm 3 cm 5 cm

Parmi les longueurs ci-dessus, en choisir trois qui peuvent être celles des côtés d'un triangle :

a. isocèle : ……………………

b. de périmètre 19 cm : ……………………

c. de périmètre 14 cm : ……………………

5 **Maël souhaite construire un triangle ABC. Il connaît les longueurs des côtés [AB] et [AC].**

Parmi les trois longueurs proposées pour le côté [BC], entourer celle(s) qui est (sont) possible(s).

	AB	AC	BC		
a.	13 cm	5 cm	20 cm	9 cm	7 cm
b.	8,5 cm	3,2 cm	3,2 cm	8,5 cm	11 cm
c.	14 mm	38 mm	30 mm	40 mm	50 mm

6 **Un triangle isocèle a 15 cm de périmètre et un côté de longueur 7 cm.**

Calculer les longueurs de ses deux autres côtés lorsque :

a. un seul côté a pour longueur 7 cm ;

b. deux côtés ont pour longueur 7 cm.

FICHE **89**

Construction de triangles

CALCUL MENTAL

• .... • ....
• .... • ....
• .... • ....

BILAN ..../........

1 Construire un triangle ABC tel que :
AB = 5 cm, AC = 3 cm et BC = 2,5 cm.

2 **a.** Parmi les triangles ci-dessous, barrer celui (ceux) qu'il n'est pas possible de construire.

- ABC tel que AB = 3,5 cm, AC = 2 cm, BC = 3 cm.
- DEF tel que DE = 7 cm, EF = 4 cm, DF = 2,5 cm.
- GHI tel que GH = 3 cm, GI = HI = 1,5 cm.
- MNP tel que MN = 1 cm, NP = 3,3 cm, MP = 2,7 cm.

b. Construire en vraie grandeur celui (ceux) qu'il est possible de tracer.

3 **Ce pendentif a la forme d'un triangle ILE isocèle en I tel que IL = 2,5 cm et LE = 1,2 cm.**

Construire un tel triangle ILE.

4 Construire en vraie grandeur cette figure tracée à main levée.

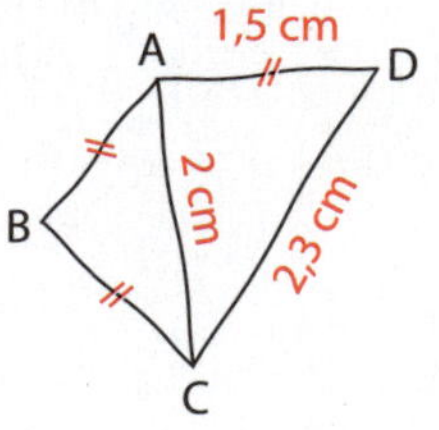

5 **MER est un triangle rectangle en M tel que : ME = 2 cm et MR = 1,5 cm.
REL est un triangle rectangle en E tel que RL = 3,5 cm avec L et M de part et d'autre de la droite (RE).**

a. Tracer une figure à main levée.
b. Construire de tels triangles MER et REL.

6 **LAC est un triangle équilatéral de côté 2,5 cm et BAL est un triangle isocèle en A tel que BL = 2 cm.**

Construire de tels triangles LAC et BAL.

FICHE
90 Perfectionnement

CALCUL MENTAL
● .... ● ....
● .... ● ....
● .... ● ....
BILAN ..../........

1 **a.** Construire avec la règle et le compas les médiatrices des côtés [PL] et [LU]. Noter O leur point d'intersection.

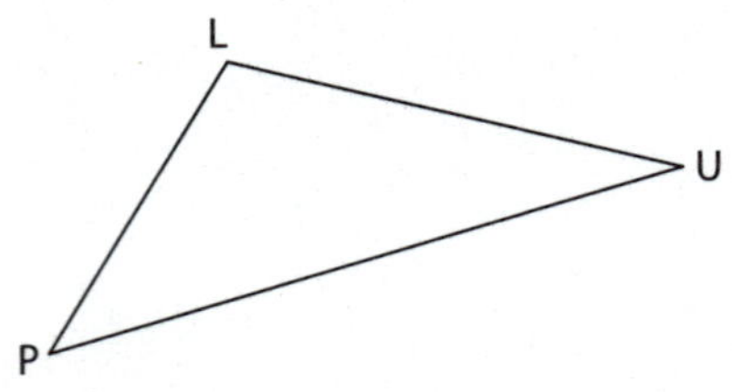

b. Expliquer pourquoi OP = OU.
c. Expliquer pourquoi le point O appartient aussi à la médiatrice du côté [PU].
d. Que peut-on en déduire pour les médiatrices des côtés d'un triangle ?

2 Marquer précisément le centre O de ce cercle. Expliquer.

3 Terminer de rédiger ce programme de construction de cette figure en vraie grandeur.

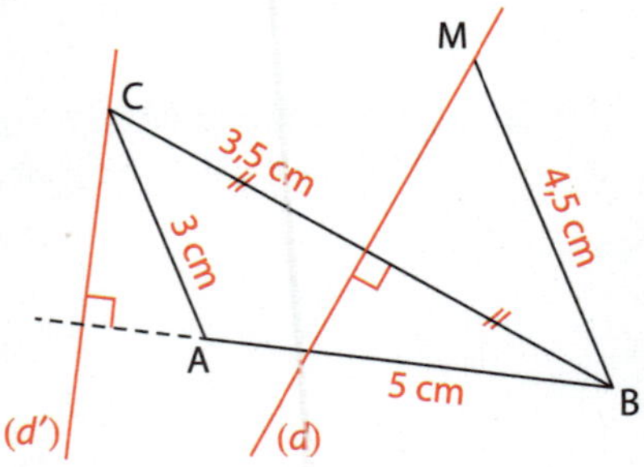

• Construire un triangle ABC tel que :
AB = 5 cm, AC = 3 cm et BC = 7 cm.

4 **Un côté d'un triangle a pour longueur 9 cm.**
Son périmètre peut-il être égal à 15 cm ?

5 **Une station de métro doit être construite. Elle doit être à 200 m de la route et équidistante de la mairie (M) et du collège (C).**
Marquer sur le plan ci-dessous, le point S qui représente l'emplacement de la future station.
Prendre 1 cm pour 100 m dans la réalité.

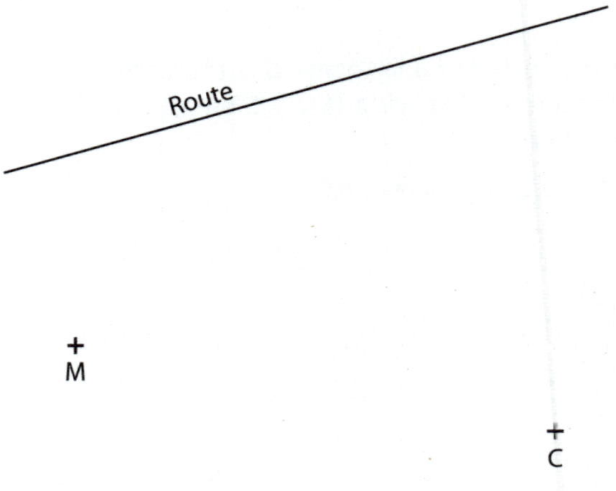

QCM & jeux

QCM

Voici un questionnaire à choix multiples.
Pour chaque question, entourer la (ou les) réponse(s) exacte(s).

Bilan ..... / 5

A	A, D et E sont trois points tels que AD = ED. On peut affirmer que …	D est le milieu de [AE]	D appartient à la médiatrice de [AE]	le triangle ADE est isocèle en D
B	Dans un triangle la hauteur issue d'un sommet et la médiatrice d'un côté peuvent être …	sécantes	strictement parallèles	confondues
C	Si D, E et F sont trois points non alignés …	$DF < DE + EF$	$DF > DE + EF$	$DF = DE + EF$
D	Les longueurs des côtés d'un triangle peuvent être égales à 3 cm, 8 cm et …	4 cm	6 cm	10 cm
E	MON est un triangle isocèle tel que : MO = 4,3 cm et ON = 8,7 cm. Alors …	le triangle MON est isocèle en M	le triangle MON est isocèle en N	le périmètre du triangle MON est 21,7 cm

jeu 1

Lucie a placé neuf points qui forment trois alignements de quatre points.
Placer sept autres points pour obtenir au total douze alignements de quatre points.

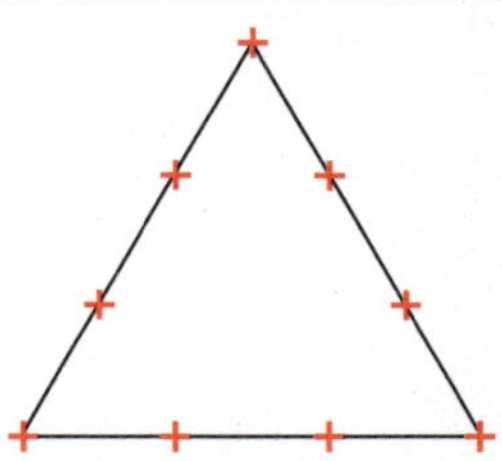

jeu 2

Le triangle GSP formé par la gare (G), le stade (S) et le port (P) est isocèle.
Marquer sur la rivière tous les emplacements possibles de P.

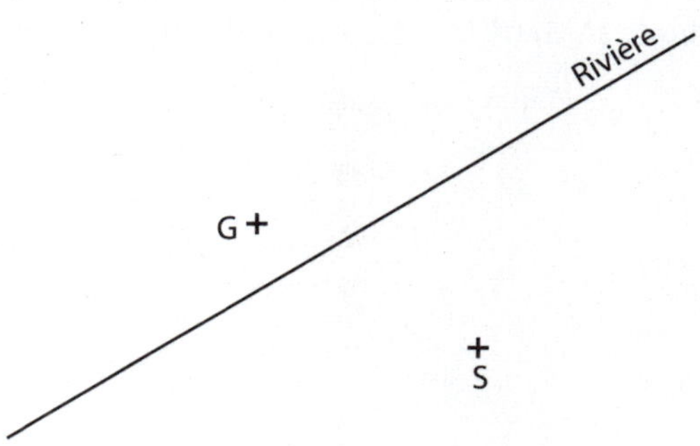

jeu 3

Voici six triangles formés avec des allumettes.
Déplacer quatre allumettes pour ne plus voir que trois triangles.
Attention ! ils n'auront pas tous les mêmes dimensions.

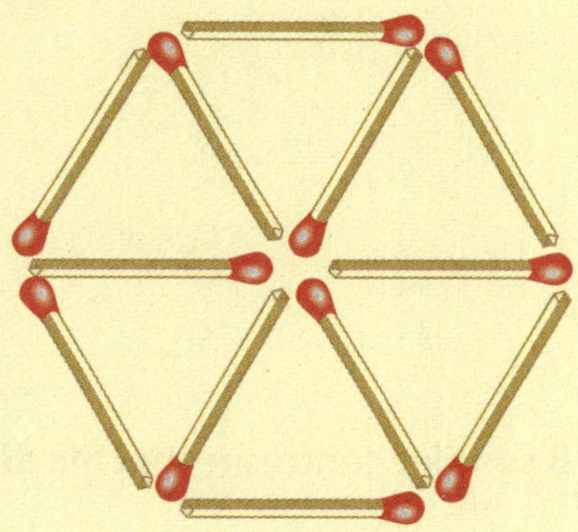

FICHE 92 Symétrie axiale : rappels

→ Le **symétrique** d'un point A par rapport à une droite (*d*) est le point A′ tel que la droite (*d*) est la **médiatrice** du segment [AA′].

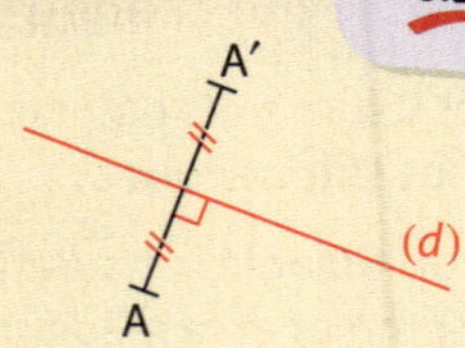

→ La symétrie axiale conserve les longueurs, l'alignement, le parallélisme, les mesures d'angles, les aires.

→ Par une symétrie axiale, le symétrique :
- d'un segment est un segment de même longueur ;
- d'une droite est une droite ;
- d'un cercle est un cercle de même rayon.

1 Construire la symétrique de cette figure par rapport à la droite (*d*).

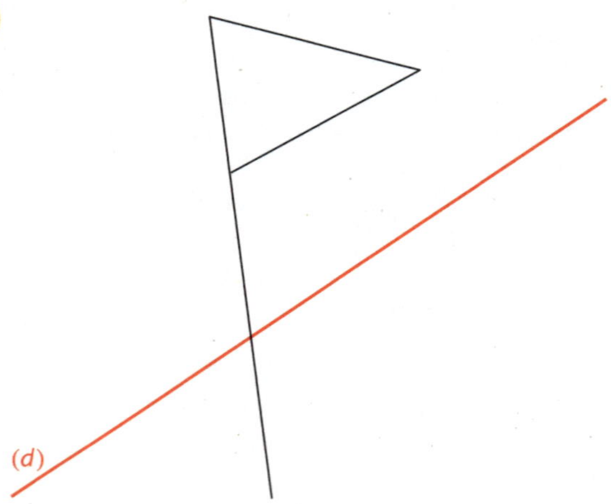

2 **A et B sont les centres respectifs des cercles $\mathscr{C}_1$ et $\mathscr{C}_2$.**

Construire les symétriques $\mathscr{C}_1'$ et $\mathscr{C}_2'$ des cercles $\mathscr{C}_1$ et $\mathscr{C}_2$ par rapport à la droite (*d*).

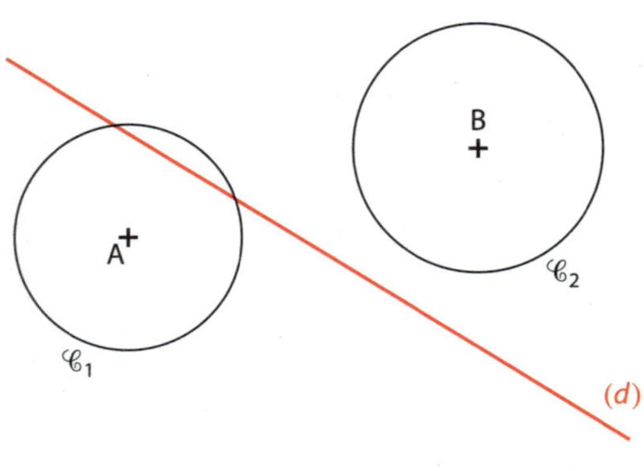

3 **Les points A et A′ sont symétriques par rapport à une droite (*d*).**

Construire la droite (*d*), puis construire le symétrique du triangle ABC par rapport à cette droite (*d*).

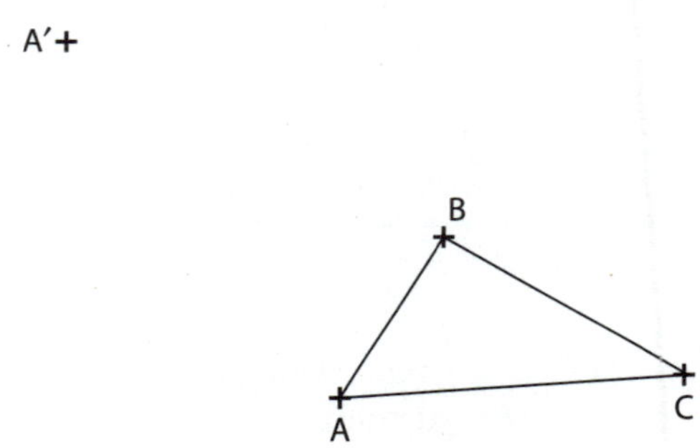

4 **a.** Construire un triangle ABC tel que :

AB = 3 cm, AC = 4,5 cm, BC = 3,6 cm.

b. Construire le symétrique de ce triangle par rapport à la droite (AM) où M est le milieu du segment [BC].

FICHE 93

Symétrie centrale

CALCUL MENTAL

• .... • ....
• .... • ....
• .... • ....

BILAN ..../........

→ Ces deux figures se superposent par demi-tour autour du point O. On dit qu'elles sont **symétriques par rapport au point O**.

→ La symétrie par rapport à un point conserve : les longueurs, l'alignement, le parallélisme, les mesures d'angles, les aires.

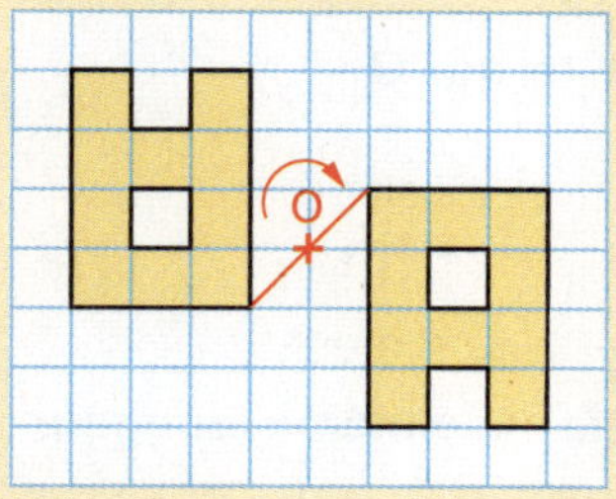

→ Cette figure coïncide avec sa symétrique par rapport à O. Le point O est un **centre de symétrie** de la figure.

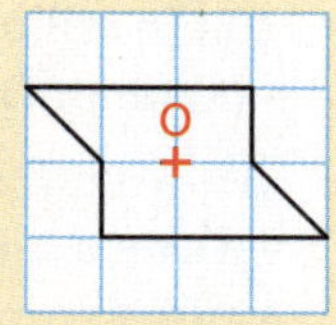

1 Dans chaque cas, construire à main levée la symétrique de la figure par rapport au point O.

a.

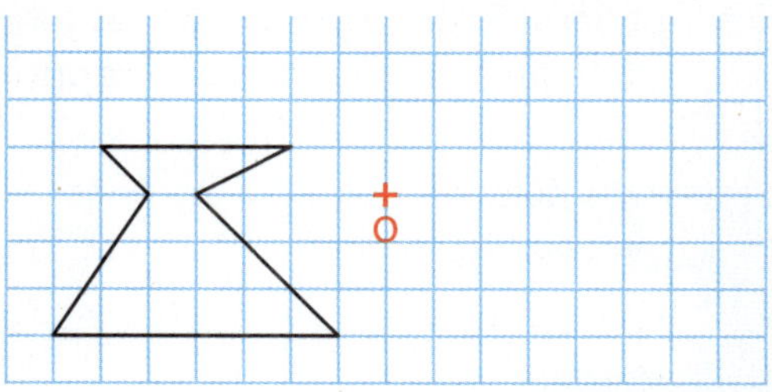

b.

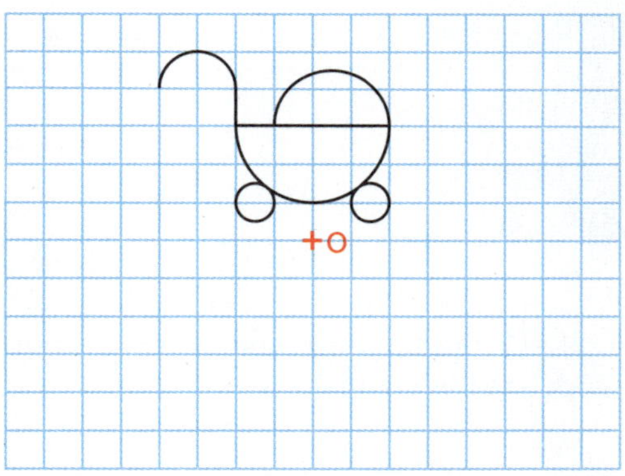

2 Barrer les figures qui ne représentent pas une figure et sa symétrique par rapport au point O.

(1)

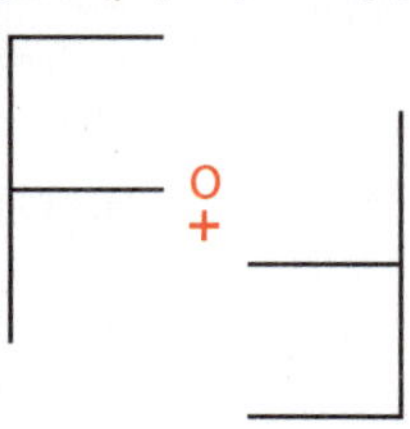

(2)

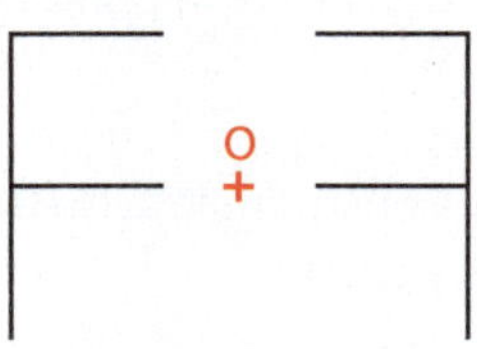

(3)

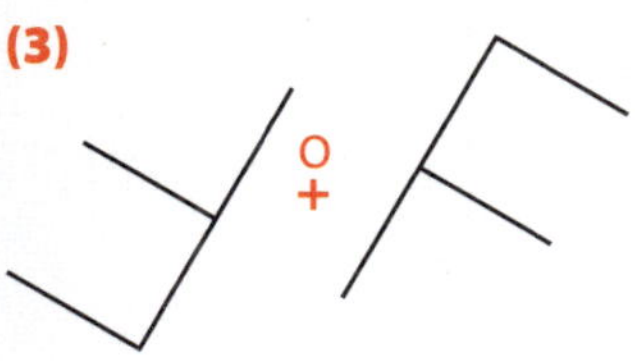

(4)

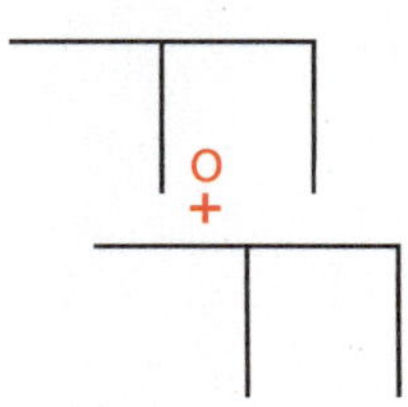

(5)

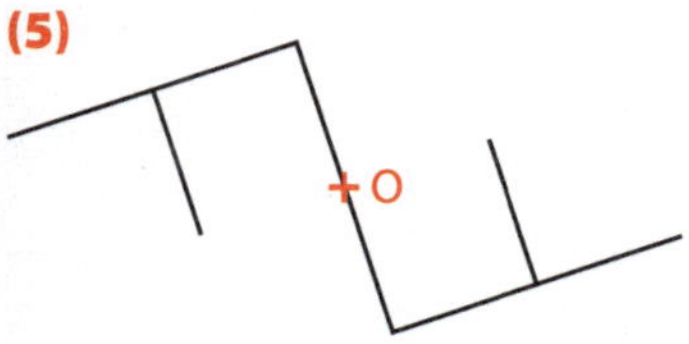

3 A′, B′, C′, D′ sont les symétriques respectifs des points A, B, C, D par rapport à un point O.

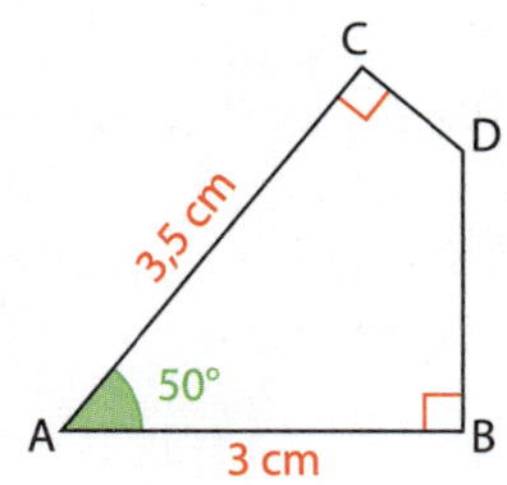

Sans construire ces points, compléter :

a. A′B′ = ...

b. .... = 3,5 cm

c. $\widehat{A'B'D'}$ = ...

d. $\widehat{A'C'D'}$ = ...

e. $\widehat{B'\ldots}$ = 50°

f. Les droites (A′C′) et (C′D′) sont ....

4 Les points A et A′ sont symétriques par rapport à un point O.

a. Marquer le point O.

b. Marquer les symétriques B′, C′ et D′ des points B, C et D par rapport au point O.

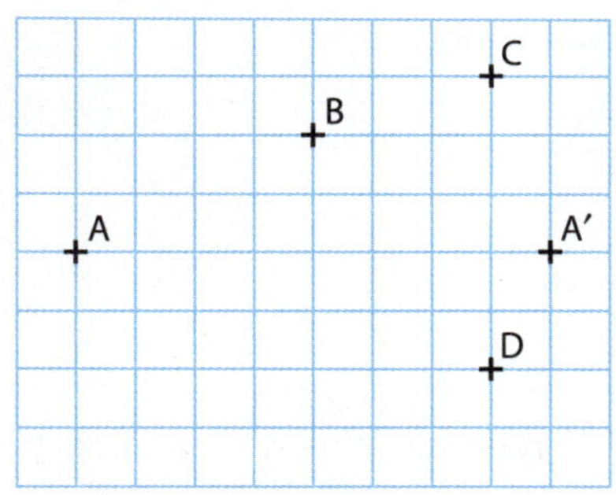

5 Certaines calculatrices affichent les chiffres de la manière indiquée ci-dessous.

Indiquer par oui ou non si un chiffre admet un centre de symétrie. Si oui, le marquer.

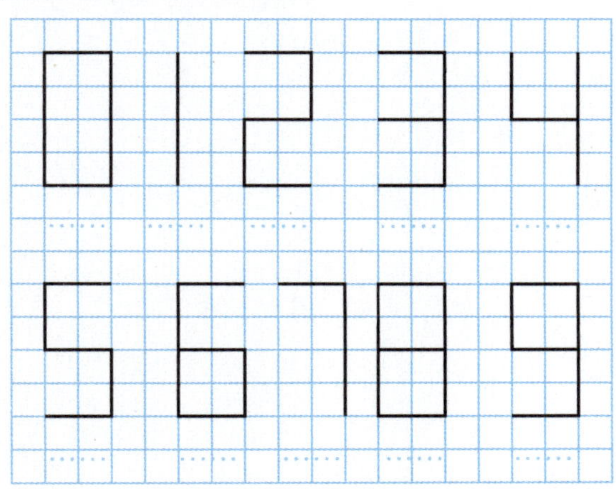

CALCUL MENTAL

● .... ● ....
● .... ● ....
● .... ● ....

BILAN ..../.......

FICHE 94

Construction à l'aide d'une symétrie centrale

→ Par **la symétrie de centre O**, le symétrique :
- d'un point A distinct de O est le point A′ tel que O soit **le milieu du segment [AA′]** ;
- du point O est le point O lui-même.

→ Le symétrique par rapport à un point :
- d'**une droite** est **une droite parallèle** ;
- d'**un segment** est **un segment parallèle** et **de même longueur** ;
- d'**un cercle** est **un cercle de même rayon**.

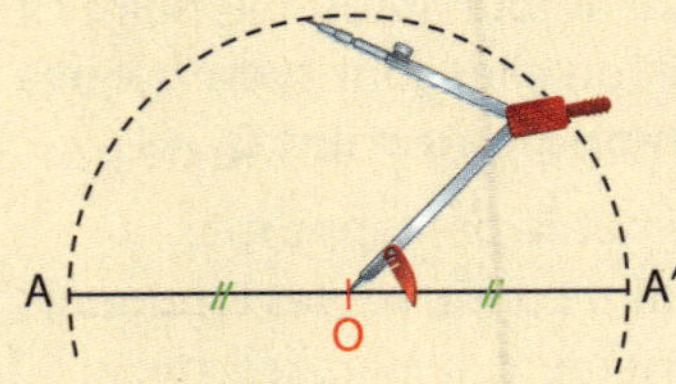

1 Construire les symétriques respectifs M′, N′, P′ des points M, N, P par rapport au point O.

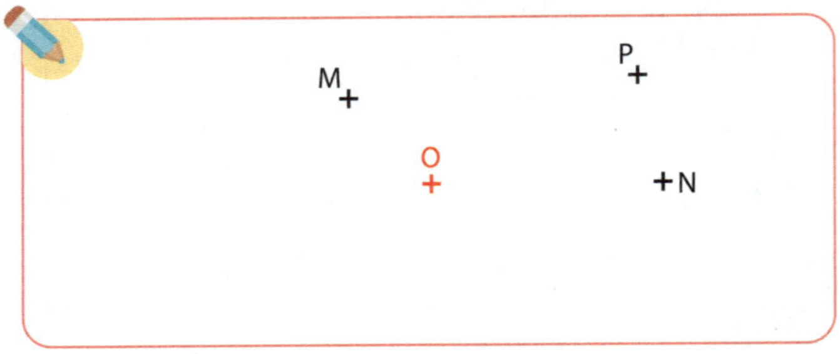

2 Construire la symétrique (d') de la droite (d) par rapport au point O.

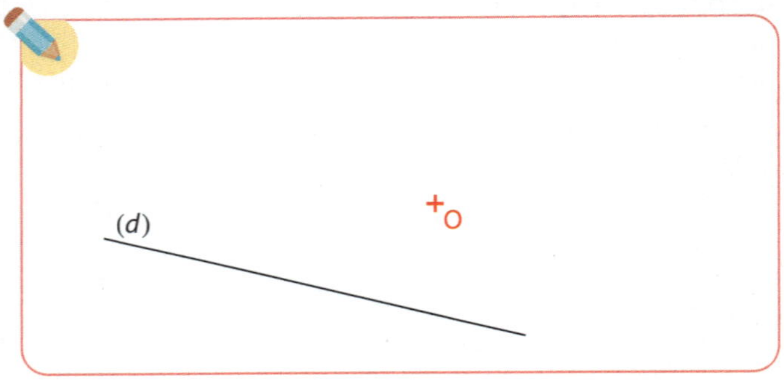

3 Construire le symétrique par rapport au point O du cercle $\mathscr{C}$ de centre A.

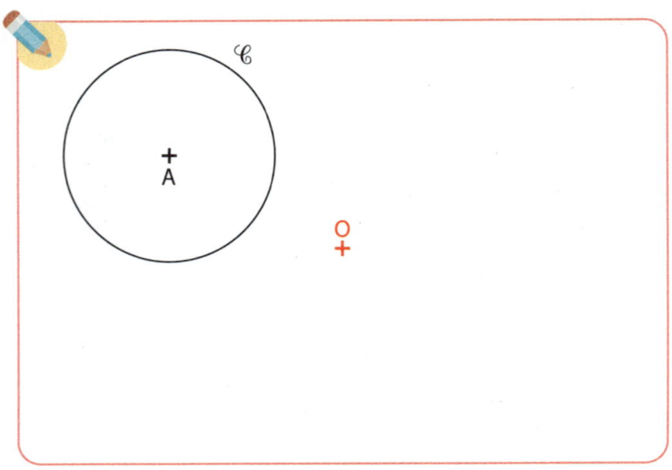

4 Algo **Dans le repère Xy-grid, voici deux triangles symétriques par rapport au point (0 ; 0) et le début du script Scratch qui a permis de les tracer.**

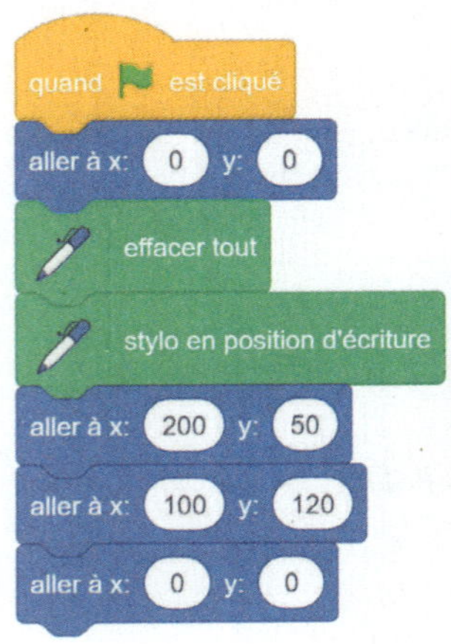

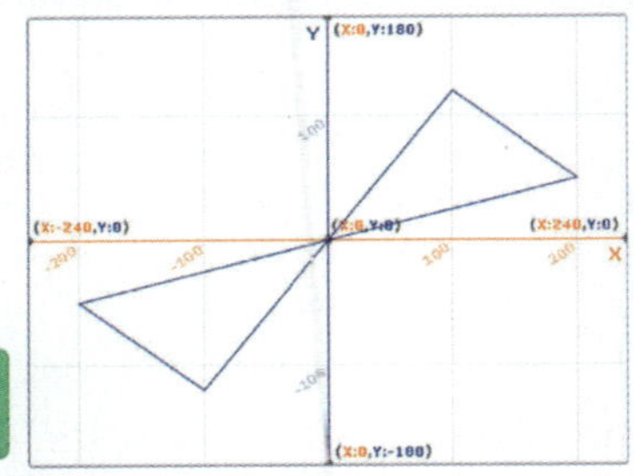

a. Ouvrir le logiciel Scratch, saisir et compléter ce script.
b. Tester le script une fois complété.

5 **ABCD est un carré de côté 2,5 cm. Sur la figure ci-dessous, A′ est le symétrique du point A par rapport à un point O.**

a. Construire le point O. Expliquer.

....

b. Construire le symétrique du carré ABCD par rapport au point O.

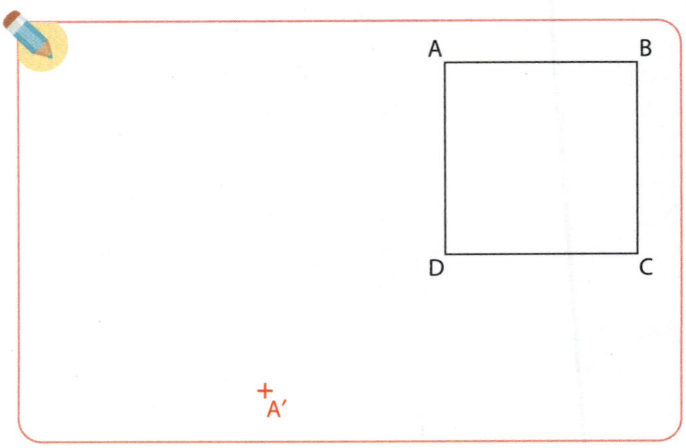

FICHE
95 Frises et pavages

CALCUL MENTAL
• .... • ....
• .... • ....
• .... • ....
BILAN ..../........

1 Cette frise est constituée de huit motifs.

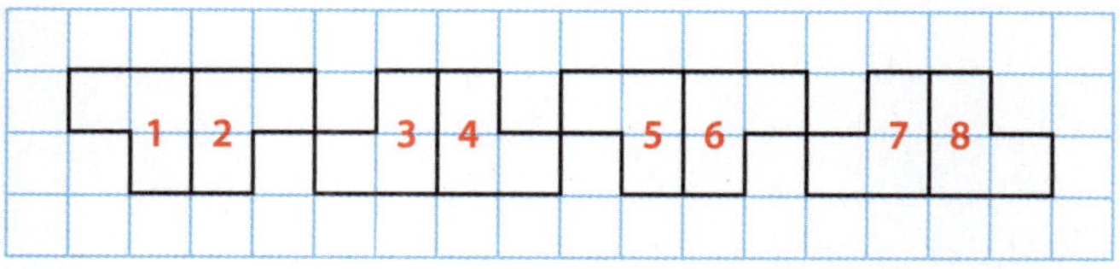

Quel type de transformation permet de passer :

a. du motif **1** au motif **2** ?

....

b. des motifs **1** et **2** aux motifs **3** et **4** ?

....

c. des motifs **1**, **2**, **3** et **4** aux motifs **5**, **6**, **7** et **8** ?

....

2 Tice **a.** Ouvrir un logiciel de géométrie dynamique. Afficher la grille.

b. Créer un triangle ABC (utiliser Polygone) et ne pas afficher les étiquettes de B et C.

c. Créer l'image du triangle par la symétrie de centre A (utiliser Symétrie centrale, cliquer sur le triangle puis sur A).

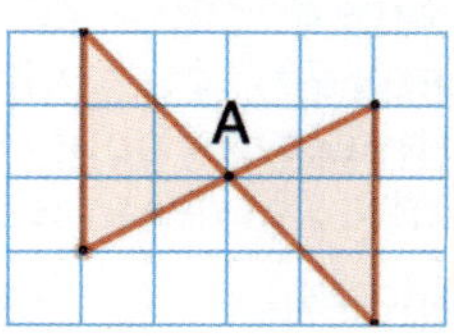

d. Utiliser Symétrie axiale pour obtenir la figure ci-dessous (cliquer sur l'écran, sans relâcher entourer les deux triangles, puis cliquer sur l'axe de symétrie).

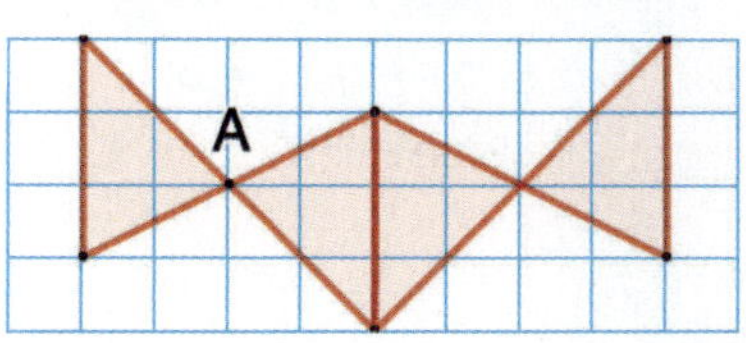

e. Effectuer exactement deux nouvelles symétries pour obtenir la frise ci-dessous.

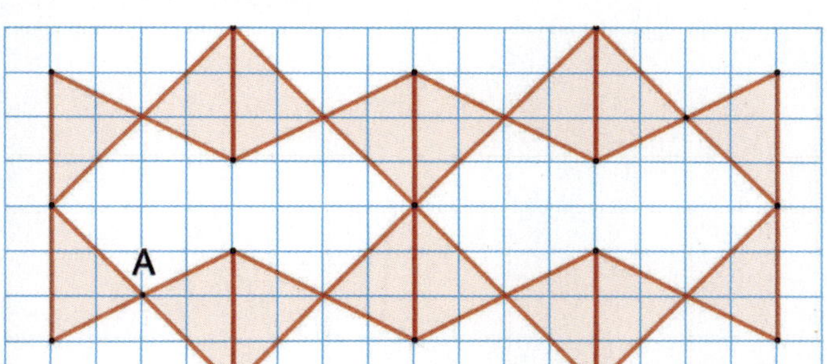

3 a. À partir de ce motif  , on construit ce tapis A.

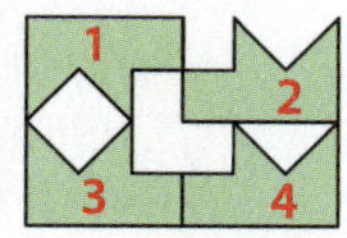

Préciser le type de symétrie (SA pour symétrie axiale et SC pour symétrie centrale) qui permet de passer du motif :

- **1** au motif **2** : ....
- **1** au motif **3** : ....
- **1** au motif **4** : ....
- **3** au motif **4** : ....

b. À partir du tapis A, on construit cette frise.

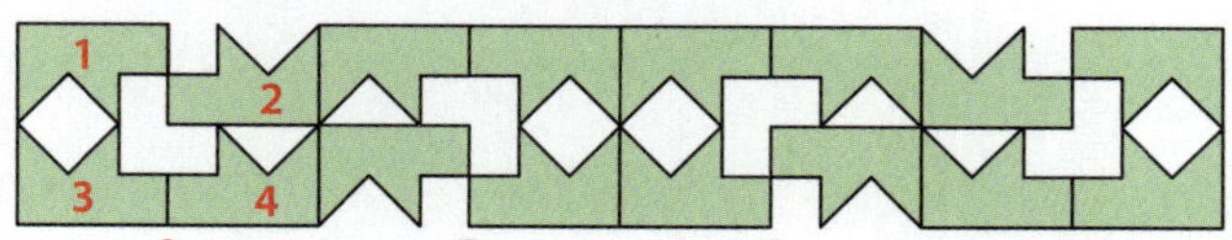

Préciser le type de transformation (SA pour symétrie axiale et SC pour symétrie centrale ou ? pour une autre réponse) qui permet de passer du tapis :

- **A** au tapis **B** : ....
- **A** au tapis **C** : ....
- **B** au tapis **C** : ....
- **A** au tapis **D** : ....
- **C** au tapis **D** : ....

4 On a construit ces frises à partir d'un motif de base  en effectuant à chaque fois un seul type de symétrie.

Frise 1

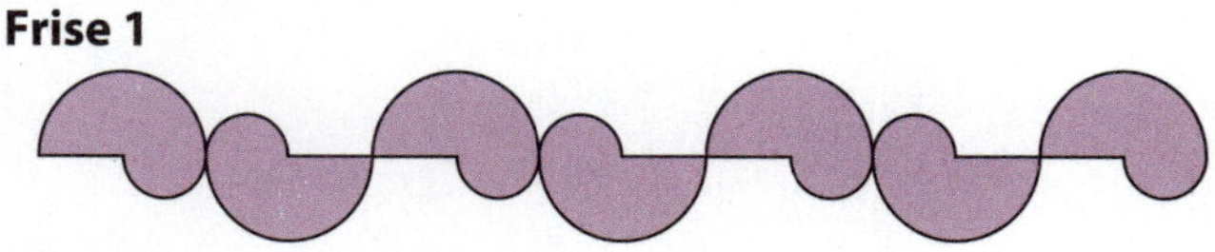

Frise 2

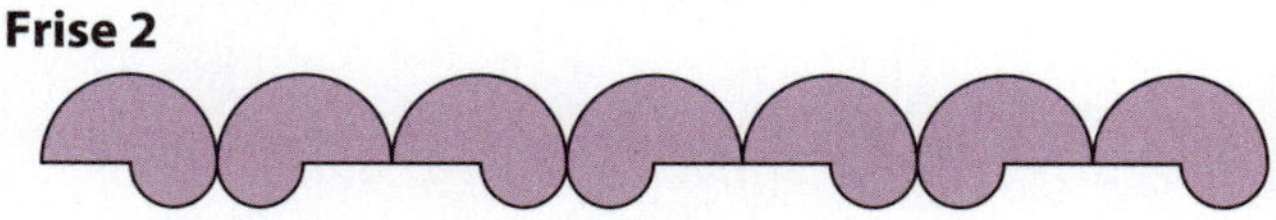

a. Préciser le type de symétrie (symétrie axiale ou symétrie centrale) utilisée pour chaque frise.

....

....

b. L'aire du motif de base est environ 0,6 cm^2.
Calculer l'aire de chacune de ces frises.

Perfectionnement

CALCUL MENTAL
• .... • ....
• .... • ....
• .... • ....
BILAN ..../........

1 **a.** Construire la symétrique $\mathscr{F}_1$ de la figure $\mathscr{F}$ par rapport au point O.
b. Construire la symétrique $\mathscr{F}_2$ de la figure $\mathscr{F}$ par rapport à la droite (d).

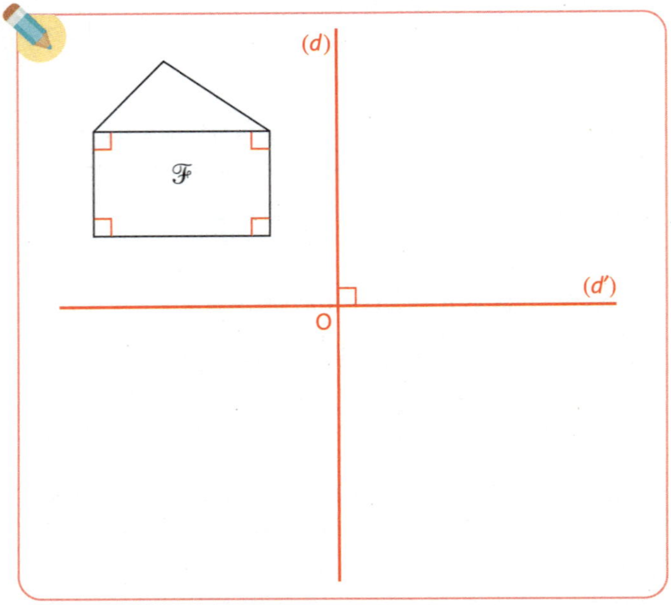

c. Quelle transformation permet de passer de la figure $\mathscr{F}_1$ à la figure $\mathscr{F}_2$?

....

2 **a.** Construire les symétriques respectifs (d_1) et (d_2) de la droite (AB) par rapport aux points O et O′.

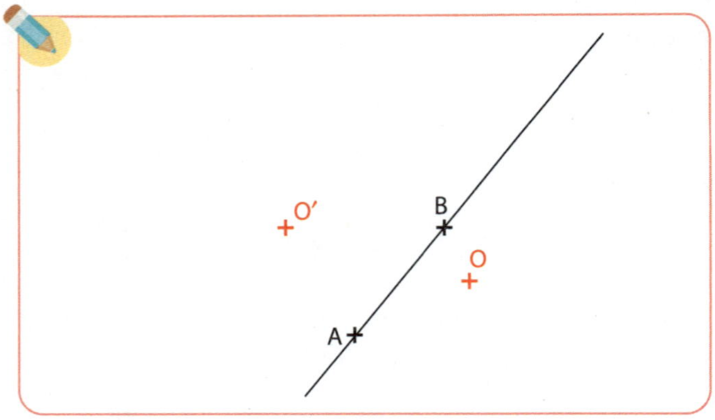

b. Que peut-on dire des droites (d_1) et (d_2) ? Expliquer.

3 Qu'a de remarquable ce logo ?

....

....

4 **Voici un logo réalisé par le Japonais Yūsaku Kamekura en 1970 pour la firme Yamagiwa Electrics. Il a un centre de symétrie O et quatre axes de symétrie.**

Construire ce point et ces droites.

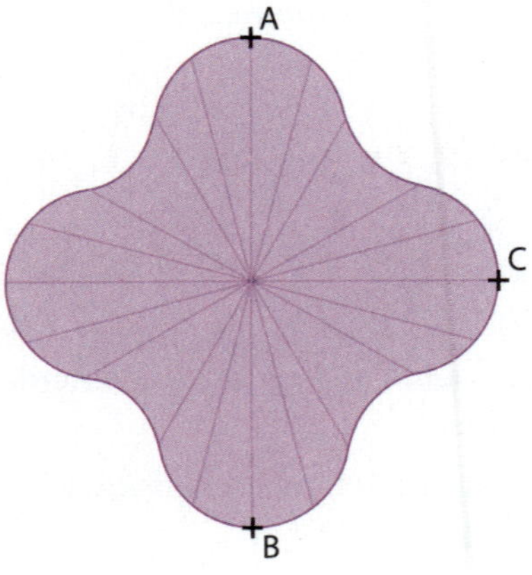

5 **ABCD est un carré de côté 4 cm.**
I et J sont les milieux des côtés [AB] et [CD].
Les arcs de cercle tracés ont pour centre I et rayon IA, pour centre J et rayon JC.
Calculer l'aire de la surface coloriée en jaune. Expliquer.

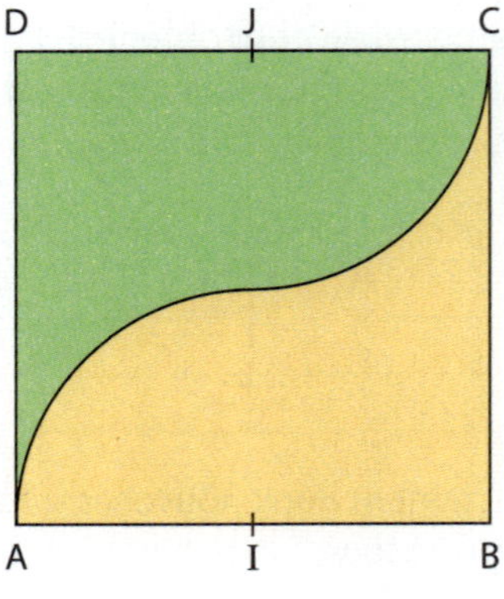

FICHE 97

QCM & jeux

QCM

Voici un questionnaire à choix multiples.
Pour chaque question, entourer la (ou les) réponse(s) exacte(s).

Bilan ..... / 5

A	La lettre Z et sa symétrique par rapport à la droite (*d*) sont représentées sur la figure …	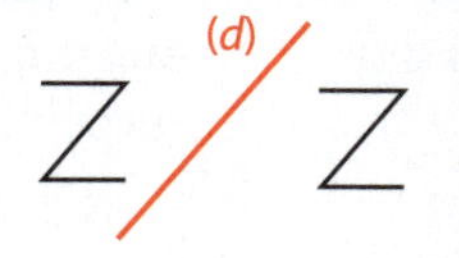	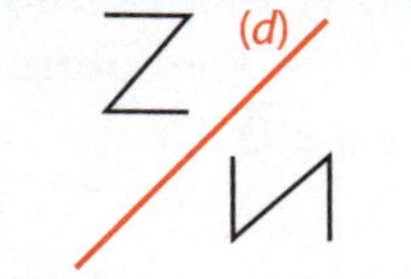	
B	La lettre R et sa symétrique par rapport au point rouge sont représentées sur la figure …			
C	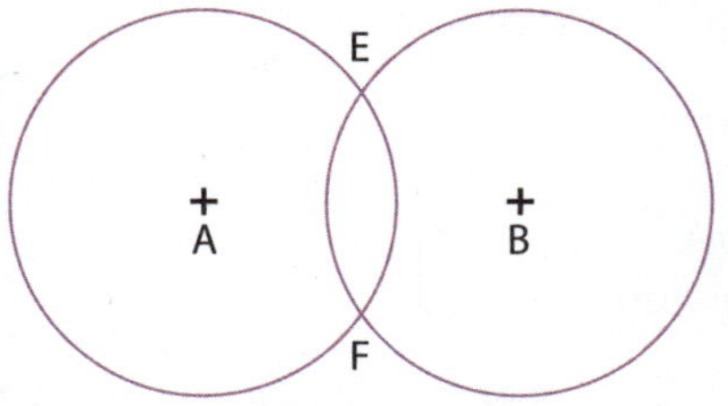 Ces deux cercles de même rayon et de centres A et B …	sont symétriques par rapport au milieu du segment [EF]	sont symétriques par rapport au milieu du segment [AB]	sont symétriques par rapport à la droite (EF)
D	Un rectangle non carré a exactement …	un centre de symétrie	deux axes de symétrie	quatre axes de symétrie
E	Ces deux triangles sont symétriques par rapport à un point O. Alors … 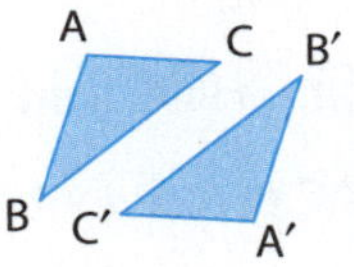	les segments [AA′], [BB′], [CC′] ont le même milieu	AA′ = BB′ = CC′	$\widehat{ACB} = \widehat{A'C'B'}$

jeu 1

Le dessinateur voulait représenter une carte à jouer qui admette un centre de symétrie. Il a commis 5 erreurs. Lesquelles ?

jeu 2

Dessiner la symétrique de cette égalité par rapport au point rouge, puis imaginer une autre égalité qui ait aussi cette propriété.

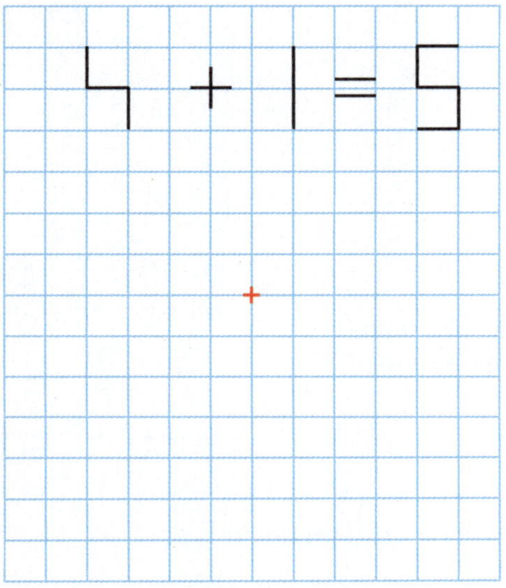

CALCUL MENTAL

• .... • ....
• .... • ....
• .... • ....

BILAN ..../........

FICHE 98 Vocabulaire des angles

→ Les droites (xx') et (yy') sont sécantes en O. Les angles $\widehat{xOy}$ et $\widehat{x'Oy'}$ sont **opposés par le sommet et $\widehat{xOy} = \widehat{x'Oy'}$**.

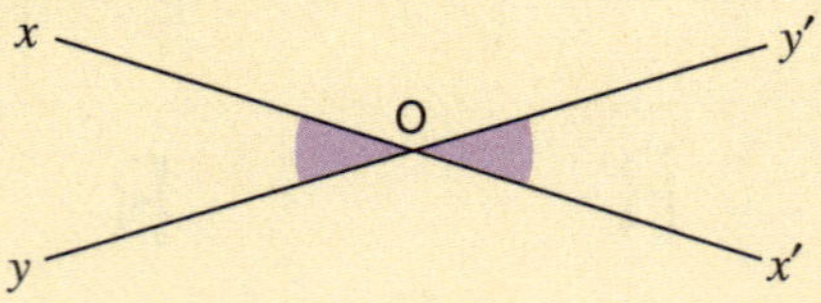

(uu') est une droite sécante aux droites (xx') et (yy') respectivement en A et B.

→ Les angles $\widehat{xAB}$ et $\widehat{y'BA}$ sont **alternes-internes**.

→ Les angles $\widehat{xAB}$ et $\widehat{yBu'}$ sont **correspondants**.

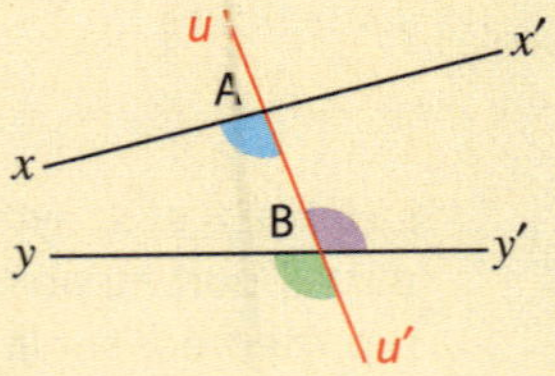

1 **(BD) et (CE) sont des droites sécantes au point A.**

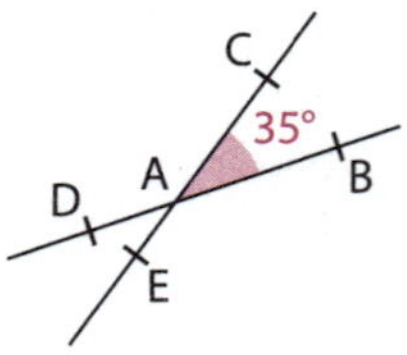

a. Compléter.

• Les angles $\widehat{DAE}$ et $\widehat{BAC}$ sont ....

.... donc $\widehat{DAE}$ = ...

• Les points B, A et D sont alignés, donc

$\widehat{DAC}$ = ... – $\widehat{BAC}$ = ... – 35° = ...

b. Les droites (MN) et (RS) sont sécantes au point T et $\widehat{RTM} = 63°$.
Indiquer les mesures des angles marqués sur la figure.

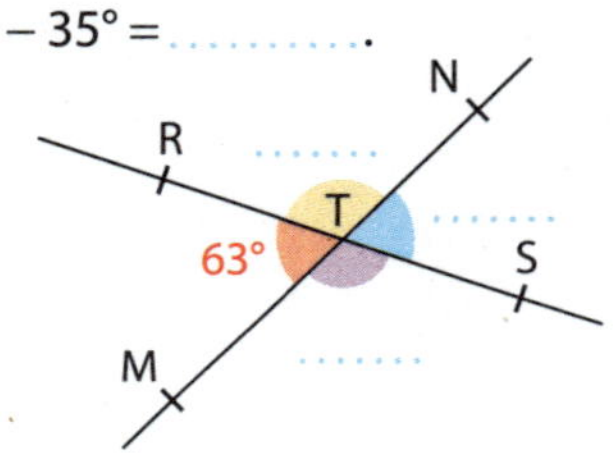

2 **Les droites (xy), (uv), (zt) sont concourantes en O.**

Dans chaque cas, déterminer la mesure de l'angle :

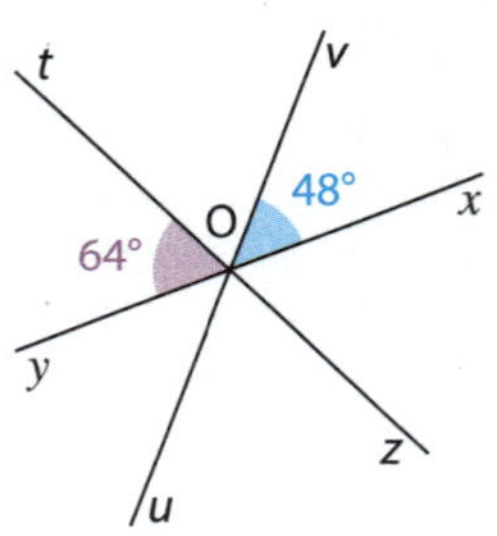

a. $\widehat{yOu}$ = ...

....

b. $\widehat{xOz}$ = ...

c. $\widehat{vOt}$ = ...

d. $\widehat{uOz}$ = ...

3 **a.** Citer un angle alterne-interne avec :

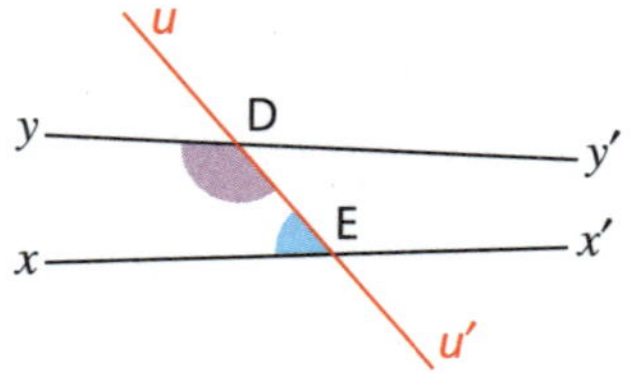

• $\widehat{xED}$: ....

• $\widehat{yDE}$: ....

b. Citer un angle correspondant avec :

• $\widehat{xED}$: .... • $\widehat{uDy'}$: ....

4 **ABCD est un rectangle de centre O.**

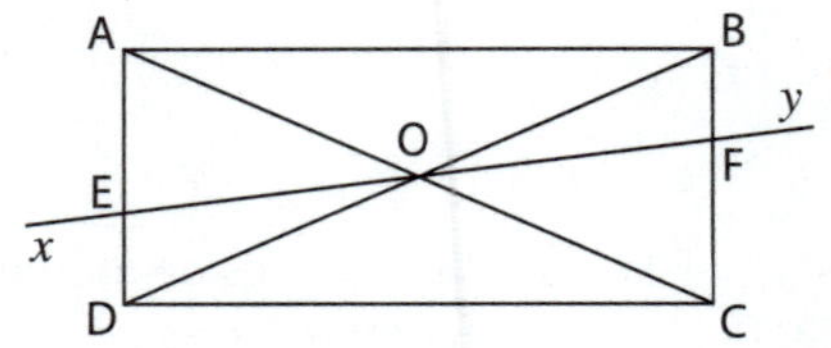

Une droite (xy), qui passe par O, coupe le côté [AD] en E et le côté [BC] en F.

Compléter :

a. $\widehat{AOD}$ et $\widehat{BOC}$ sont ....

b. $\widehat{DAC}$ et $\widehat{ACB}$ sont ....

c. $\widehat{DEy}$ et $\widehat{CFy}$ sont ....

5 **La droite (DG) coupe le côté [AB] en E et le côté [BC] en F.**

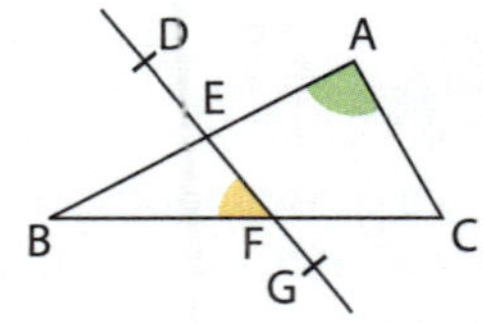

a. Citer un angle alterne-interne puis un angle correspondant à l'angle $\widehat{BAC}$.

....

....

b. Citer un angle opposé par le sommet puis un angle alterne-interne à l'angle $\widehat{BFE}$.

....

....

6 **Sur la figure ci-contre, les points D, E et A sont alignés.**

Sans utiliser le rapporteur, construire un autre angle de mesure :

a. 35°

b. 40°

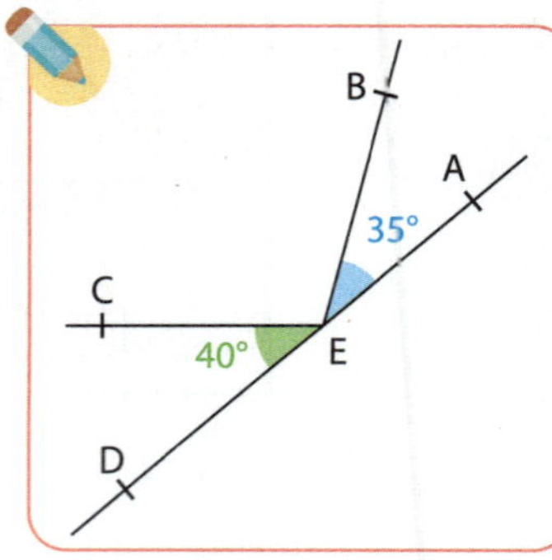

Angles formés par deux parallèles et une sécante

CALCUL MENTAL
- .... - ....
- .... - ....
- .... - ....

BILAN ..../........

→ Si deux droites parallèles sont coupées par une sécante, alors les angles alternes-internes qu'elles forment ont la même mesure.

Données **Conclusion**

Parallèles 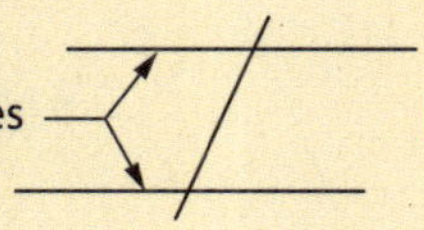 alors 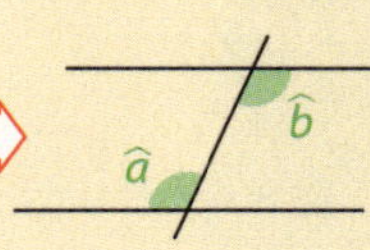

$\widehat{a} = \widehat{b}$

→ Si deux droites parallèles sont coupées par une sécante, alors les angles correspondants qu'elles forment ont la même mesure.

Données **Conclusion**

Parallèles 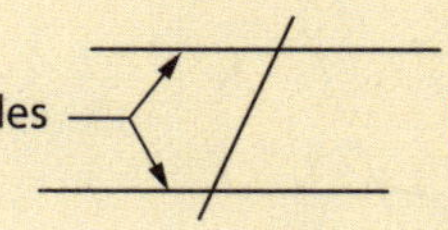 alors 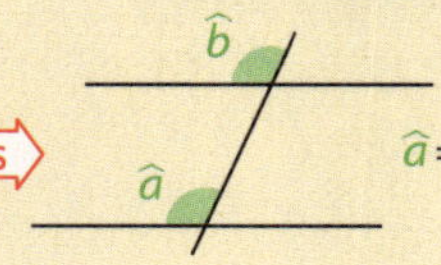

$\widehat{a} = \widehat{b}$

1 **La droite (*uv*) coupe les droites parallèles (*xy*) et (*tz*) en A et B.**

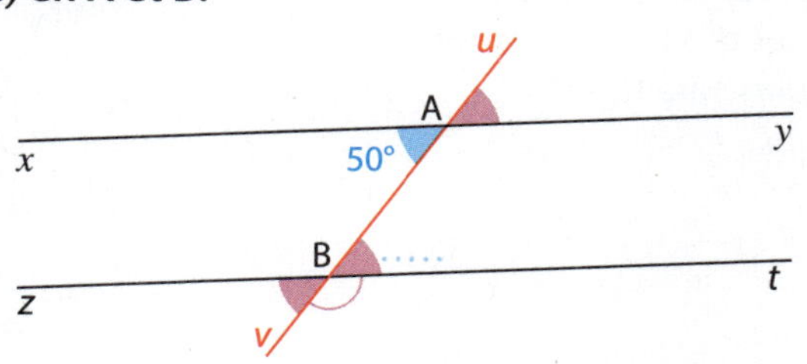

Donner la mesure de chaque angle en expliquant.

a. $\widehat{ABt}$ **b.** $\widehat{zBv}$ **c.** $\widehat{vBt}$ **d.** $\widehat{uAy}$

2 **La droite (AB) coupe les droites parallèles (AC) et (EF) en A et B.**

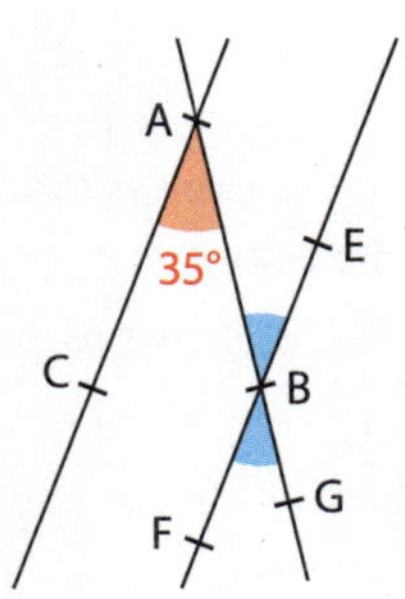

a. Compléter.

$\widehat{FBG} = \widehat{C......} = ...$

En effet, les droites (.......) et (.......) sont parallèles, donc les angles .... $\widehat{FBG}$ et $\widehat{.......}$ ont la même mesure.

b. Déterminer de deux façons différentes la mesure de l'angle $\widehat{ABE}$.

3 **Sur cette figure, les droites (MG) et (IH) sont parallèles et les points qui semblent alignés le sont.**

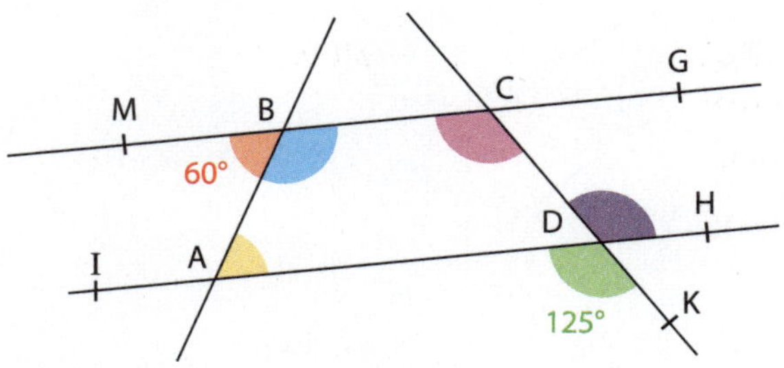

Donner la mesure de chaque angle en expliquant.

a. $\widehat{BAD}$ **b.** $\widehat{BCD}$ **c.** $\widehat{ABC}$ **d.** $\widehat{CDH}$

4 **La droite (*uv*) coupe les droites parallèles (*xy*) et (*tz*) en B et A.**

Calculer en justifiant la mesure de l'angle $\widehat{xBA}$.

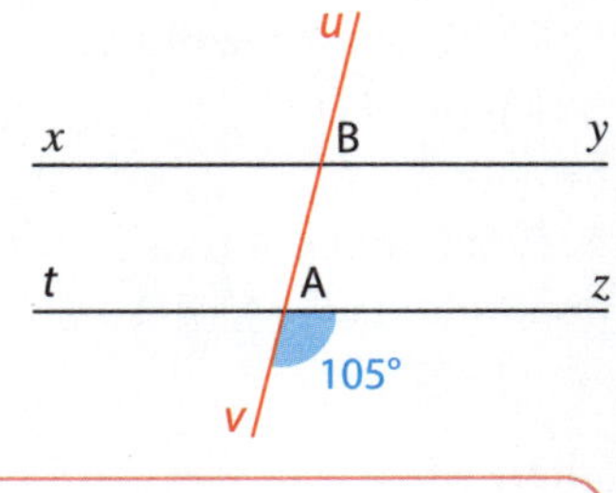

FICHE **100**

Caractérisation angulaire du parallélisme

CALCUL MENTAL

BILAN ..../........

→ Si deux droites coupées par une sécante forment deux angles alternes-internes de même mesure, alors elles sont parallèles.

Données **Conclusion**

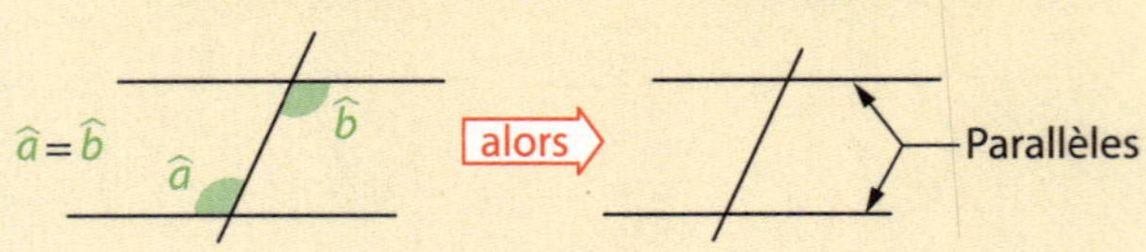

→ Si deux droites coupées par une sécante forment deux angles correspondants de même mesure, alors elles sont parallèles.

Données **Conclusion**

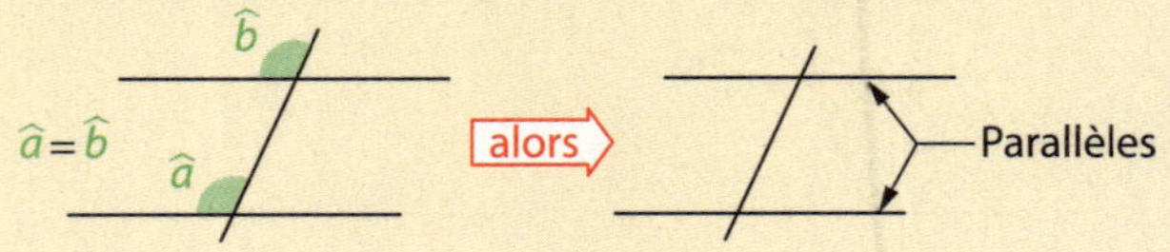

1 Dans chaque cas, expliquer pourquoi les droites (xx') et (yy') sont parallèles.

a.

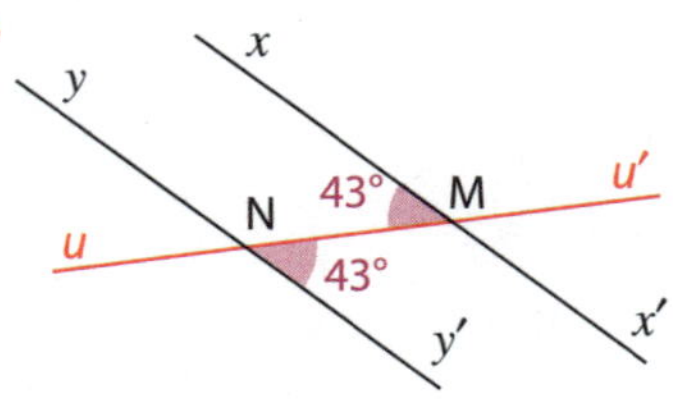

b.

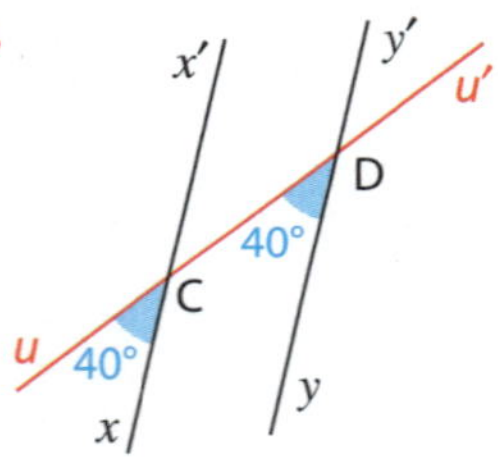

2 **a.** Quelle est la mesure de l'angle $\widehat{xED}$? Expliquer.

b. Expliquer pourquoi les droites (xx') et (yy') sont parallèles.

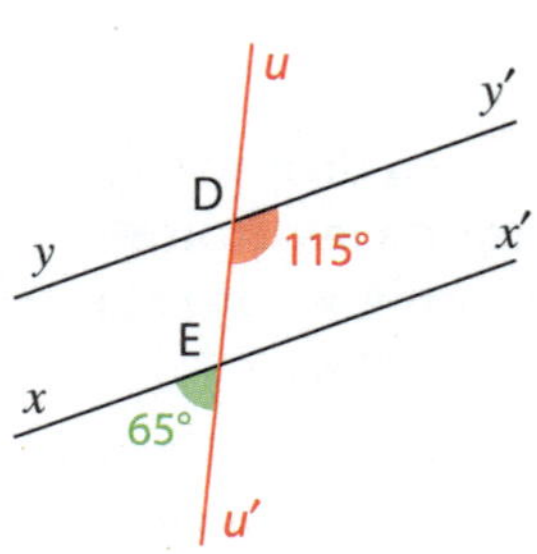

3 D'après les informations codées sur cette figure à main levée, les droites (EG) et (FH) sont-elles parallèles ?
Expliquer.

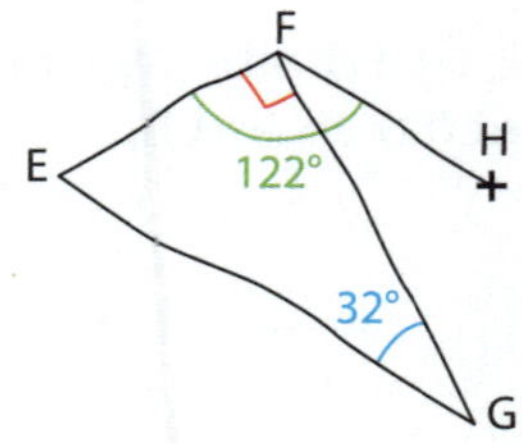

4 **Sur cette figure, la droite (OP) coupe le segment [AC] en M et le segment [BC] en N.**

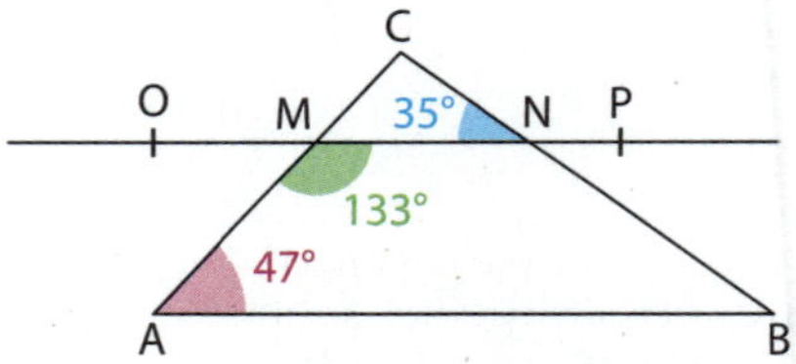

a. Les droites (MN) et (AB) sont-elles parallèles ? Expliquer.

b. Quelle est la mesure de l'angle $\widehat{ABC}$?

FICHE 101

Somme des mesures des angles d'un triangle

CALCUL MENTAL

• .... • ....
• .... • ....
• .... • ....

BILAN ..../........

→ Dans un triangle, la somme des mesures des trois angles est égale à **180°**.

Dans le triangle ABC :

$\widehat{ABC} + \widehat{BAC} + \widehat{ACB} = 180°$.

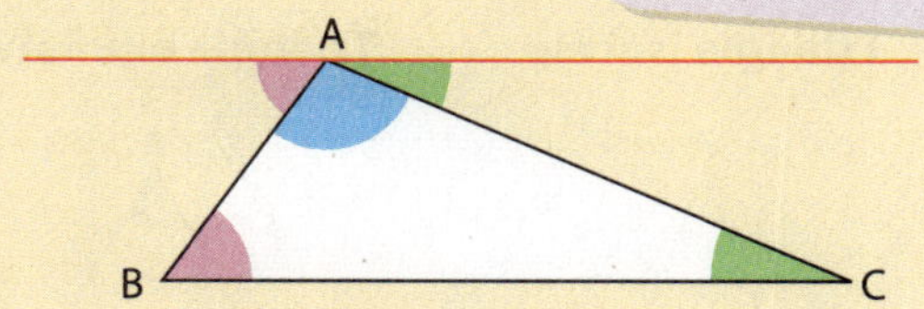

1 Sans rapporteur, déterminer la mesure de l'angle $\widehat{MNP}$.

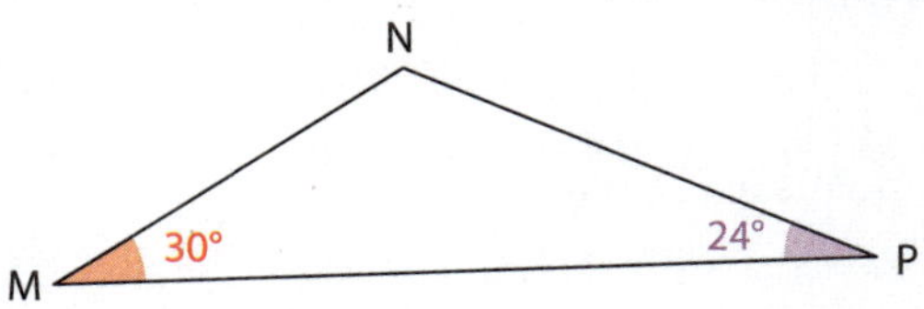

2 **a.** Calculer la mesure de l'angle $\widehat{TRE}$ sur cette figure tracée à main levée.

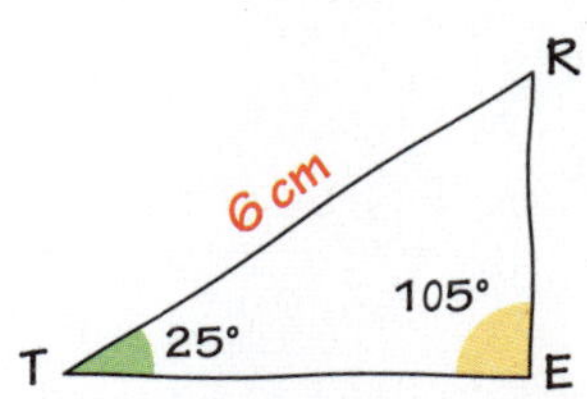

b. Construire en vraie grandeur le triangle TRE.

3 **Carine a tracé la figure à main levée ci-contre.**

Que peut-on en penser ?

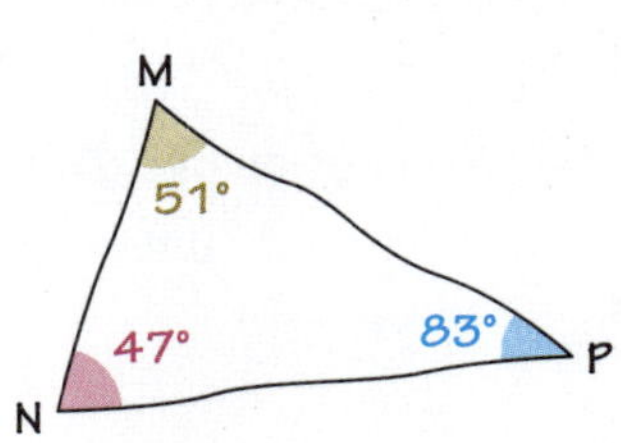

4 **Sur cette figure, les droites (BE) et (AD) sont sécantes en C.**

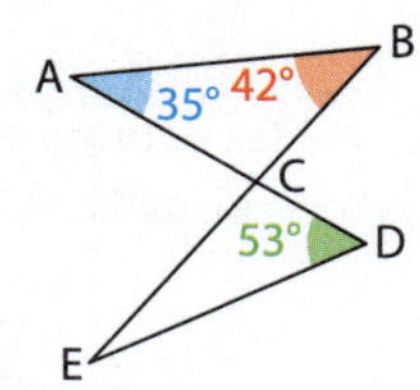

Calculer la mesure de chacun des angles :

a. $\widehat{ACB}$ **b.** $\widehat{ECD}$ **c.** $\widehat{CED}$

5 **Les points K, G, I et L sont alignés.**

Calculer la mesure de l'angle $\widehat{GHI}$ de cette rampe d'un skate-park.

FICHE 102

Angles de triangles particuliers

CALCUL MENTAL

• .... • ....
• .... • ....
• .... • ....

BILAN ..../........

Triangle isocèle	**Triangle équilatéral**	**Triangle rectangle**	**Triangle rectangle isocèle**
	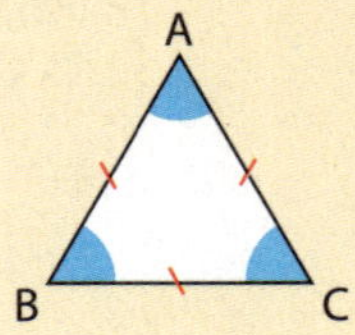	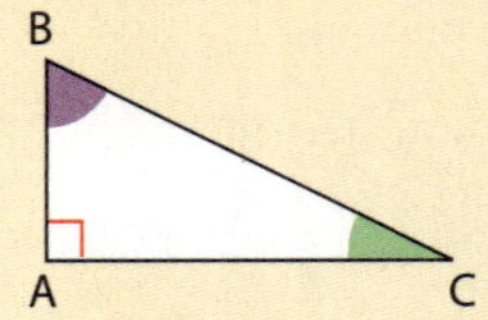	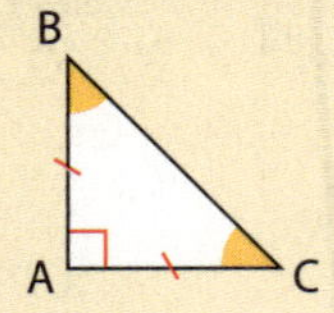
$\widehat{ABC} = \widehat{ACB}$	$\widehat{BAC} = \widehat{ABC} = \widehat{ACB} = 60°$	$\widehat{ABC} + \widehat{ACB} = 90°$	$\widehat{ABC} = \widehat{ACB} = 45°$

1 Dans chaque cas, avec les informations codées sur la figure, calculer la mesure de l'angle $\widehat{LAC}$.

a.

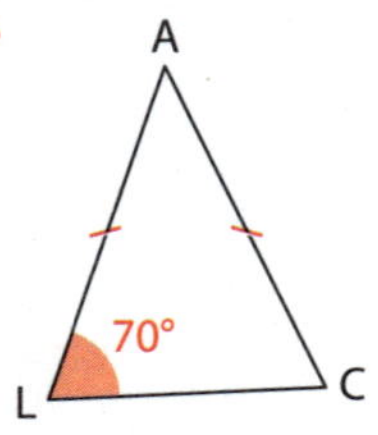

b.

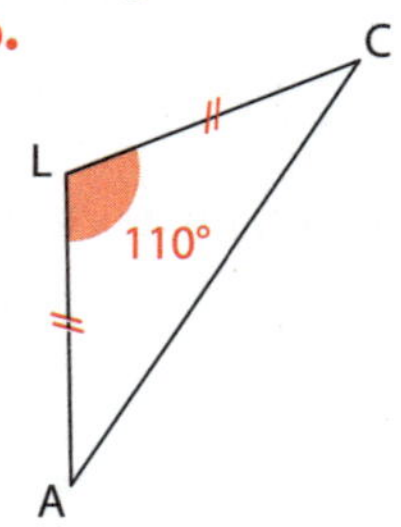

2 Avec les informations codées sur la figure, calculer la mesure de l'angle $\widehat{BAC}$ de ce tremplin de ski nautique.

3 **Voici une figure à main levée.**

Calculer la mesure de l'angle $\widehat{OLE}$ puis construire ce triangle OLE en vraie grandeur.

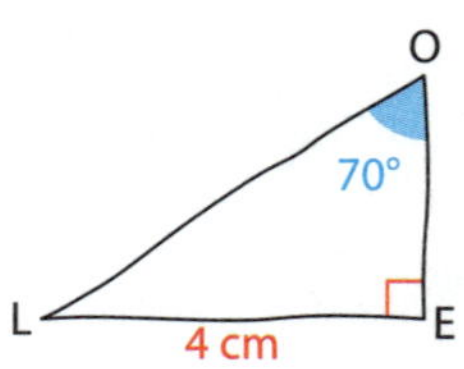

4 Les points A, C, D sont alignés.

Avec les informations codées sur la figure, calculer la mesure de l'angle $\widehat{DBC}$.

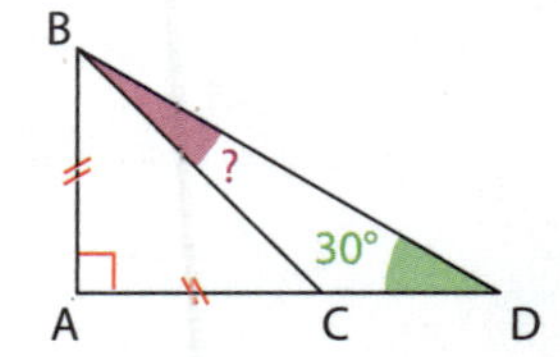

5 Construire un triangle MER isocèle en M tel que :

RE = 6 cm et $\widehat{EMR} = 100°$.

Expliquer.

6 Que peut-on dire d'un triangle BAL tel que :

$\widehat{BAL} = 42°$ et $\widehat{BLA} = 69°$?

Perfectionnement

CALCUL MENTAL

• .... • ....
• .... • ....
• .... • ....

BILAN ..../........

★★★

1 **Cette figure est composée de deux carrés ABGE et CDFG tels que les points C, B et G sont alignés.**

Expliquer pourquoi les droites (GD) et (GA) sont perpendiculaires.

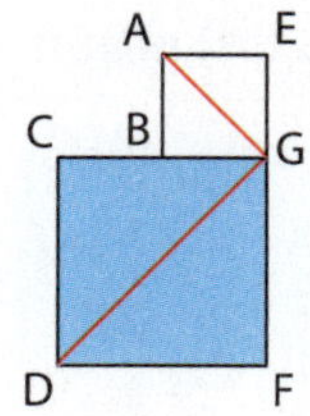

2 **Les points F, C, H, J sont alignés ainsi que les points G, C, D.**

Expliquer pourquoi les droites (DF) et (GH) sont parallèles.

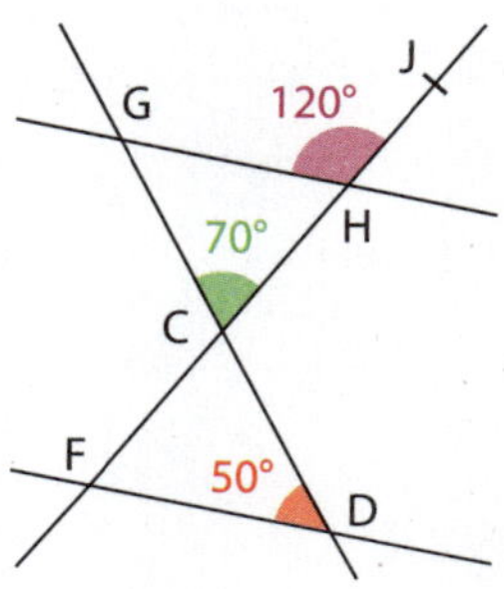

3 **Algo** **Voici un script Scratch incomplet.**

Indiquer les valeurs à saisir aux lignes **(1)**, **(2)** et **(3)** pour qu'en exécutant ce script, le lutin trace un triangle équilatéral de côté 100 pas.

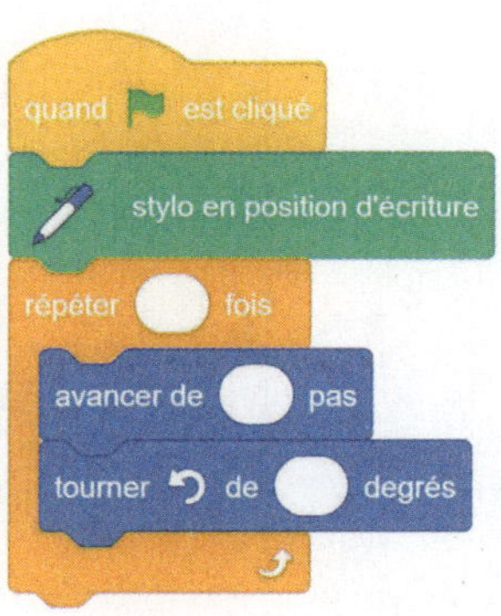

4 **Sur cette figure à main levée, les points O, N et L sont alignés.**

Construire la figure en vraie grandeur.
Expliquer la démarche.

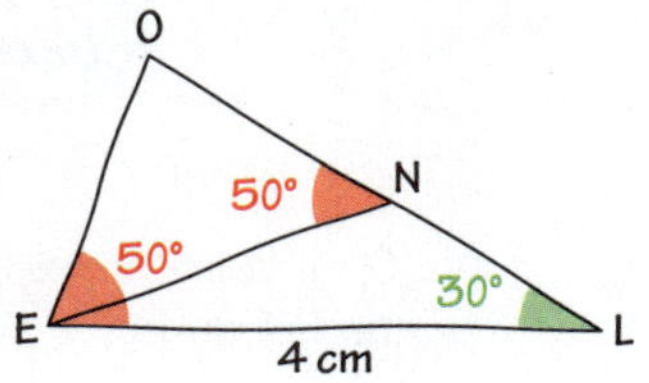

5 **Pour mesurer le périmètre de la Terre, le mathématicien grec Ératosthène (−284, −192) a observé les rayons du Soleil, à midi, dans deux villes, Syène et Alexandrie, distantes de 5 000 stades (1 stade vaut environ 157 m).**
À Syène, le Soleil est à la verticale et à Alexandrie, l'angle formé par les rayons du Soleil et la verticale est de 7,2°.
Les rayons du Soleil sont supposés parallèles.

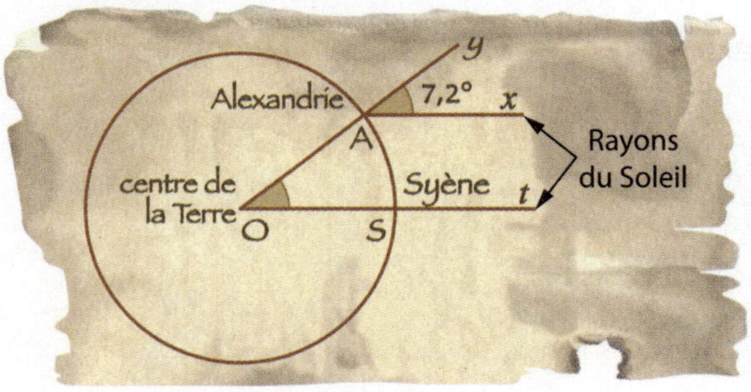

a. Expliquer pourquoi $\widehat{SOA} = 7{,}2°$.
b. Calculer la quatrième proportionnelle P de ce tableau.
c. En déduire le périmètre, en km, de la Terre trouvé par Ératosthène.

7,2°	5 000
360°	P

QCM & jeux

QCM

Voici un questionnaire à choix multiples.
Pour chaque question, entourer la (ou les) réponse(s) exacte(s).

Bilan ..... / 5

A	On a marqué des angles alternes-internes sur la figure …	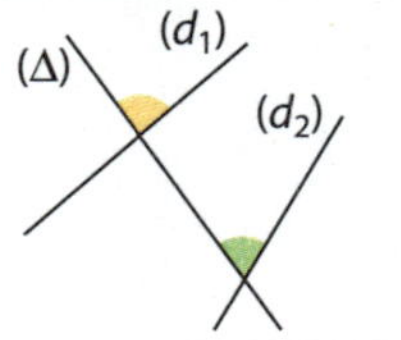	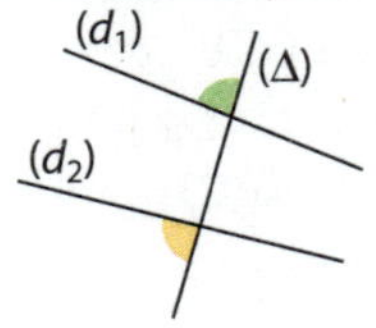	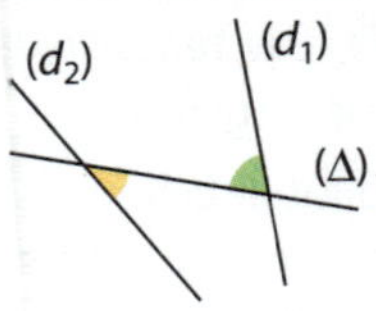
B	D'après les données de cette figure, … 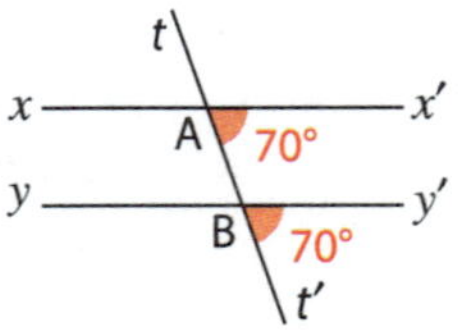	$\widehat{xAt} = 70°$	$\widehat{xAB} = 110°$	les droites (xx') et (yy') sont parallèles
C	Un triangle dont un des angles mesure 62° est …	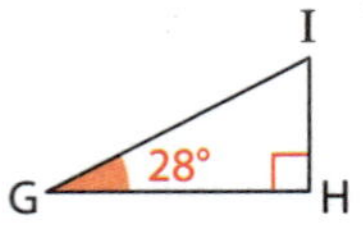	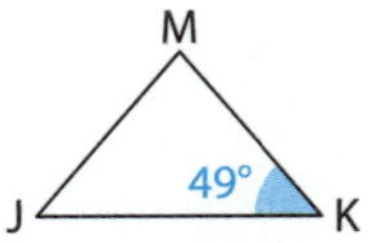	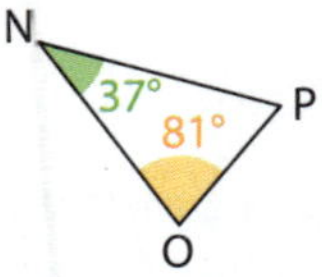
D	Un triangle isocèle a un angle qui mesure 26°. Alors ses deux autres angles peuvent avoir pour mesures …	26° et 128°	77° et 77°	54° et 100°
E	Les droites (TA) et (TN) coupent la droite (CS) en P et O. Alors … 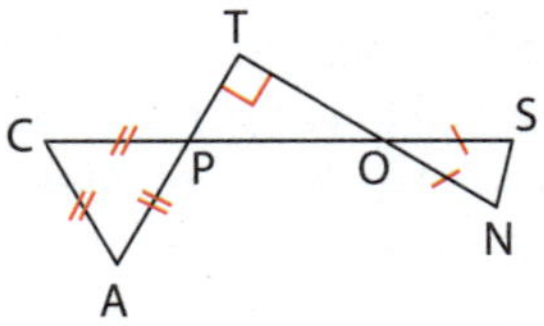	$\widehat{TPO} = 60°$	$\widehat{TOP} = 30°$	$\widehat{OSN} = 75°$

jeu 1

Ces deux droites se coupent en un point A à l'extérieur du cadre.
Est-il possible de mesurer l'angle $\widehat{BAC}$?

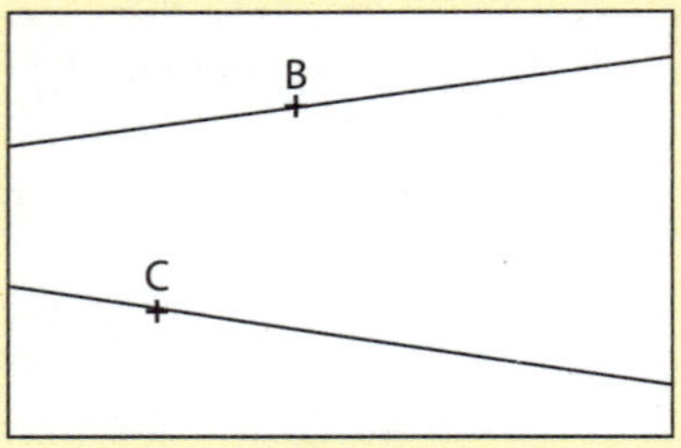

Réponse : ....

jeu 2

Yan affirme : « J'ai découpé les trois angles d'un triangle. »
A-t-il raison ?

jeu 3

Sur ce plan, les directions (NS) sont parallèles.

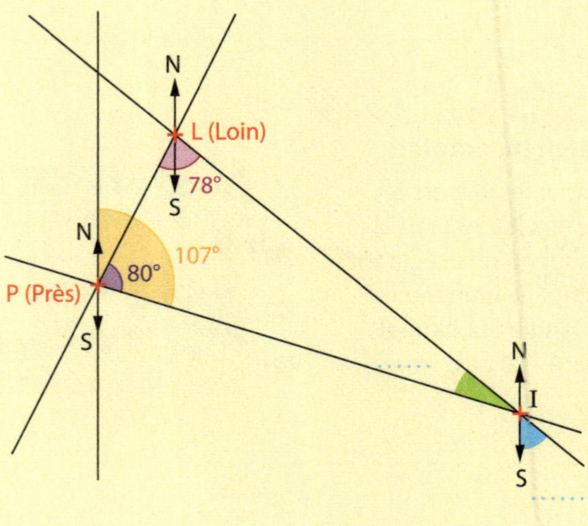

Peut-on calculer les mesures de l'angle vert et de l'angle bleu ?
Si oui, les indiquer sur le plan.

FICHE

105 Parallélogramme

CALCUL MENTAL

- .... • ....
- .... • ....
- .... • ....

BILAN ..../........

→ Un **parallélogramme** est un quadrilatère dont les côtés opposés sont deux à deux parallèles.

Pour le parallélogramme ABCD ci-contre :
(AB) // (DC) et (AD) // (BC).

★

1 EFGI, FGEJ et FEGK sont des parallélogrammes.

Marquer les points I, J, K pour qu'il en soit ainsi et tracer ces parallélogrammes.

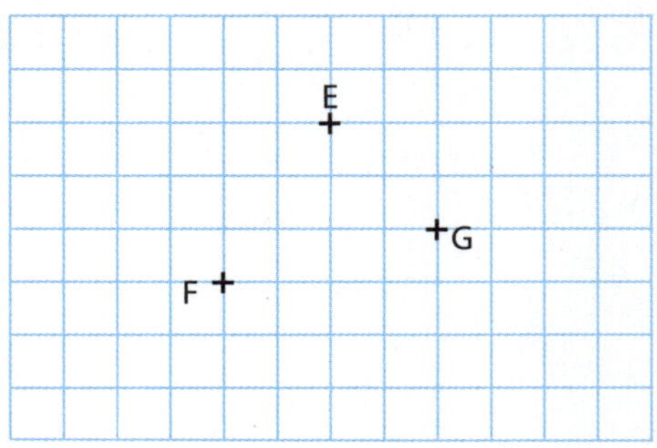

2 Terminer avec la règle et l'équerre la construction du parallélogramme NORD.

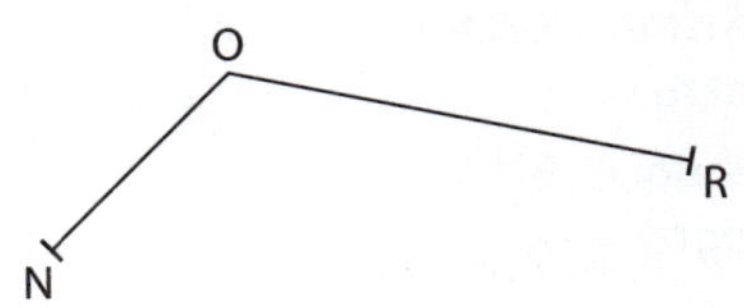

3 Sur la figure ci-dessous deux droites de la même couleur sont parallèles.

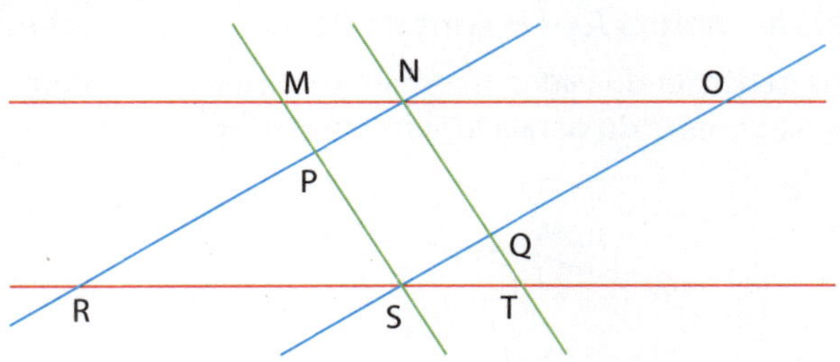

Citer tous les parallélogrammes que l'on peut distinguer.

....

★★

4 ABCD et ABEF sont deux parallélogrammes.

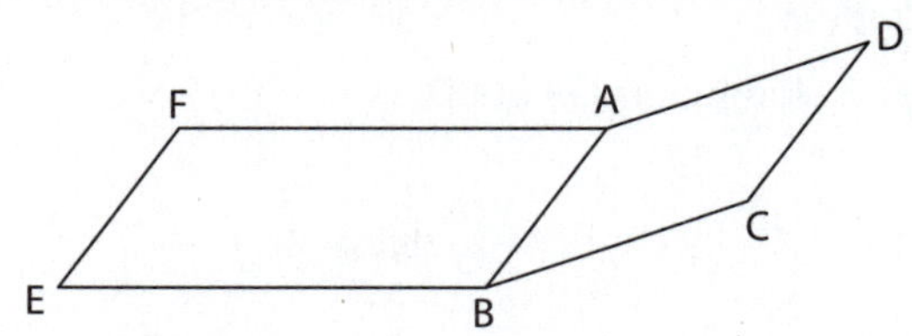

a. D'après les données ci-dessus, que sait-on pour :
- les droites (AB) et (CD) ?
- les droites (AB) et (EF) ?

b. Expliquer alors pourquoi les droites (CD) et (EF) sont parallèles.

5 a. Marquer un point O tel que IO = 3 cm et LO = 2 cm.
Construire le parallélogramme LOIN.

b. La parallèle à la droite (LI) qui passe par O coupe la droite (NI) en T. Marquer le point T, puis expliquer pourquoi le quadrilatère LOTI est un parallélogramme.

Propriété caractéristique des diagonales

CALCUL MENTAL

• .... • ....
• .... • ....
• .... • ....

BILAN ..../.........

→ Un parallélogramme a pour centre de symétrie le point d'intersection de ses diagonales. Les **diagonales** d'un **parallélogramme** se coupent en **leur milieu**.

→ Si les diagonales d'un quadrilatère se coupent en leur milieu, alors c'est un parallélogramme.

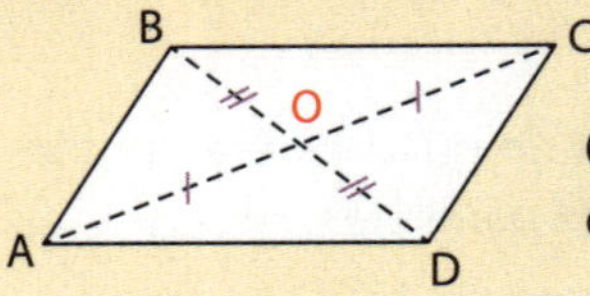

On dit que O est le **centre** de ce parallélogramme ABCD.

★

1 **ABCD est un parallélogramme de centre O. De plus AC = 7,2 cm et BO = 2,8 cm.**

Calculer les longueurs OA et BD.

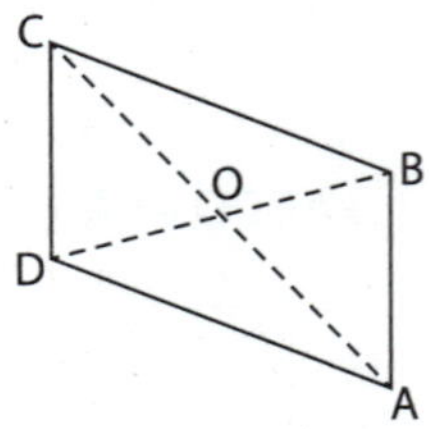

....

....

2 Terminer la construction du parallélogramme EFGH de centre I.

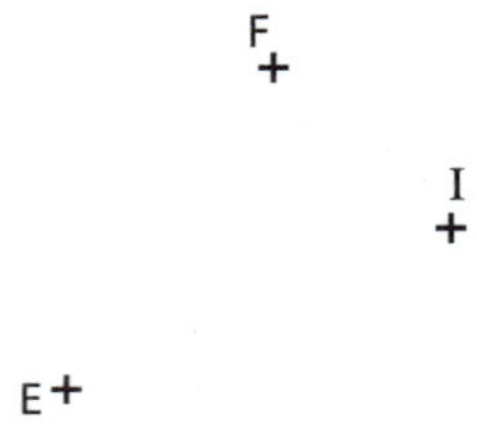

3 Construire, en utilisant uniquement la règle graduée, le parallélogramme JKLM.

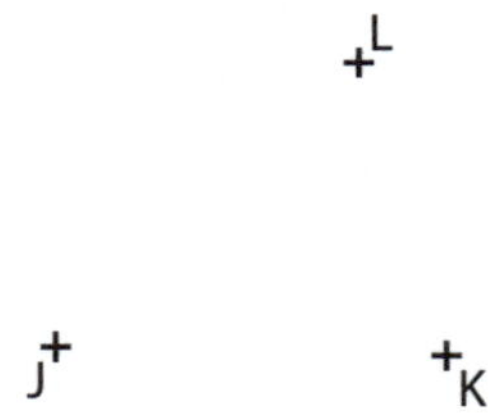

4 **Les points I et N sont symétriques par rapport au milieu M du segment [LO].**

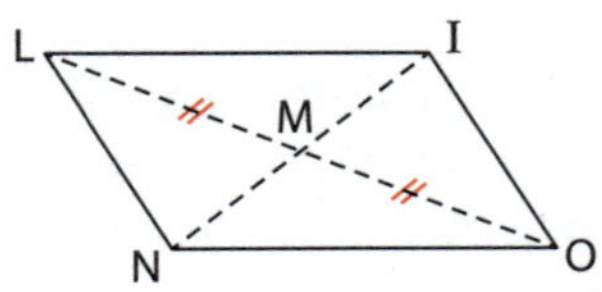

Expliquer pourquoi LION est un parallélogramme.

★★

5 **Voici une figure à main levée d'un parallélogramme MERS tel que ME = 5 cm, ER = 2,5 cm et MR = 6 cm.**

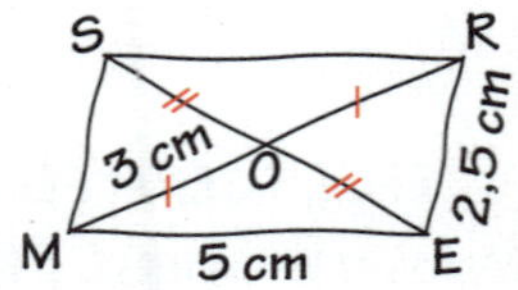

Construire un tel parallélogramme MERS.

6 **[AB] et [CD] sont des diamètres de deux cercles de même centre O.**

Expliquer pourquoi ACBD est un parallélogramme.

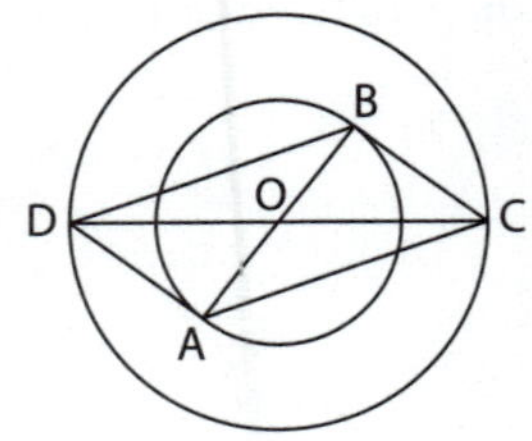

7 **MATH est un parallélogramme, mais les points A et H sont en dehors de la feuille.**

Sans déborder du cadre, marquer le point d'intersection O des diagonales du parallélogramme MATH.

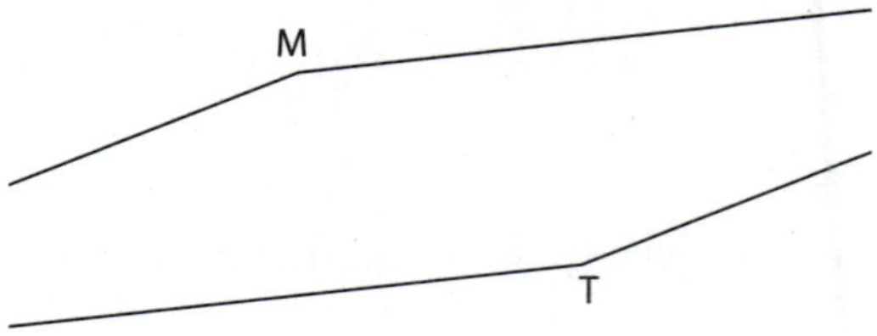

FICHE 107

Autres propriétés du parallélogramme

CALCUL MENTAL

• .... • ....
• .... • ....
• .... • ....

BILAN ..../........

→ Dans un parallélogramme :

• les **côtés opposés** ont deux à deux la même longueur.

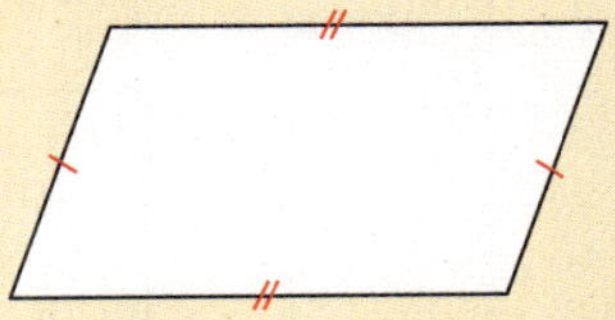

• les **angles opposés** ont deux à deux la même mesure.

1 **ABCD est un parallélogramme.**

Donner, en expliquant :

a. le périmètre de ABCD,

b. la mesure de chacun des angles $\widehat{ADC}$ et $\widehat{BCD}$.

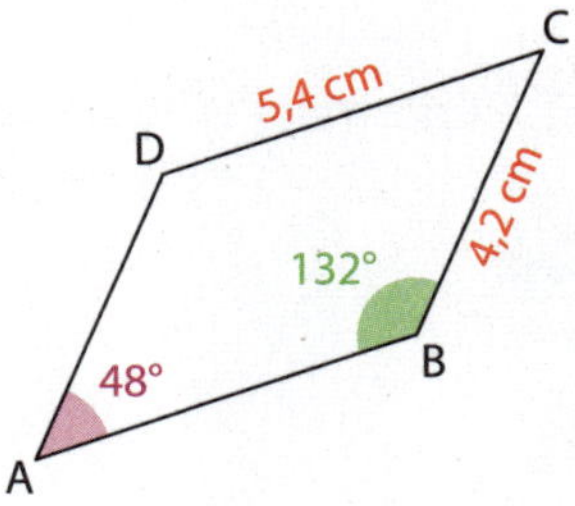

2 Construire, à l'aide du compas uniquement, le point N tel que le quadrilatère MAIN soit un parallélogramme. Expliquer la construction.

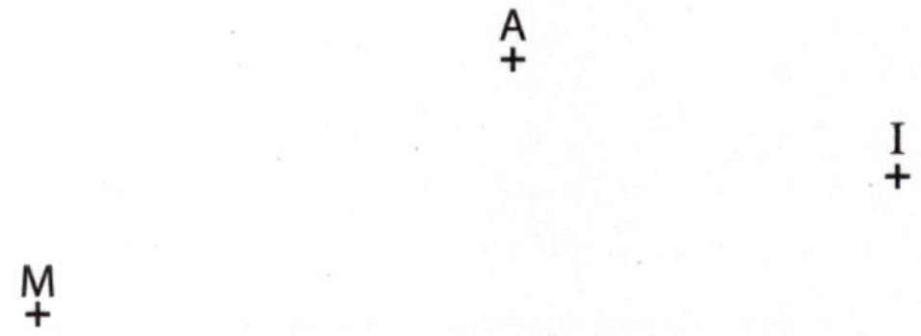

3 Construire un parallélogramme VELO tel que : VO = 4 cm, VE = 2 cm, $\widehat{EVO}$ = 75°.

4 **Algo** **Ce script Scratch incomplet doit permettre de tracer ce parallélogramme.**

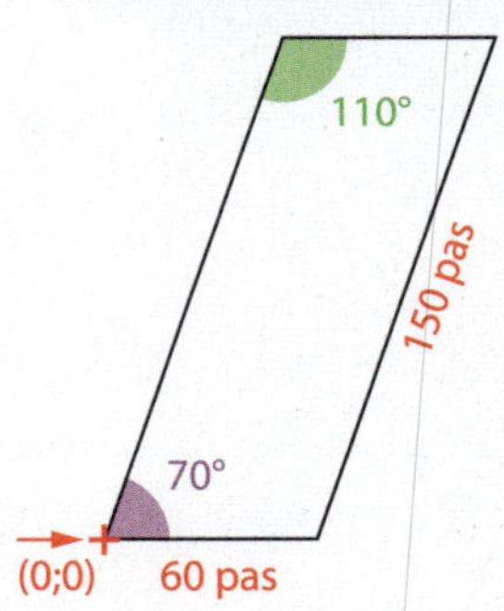

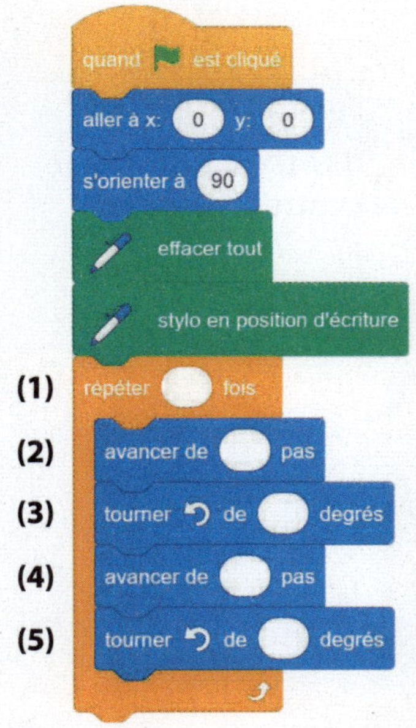

a. Quel nombre doit-on saisir à chacune des lignes **(1)** à **(5)** ?

b. Ouvrir le logiciel Scratch. Saisir le script complété et l'exécuter pour vérifier le tracé.

FICHE
108 Parallélogrammes particuliers

CALCUL MENTAL
• .... • ....
• .... • ....
• .... • ....
BILAN ..../........

→ Les rectangles, les losanges et les carrés sont des parallélogrammes particuliers.

• Les diagonales d'un **rectangle** ont la même longueur.

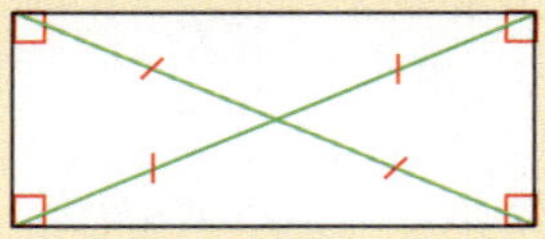

• Les diagonales d'un **losange** sont perpendiculaires.

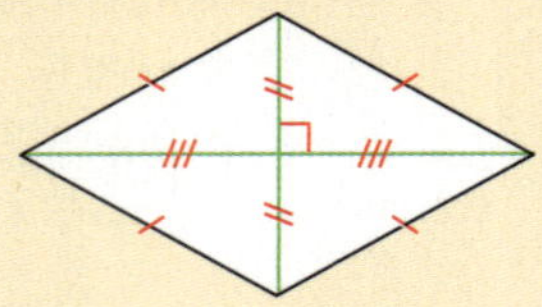

• Les diagonales d'un **carré** sont perpendiculaires et ont la même longueur.

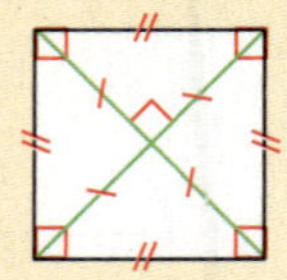

1 **KLMN est un rectangle de centre O.**

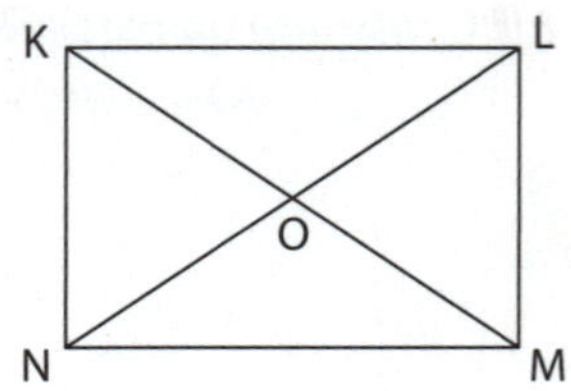

Quelle est la nature :
a. du triangle KLM ?
b. du triangle LOM ?

2 **FGHI est un losange de centre J.**

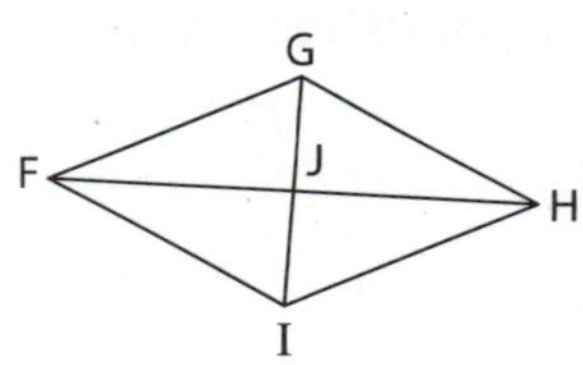

Quelle est la nature :
a. du triangle GFI ?
b. du triangle GJH ?

3 Construire un rectangle TOUR tel que :
TO = 5 cm et TU = 6 cm.

4 Construire un losange GOAL tel que :
GO = 3 cm et $\widehat{GOA} = 110°$.

5 Construire un carré ROND tel que RN = 4 cm.

6 Construire un losange dont les diagonales mesurent 5 cm et 2 cm.

FICHE **109**

Reconnaissance d'un parallélogramme particulier

CALCUL MENTAL

• .... • ....
• .... • ....
• .... • ....

BILAN ..../........

- Si un parallélogramme a ses diagonales de même longueur, alors c'est un **rectangle**.
  Si un parallélogramme a un angle droit, alors c'est un **rectangle**.
- Si un parallélogramme a ses diagonales perpendiculaires, alors c'est un **losange**.
  Si un parallélogramme a deux côtés consécutifs de même longueur, alors c'est un **losange**.
- Si un parallélogramme a ses diagonales perpendiculaires et de même longueur, alors c'est un **carré**.

1 **[MR] et [AS] sont deux diamètres d'un cercle de centre O.**

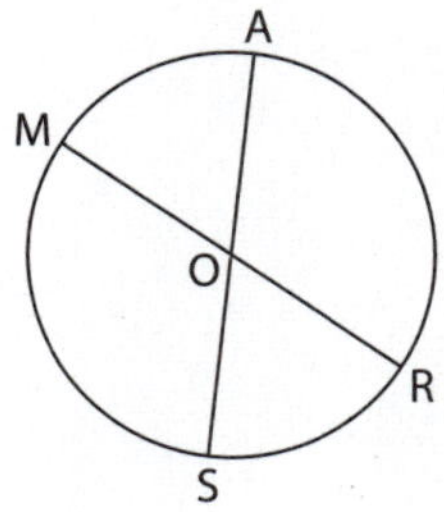

a. Expliquer pourquoi le quadrilatère MARS est un parallélogramme.
b. Préciser la nature de MARS. Expliquer.

2 Citer les propriétés qui permettent de conclure sur la nature du quadrilatère ABCD.

a.

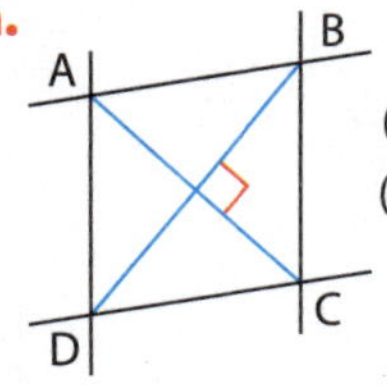

(AD) // (BC)
(AB) // (DC)

b.

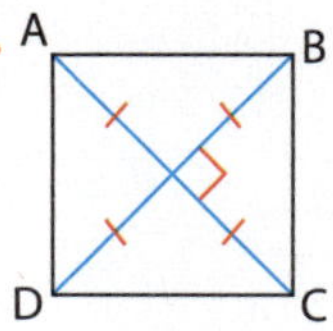

3 **FNO est un triangle rectangle en F et I est le point tel que FOIN est un parallélogramme.**

Tracer une figure à main levée puis préciser la nature de FOIN. Expliquer.

4 **LOUP est un parallélogramme tel que :**
• LO = 4 cm et LU = 7 cm ;
• les droites (LU) et (OP) sont perpendiculaires.

a. Préciser la nature du parallélogramme LOUP. Expliquer.
b. Construire un tel parallélogramme LOUP.

5 **ABC est un triangle isocèle en A. D est le point tel que le quadrilatère BACD est un parallélogramme.**

a. Construire une figure.
b. Préciser la nature du quadrilatère BACD. Expliquer.

FICHE 110

Perfectionnement

CALCUL MENTAL

• .... • ....

• .... • ....

• .... • ....

BILAN ..../........

1 MINE et RIEN sont deux parallélogrammes.

Pourquoi I est-il le milieu du segment [MR] ?

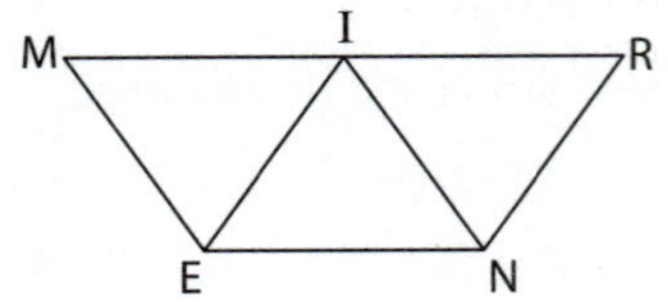

2 ROSE est un parallélogramme de centre I. MOUE est un parallélogramme.

a. Réaliser une figure.

b. Expliquer pourquoi I est le milieu du segment [MU].

3 TARD est un parallélogramme et TOI est un triangle tel que les droites (AI) et (DO) se coupent en T.

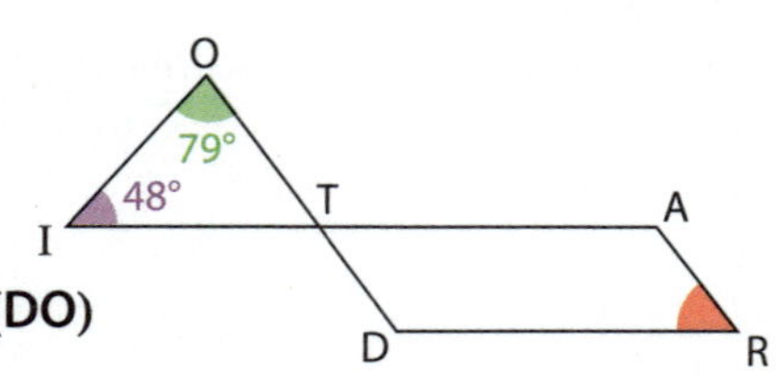

Déterminer la mesure de l'angle $\widehat{DRA}$. Expliquer.

4 MTRS est un parallélogramme et MATH est un rectangle.

a. Réaliser une figure.

b. Démontrer que AH = RS.

5 Dans chaque cas, construire le point M de la droite (*d*) et le point E afin que le quadrilatère AMIE soit :

a. un losange ; **b.** un rectangle.

a.

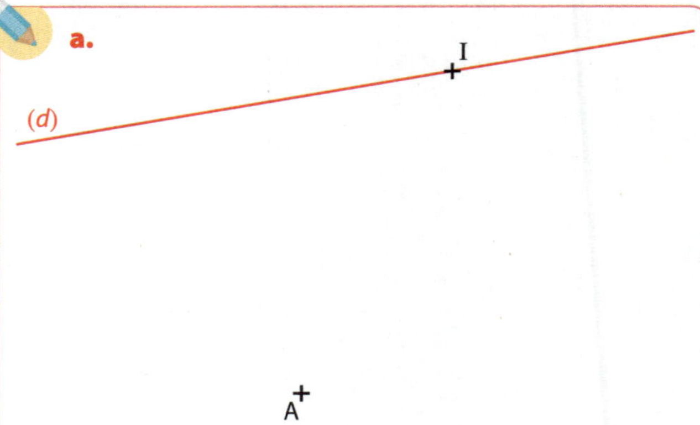

b.

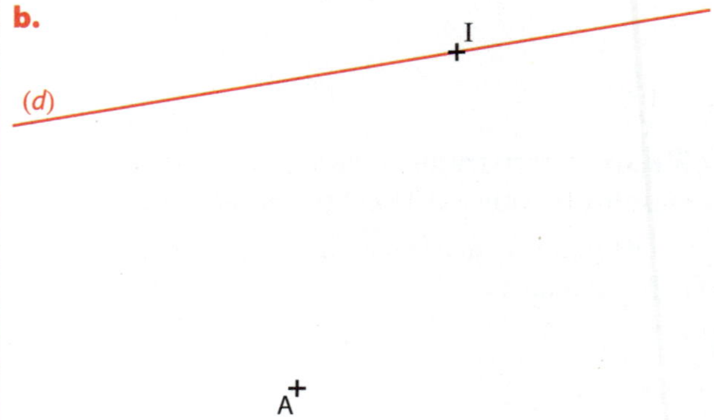

FICHE 111

QCM & jeux

QCM

Voici un questionnaire à choix multiples.
Pour chaque question, entourer la (ou les) réponse(s) exacte(s).

Bilan ..... **/ 6**

A	Un quadrilatère est un parallélogramme lorsque …	deux côtés opposés ont la même longueur	ses diagonales ont le même milieu	ses côtés opposés sont parallèles deux à deux
B	ABCD est ce parallélogramme de centre O. Alors … 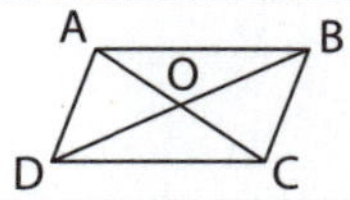	$\widehat{DCB} = \widehat{DAB}$	$\widehat{ADC} = \widehat{ABC}$	$\widehat{ABD} = \widehat{CBD}$
C	NUIT est un parallélogramme. Alors …	NU = IT	NI = UT	NT = UI
D	Un parallélogramme est un rectangle lorsqu'il a …	un angle droit	des diagonales perpendiculaires	des diagonales de même longueur
E	Un parallélogramme est un losange lorsqu'il a …	deux côtés consécutifs de même longueur	des diagonales de même longueur	des diagonales perpendiculaires
F	Un carré est un …	losange	rectangle	parallélogramme

jeu 1

Placer dans chaque triangle l'un des chiffres 1, 2, 3, 4 de façon que dans n'importe quel groupe de quatre triangles formant un parallélogramme, on trouve des chiffres différents.

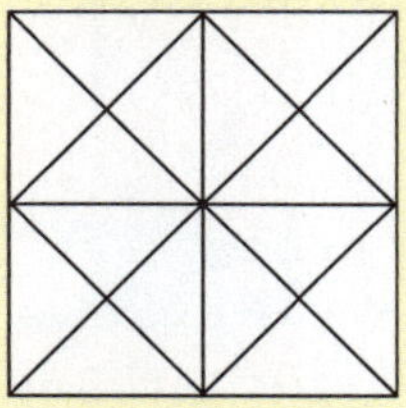

jeu 2

Sur cette figure les segments qui semblent parallèles le sont.

Combien de parallélogrammes peut-on voir ?

Réponse : ....

jeu 3

Déplacer six allumettes pour obtenir six losanges identiques.

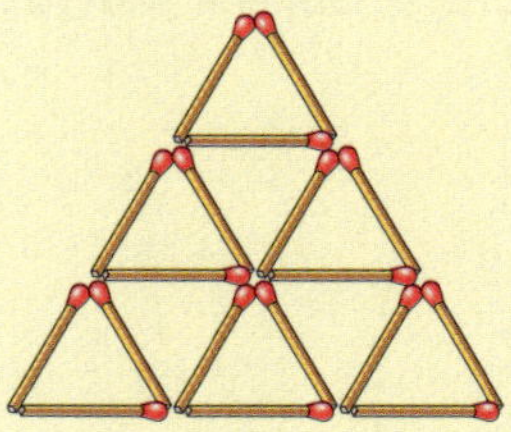

jeu 4

On attribue des points aux quadrilatères :
• Carré : 10 • Losange : 8 • Rectangle : 5
• Parallélogramme : 2 • Quadrilatère : 1
Partager ces six quadrilatères en deux groupes de même nombre de points.

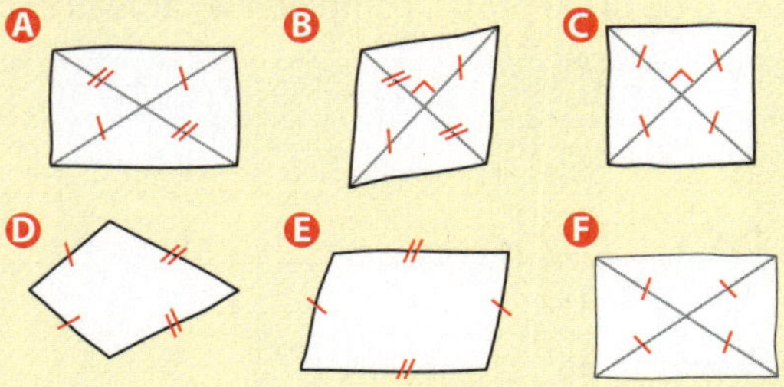

FICHE **112**

Calculer l'aire de l'arbelos

La figure ci-contre est formée de trois demi-cercles de diamètres [AB], [AI] et [IB].

On dit que la surface bleue est un arbelos.

On se propose de calculer son aire suivant les valeurs de x.

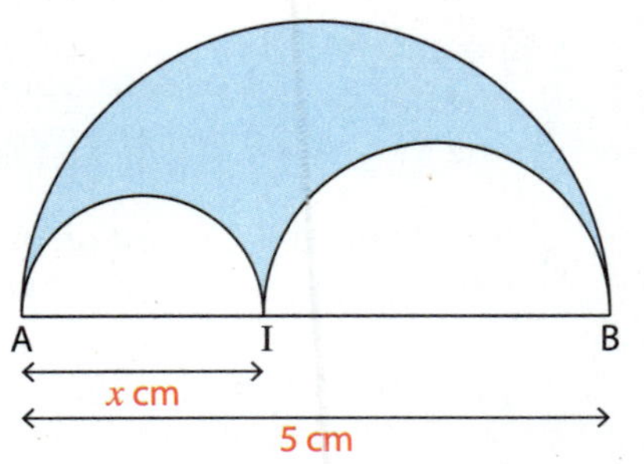

1 Calculer l'aire d'un demi-disque

Le sous-programme **Demi_disque** ci-contre calcule l'aire d'un demi-disque de rayon *r*.

a. Compléter le calcul effectué à la ligne **(1)**.

Prendre 3,14 pour valeur approchée de π.

b. Ouvrir le logiciel Scratch et saisir le sous-programme **Demi_disque** avec l'entrée ***r***.

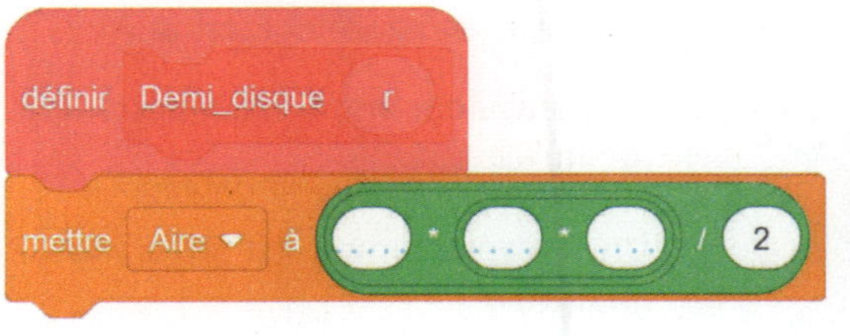

2 Appeler le sous-programme Demi_disque

Lorsque l'on exécute le programme ci-contre, on donne une valeur à la variable **x**.

a. Que représente chacune des variables **A_1**, **A_2** et **A_3** ?

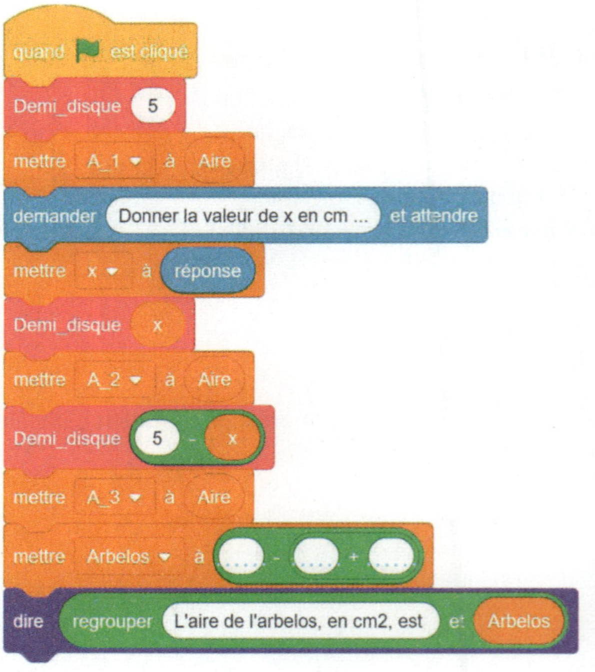

b. Compléter le calcul de l'aire de l'arbelos effectué à la ligne **(2)**.

c. Saisir le programme.

d. À l'aide de ce projet, compléter le tableau ci-dessous.

x	1	2	2,5	3	4
A_1	39,25				
A_2	1,57				
A_3	25,12				
Arbelos	12,56				

e. Effectuer d'autres calculs et conjecturer la valeur de x pour laquelle l'aire de l'arbelos semble maximale.

Un couteau de savetier est un arbelos.

FICHE **113**

Simuler une expérience aléatoire

On dispose de deux urnes :
- une urne bleue contenant dix boules bleues numérotées de 1 à 10 ;
- une urne rouge contenant six boules rouges numérotées de 3 à 8.

Une expérience aléatoire consiste à tirer au hasard une boule bleue et à noter son numéro puis à tirer une boule rouge et à noter son numéro.

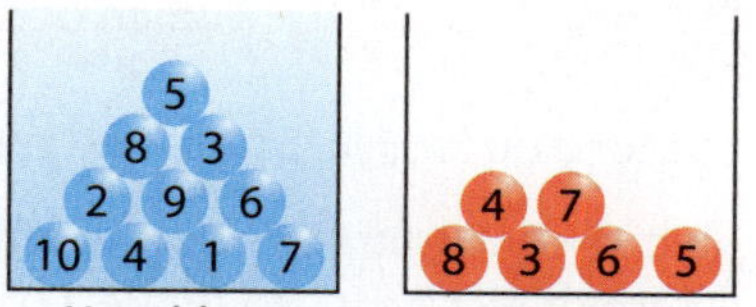

Urne bleue — Urne rouge

1 Interpréter un script

Julie s'intéresse à l'événement :
« Les deux numéros obtenus sont les mêmes ».

Elle a commencé à écrire le script Scratch ci-contre.

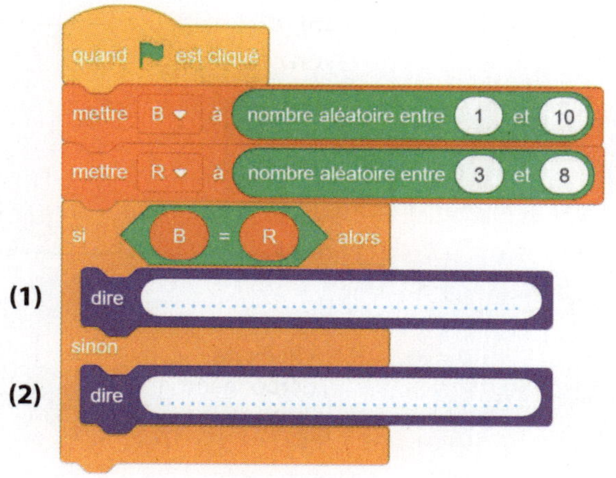

a. Que représente chacune des variables **B** et **R** ?

b. Proposer deux messages énoncés par le lutin aux lignes **(1)** et **(2)**.

c. Ouvrir le logiciel Scratch et saisir le script complété.

d. Exécuter ce script vingt fois de suite et reporter les résultats dans le tableau ci-dessous.

B	8	....	....	....	....	....	....	....	....	....	....	....	....	....	....	....	....	....	....	....
R	4	....	....	....	....	....	....	....	....	....	....	....	....	....	....	....	....	....	....	....
B = R	Faux	....	....	....	....	....	....	....	....	....	....	....	....	....	....	....	....	....	....	....

Avec quelle fréquence, a-t-on obtenu deux numéros identiques ?

……………………………………………………………………………………………

……………………………………………………………………………………………

2 Écrire un nouveau script

On étudie maintenant l'événement : « Le numéro de la boule bleue est plus grand que le numéro de la boule rouge. »

a. Écrire un script qui simule l'expérience aléatoire et indique si l'événement est réalisé ou non.

b. Tester le script obtenu.

FICHE 114 Tracer une frise

1 Tracer une figure

La scène du logiciel Scratch est munie du repère **Xy-grid-20px**.

Voici ci-contre un sous-programme **Motif** avec une entrée **X**.
Il permet de tracer une figure à partir du point de coordonnées (X ; 0).

Voici le début du tracé de cette figure, terminer la construction.

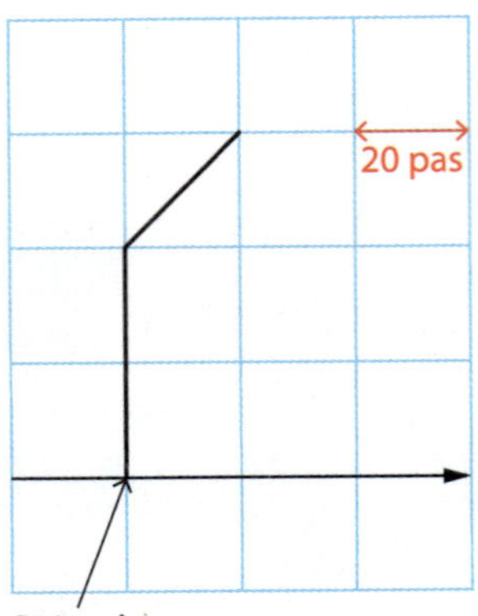

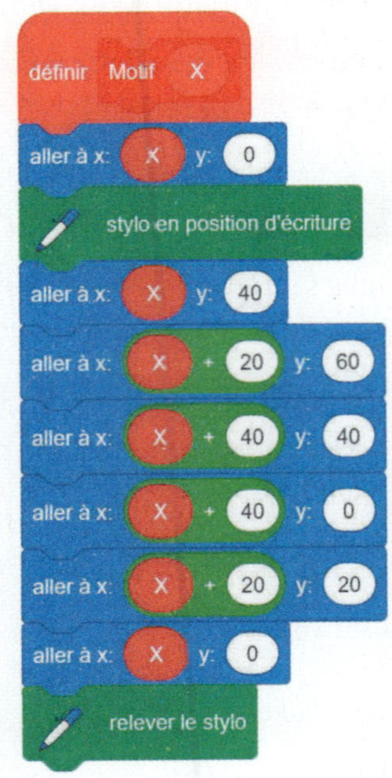

2 Compléter un programme

Voici un programme.
Lorsqu'on l'exécute, on obtient dans le repère **Xy-grid-20px** la frise ci-dessous.

a. Lors du premier appel au sous-programme **Motif**, quelle est la valeur de la variable **a** ?

....

....

b. Compléter les lignes **(1)** et **(2)** du programme.

c. Ouvrir le logiciel Scratch, saisir le projet terminé et l'exécuter afin de tracer la frise.

FICHE **115**

Les vélos

NOTIONS UTILISÉES
- Lecture de tableaux.
- Utilisation d'une formule.
- Pourcentages.

> La situation-problème

Julie et Numa souhaitent acheter deux vélos pendant les soldes.

Aider Julie et Numa à choisir le modèle de vélo qui correspond le mieux à chacun d'eux et qui est le moins cher.

> Les supports de travail

Les documents, la calculatrice ou le tableur.

Doc. 1 Comment bien choisir son vélo ?

- La longueur L « idéale » du cadre, en cm, est : $L = (B_U + B_R) : 2{,}4$.
- La hauteur H « idéale » du cadre, en cm, est : $H = 0{,}65 \times E$.

Doc. 2 Les mensurations

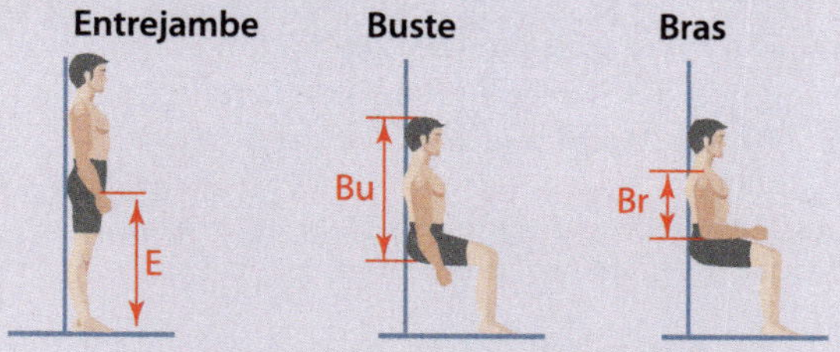

	Julie	Numa
E (en cm)	80	78
Bu (en cm)	84	82
Br (en cm)	34	31

Doc. 3 Les modèles de vélos en vente

	Bik	Cat	Dao	Eka
L (en cm)	46	48	50	52
H (en cm)	49	52	52	54
Prix (en €)	1 400	1 060	1 100	1 000
Réduction (en %)	25	5	10	0

Toute piste de recherche, même non aboutie, figurera ci-dessous.

FICHE **116**

Le golf-cible

NOTIONS UTILISÉES
- Symétrie axiale.
- Symétrie centrale.
- Addition de nombres relatifs.

> La situation-problème

- Jouer les balles de Nora représentées par les points A, B, C, D, E, F, G et H puis calculer son score.
- Expliquer ensuite comment Paul peut réussir à marquer 400 points en jouant huit balles, placées à des endroits différents.

> Les supports de travail

Les documents, les instruments de géométrie.

Doc. 1 La règle du jeu

Une balle est représentée par un point.
Un coup de golf-cible se joue en deux temps :
- on effectue d'abord la symétrie par rapport au point O,
- puis on effectue la symétrie du point ainsi obtenu par rapport à la droite (*d*).

Doc. 2 Le décompte des points

- +50
- +40
- +10
- −10
- −30

Le score d'un joueur est égal à la somme des points obtenus par les huit balles jouées.

En dehors de la cible : −60

Doc. 3 Le parcours et les huit balles que Nora s'apprête à jouer

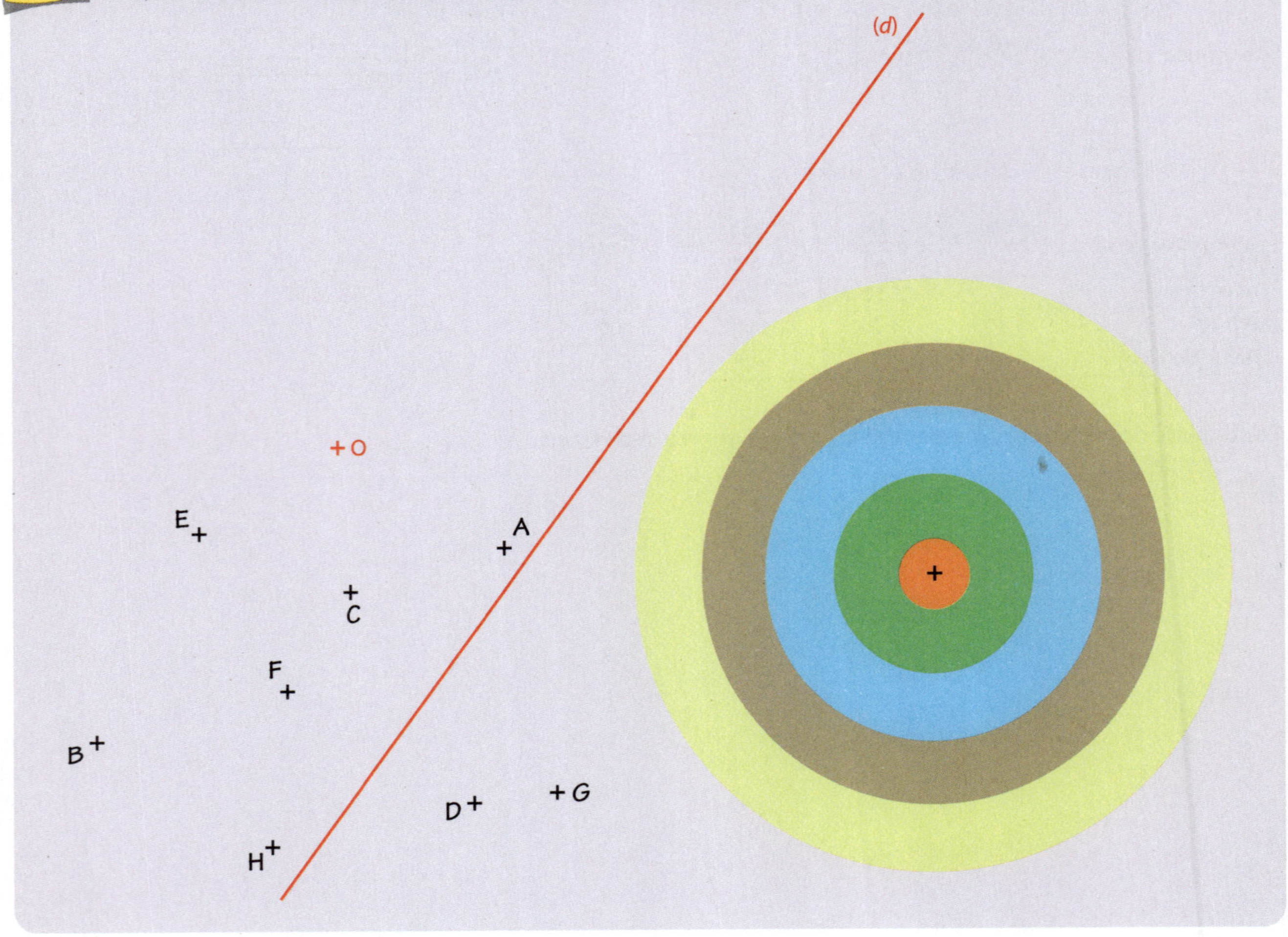

Toute piste de recherche, même non aboutie, figurera ci-dessous.

Tâches complexes

FICHE 117

Le parfum du jour

NOTIONS UTILISÉES
- Volume.
- Proportionnalité.
- Ratio.

> La situation-problème

Un créateur va lancer son nouveau parfum « Parfum du Jour ».

Calculer la quantité, en mL, de chaque ingrédient à verser dans le flacon puis le coût de production d'un tel flacon.

> Les supports de travail

Les documents, la calculatrice.

Doc. 1 La composition du « Parfum du jour »

Pour fabriquer son parfum, le créateur utilise de l'eau, de l'alcool et de l'extrait de lavande dans le ratio 8 : 7 : 9.

Doc. 2 Un patron du flacon

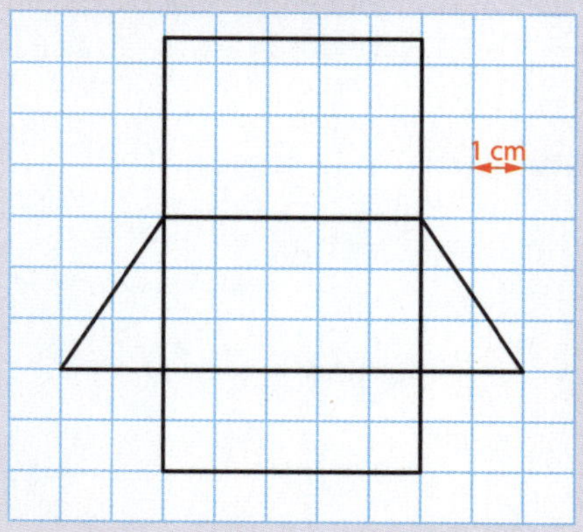

Doc. 3 Les coûts

Un flacon vide coûte 1,20 €.

La fabrication de 0,5 L de parfum coûte 30 €.

Toute piste de recherche, même non aboutie figurera ci-dessous.

NOTIONS UTILISÉES
- Échelle.
- Construction de triangles et de parallélogrammes.
- Médiatrice.

FICHE 118 Le trésor

> La situation-problème

Un explorateur a trouvé un papyrus qui indique la position du trésor d'un pharaon.

Placer sur la carte du doc. 3 le point T qui représente ce trésor.

> Les supports de travail

Les documents, les instruments de géométrie, la calculatrice.

Doc. 1 Les indications mathématiques du papyrus

- $AR_1 = 250$ km ; $PR_1 = 600$ km.
- R_2 est le point le plus à l'ouest qui vérifie $\widehat{LJR_2} = 30°$ et $\widehat{JLR_2} = 120°$.
- Le quadrilatère $LAPR_3$ est un parallélogramme.
- Le trésor T est à égale distance des points R_1, R_2 et R_3.

Doc. 2 La traduction du papyrus

Les points A, J, L et P représentent respectivement les villes d'Alexandrie, de Jérusalem, de Louxor et de Pétra.

Doc. 3 Une carte de la région

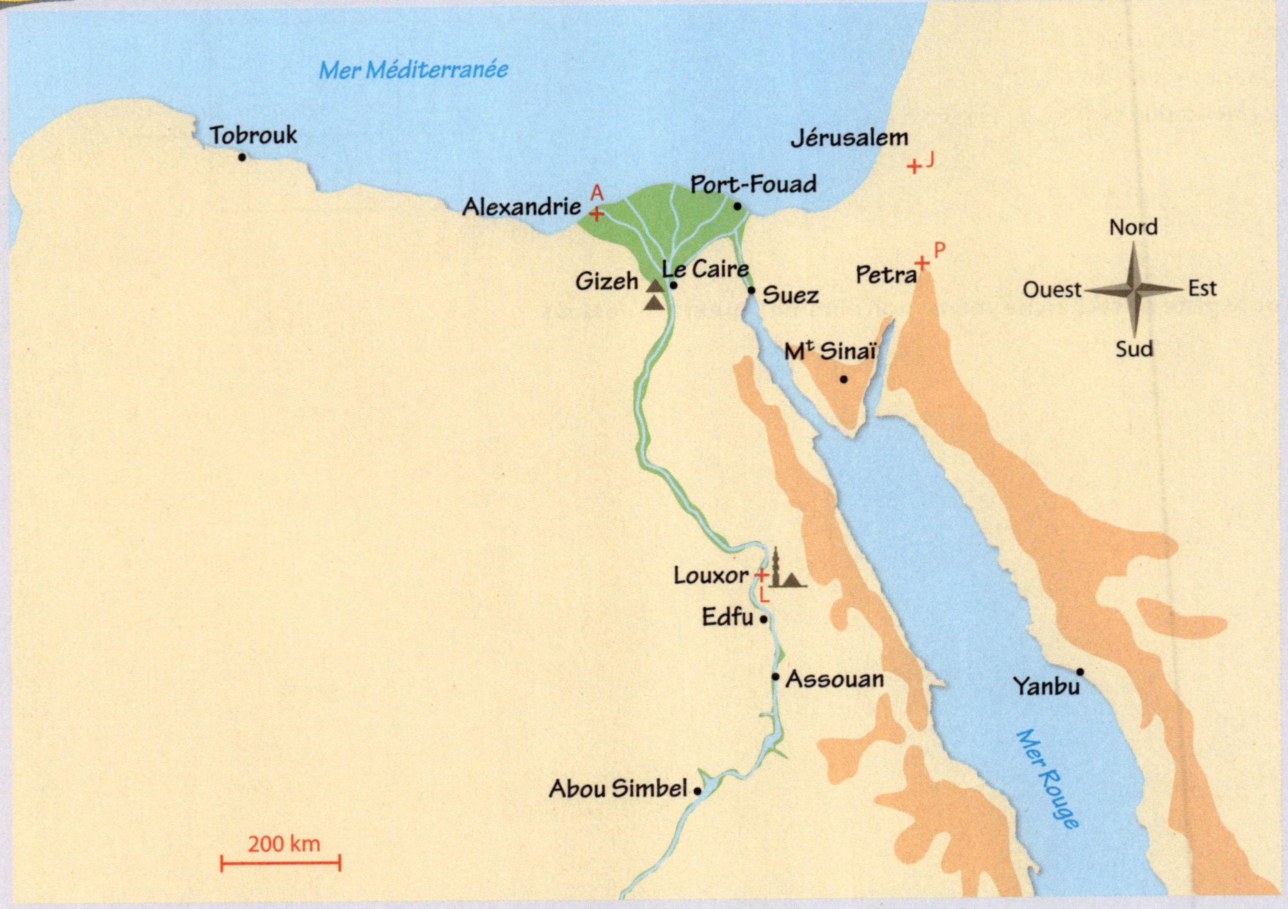

Toute piste de recherche, même non aboutie figurera ci-dessous et sur le document 3.

Les calculatrices

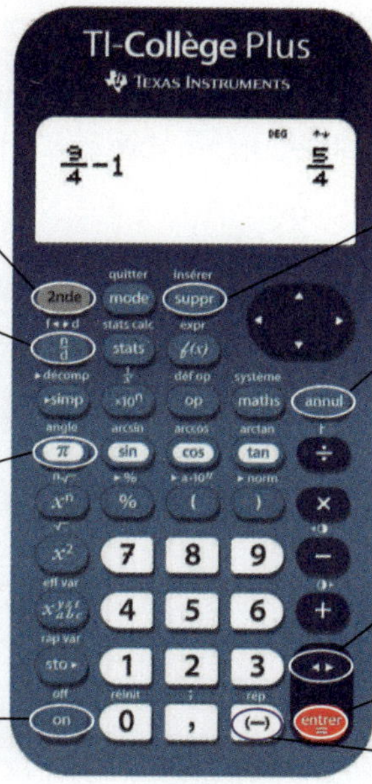

Éteindre : 2nde on (off)

Saisir une fraction
Pour calculer $\frac{9}{4} - 1$, taper :
$\frac{n}{d}$ 9 ▼ 4 ▶ – 1 entrer

π
Afficher **le nombre** π

Allumer

Corriger, effacer
suppr : effacer le dernier caractère
annul : effacer l'écran

Pour passer de l'écriture **fractionnaire** à l'écriture **décimale** et inversement.

Effectuer un calcul (exécution)

Signe – d'un **nombre négatif**

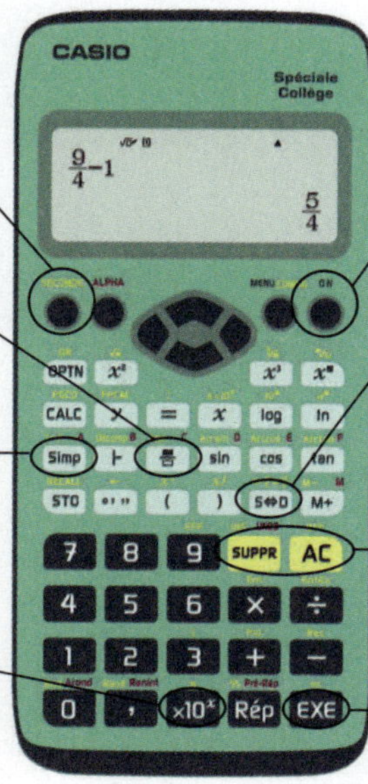

Éteindre : SECONDE AC (OFF)

Saisir une fraction
Pour calculer $\frac{9}{4} - 1$, taper :
$\frac{\square}{\square}$ 9 ▼ 4 ▶ – 1 EXE

SECONDE Simp ((–) A)
Signe – d'un **nombre négatif**

SECONDE ×10^x (π)
Afficher **le nombre** π

Allumer

Pour passer de l'écriture **fractionnaire** à l'écriture **décimale** et inversement.

Corriger, effacer
SUPPR : effacer le dernier caractère
AC : effacer l'écran

Effectuer un calcul (exécution)

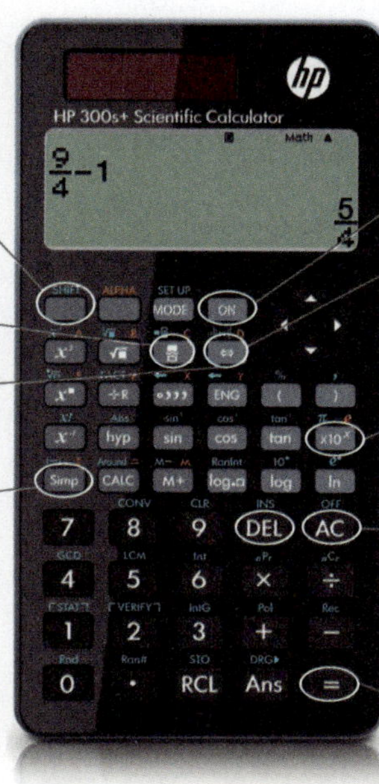

Éteindre : SHIFT AC (OFF)

Saisir une fraction
Pour calculer $\frac{9}{4} - 1$, taper :
$\frac{\square}{\square}$ 9 ◀ ou ▼ 4 ◀ – 1 =

SHIFT Simp ((–) :)
Signe – d'un **nombre négatif**

Allumer

Pour passer de l'écriture **fractionnaire** à l'écriture **décimale** et inversement.

SHIFT x10^x (π e)
Afficher **le nombre** π

Corriger, effacer
DEL : effacer le dernier caractère
AC : effacer l'écran

Effectuer un calcul (exécution)

La feuille de calcul

Une **feuille de calcul** est un tableau dont les cases sont appelées **cellules**.
Chaque cellule est repérée par une lettre majuscule et un nombre qui indiquent la colonne et la ligne où elle se situe.

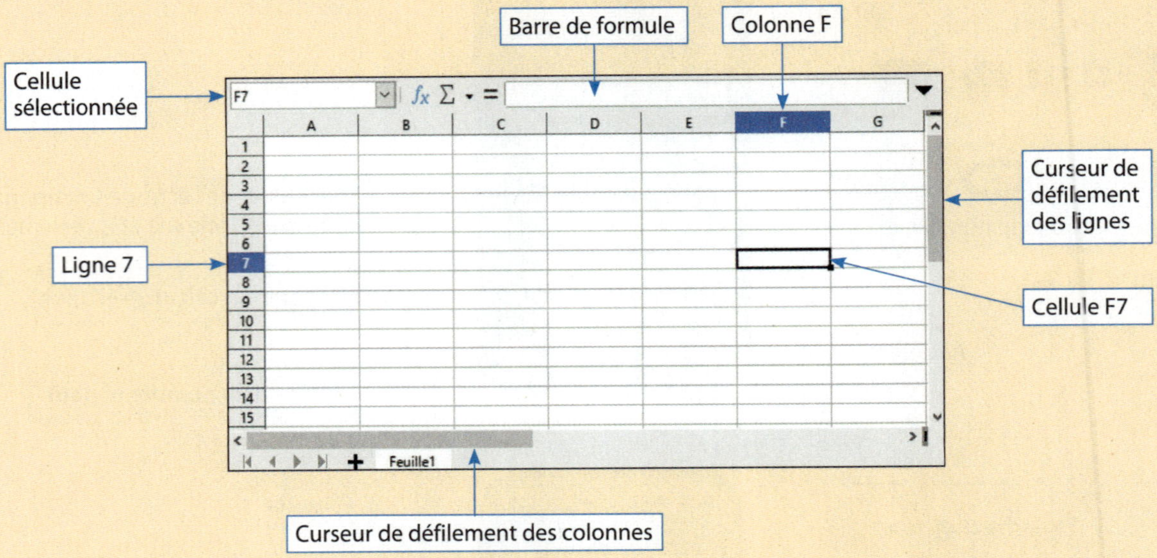

L'exemple d'une facture

La cellule A1 contient du texte.

La cellule B2 contient un nombre.

	A	B	C	D
1	**Désignation**	**Quantité**	**Prix unitaire (en €)**	**Montant (en €)**
2	Cahier	8	2,53	20,24
3	Feutre	5	1,14	5,7
4	Stylo	4	2,16	8,64
5	Surligneur	3	0,69	2,07
6			**Total HT**	36,65
7			**TVA 20 %**	7,33
8			**Total TTC**	43,98

La cellule D2 contient la formule =B2*C2 . On recopie cette formule vers le bas, dans la plage **D3:D5**.

La cellule D6 contient la formule =SOMME(D2:D5) .

La cellule D8 contient la formule =D6+D7 .

La cellule D7 contient la formule =20/100*D6 .

Lorsqu'on modifie la valeur d'une cellule, les formules qui en dépendent sont automatiquement recalculées par le tableur.

Formulaire

Unités usuelles

- **De longueur**

km	hm	dam	m	dm	cm	mm
		2	5	0	0	

25 m = 2 500 cm

- **D'aire**

km^2	hm^2	dam^2	m^2	dm^2	cm^2	mm^2
			2 5	0 0	0 0	

$25\ m^2 = 250\ 000\ cm^2$

- $1\ hm^2 = 1$ ha (hectare)
- $1\ dam^2 = 1$ a (are)

- **De volume et de contenance**

$1 dm^3 = 1$ L

		m^3			dm^3			cm^3			mm^3
			hL	daL	L	dL	cL	mL			
	2	5	0	0	0	0	0	0			

$25\ m^3 = 25\ 000\ 000\ cm^3 = 25\ 000$ L

- **De durée**

- 1 h = 60 min
- 1 min = 60 s
- 1 h 30 min = 1 h + $\frac{1}{2}$ h = 1,5 h
- 1,25 h = 1 h + $\frac{1}{4}$ h = 1 h 15 min

Périmètres - Aires - Volumes

	Carré	Rectangle	Parallélogramme
Figure	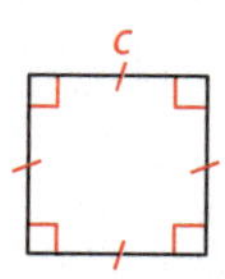	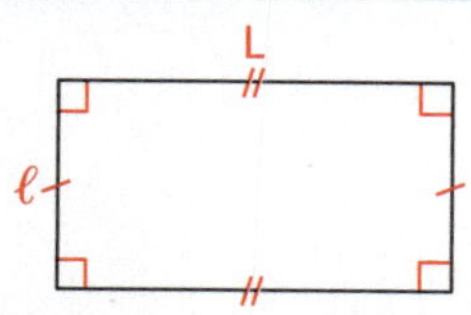	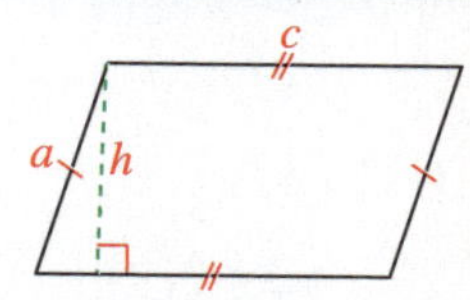
Périmètre	$4 \times c$	$2 \times \ell + 2 \times L$ ou $2 \times (\ell + L)$	$2 \times (a + c)$
Aire	$c \times c$ ou c^2	$L \times \ell$	$c \times h$

	Triangle rectangle	Triangle	Cercle ou disque
Figure	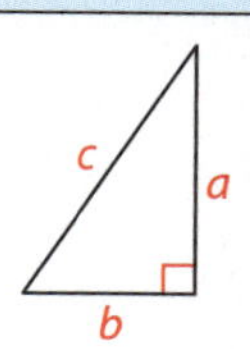	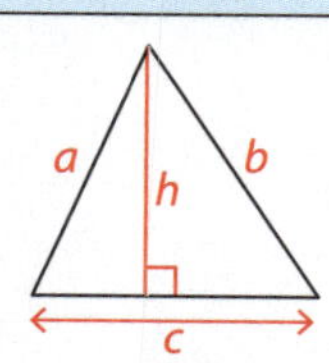	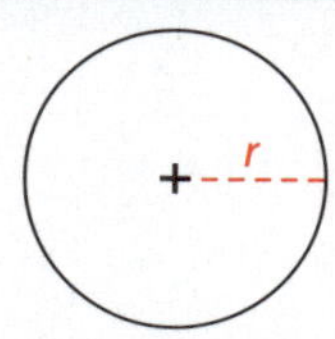
Périmètre	$a + b + c$	$a + b + c$	$2 \times \pi \times r$
Aire	$\frac{a \times b}{2}$	$\frac{c \times h}{2}$	$\pi \times r^2$

	Cube	Pavé droit	Prisme droit	Cylindre
Figure	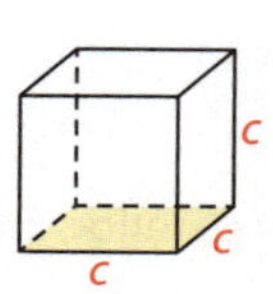	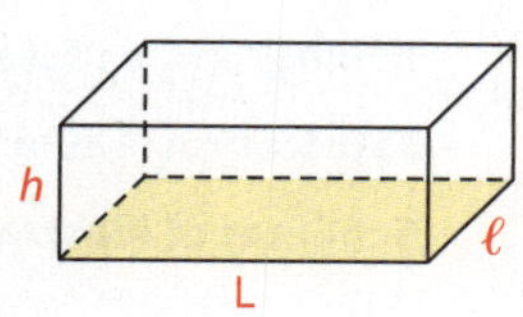	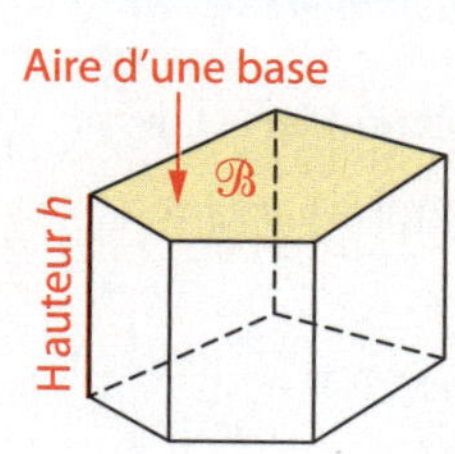	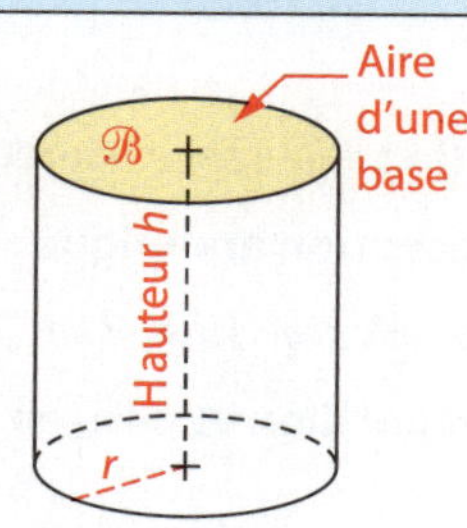
Volume	$c \times c \times c$ ou c^3	$L \times \ell \times h$	$\mathcal{B} \times h$	$\mathcal{B} \times h$ ou $\pi \times r^2 \times h$

Crédits photographiques

9 Photo12.com / Alamy / dpa picture alliance ; **13** Adobe Stock photo ; **14** Max PPP / Jegat Maxime ; **16 ht** AFP / Clive Brunskill ; **16 m** Adobe Stock photo ; **17** Adobe Stock photo ; **21** Adobe Stock photo ; **26** iStock ; **29** iStock ; **30** Adobe Stock photo ; **31** Adobe Stock photo ; **35** Adobe Stock photo ; **46 g** SPL France / George Bernard / SPL ; **46 d** Leemage / Fototeca ; **47** Getty images France / Tony Roberts ; **48** Leemage ; **50** Adobe Stock photo ; **51** ShutterStock ; **52** BIS / Ph.© NASA / Coll. Archives Nathan ; **53** Adobe Stock photo ; **56** Adobe Stock photo ; **58** Adobe Stock photo ; **61** Adobe Stock photo ; **63** Adobe Stock photo ; **64** Adobe Stock photo ; **66** Adobe Stock photo ; **67** Adobe Stock photo ; **71 g** Adobe Stock photo ; **71 d** Adobe Stock photo ; **72** Adobe Stock photo ; **73** Adobe Stock photo ; **74** Adobe Stock photo ; **76 g** Adobe Stock photo ; **76 mg** Adobe Stock photo ; **76 ht** Adobe Stock photo ; **80** Adobe Stock photo ; **83** Adobe Stock photo ; **86 ht** Adobe Stock photo ; **86 g** Adobe Stock photo ; **86 bg** Photo12.com / image Broker / Guenter Fischer ; **86 mbg** RÉA / Pierre Gleizes ; **102** Droits réservés ; **108** Adobe Stock photo ; **118** Adobe Stock photo ; **122** Adobe Stock photo ; **123** Adobe Stock photo ; **124** Adobe Stock photo.

Édition : Laurence Sourdillon, Marie-Pierre Lowys

Conception graphique : Clémentine Largant

Couverture : Jean-Marc Denglos

Composition et mise en pages : STDI

Iconographie : Juliette Barjon

Fabrication : Laurence Monaï

Schémas et illustrations : Corédoc, Émilie Hamel, STDI

Achevé d'imprimer en France par Pollina - 14287
N° de projet : 10307651 - Dépot légal : avril 2022
contact @natahan.fr